The Collected Linguistic Works of Luo Changpei

罗常培文集

第九卷

山东教育出版社
Shandong Education Press

1953 年在北海公园。

1956 年罗常培（左）与王辅世在中关村家门前。

中国语文社语法座谈会合影（一九五六年七月州一日摄于京城）

1956年7月31日中国语文社语法座谈会。前排左起：刘大年，丁声树，陆志韦，王力，潘梓年，韦悫，罗常培，林汉达，傅子东，王还，曹伯韩。中排左起：刘坚，吴晚铃，邢公畹，齐声乔，吕冀平，郎峻章，周祖谟，张志公，陆宗达，岑麒祥，许绍早，俞敏，殷焕先，景幼南。后排左起：王守佥，岳寿年，彭楚南，张斌，朱德熙，胡明扬，吕叔湘，张寿康，魏建功，赵阜，萧璋，管燮初，王食二，徐萧斧，孙德宣。

1957 年 11 月中国科学院语言研究所部分工作人员合影。前排右起：丁声树、吕叔湘、石明远、罗常培、郑奠、陆志韦、周浩然。

编 印 说 明

　　本卷主要收作者 20 世纪 40 年代到 50 年代在语言规划、汉语方言、少数民族语文方面的论文、调查报告、讲稿、通信等 40 余篇,大体分为三部分。第一部分为语文琐谈,第二部分为汉语方言研究,第三部分为少数民族语言文字研究。其中第一、二两个部分作者在世时就拟定了目录,计划编成文集出版,但未能实现。在此,我们把先生自编的拟目附在该组文章的后面。在编辑过程中,除了改正了原稿排印方面的错误外,尽可能保持原文的风格和面貌,仅仅在个别地方作了删节或修改。凡是删节或修改过的文章,均在该篇篇末作了说明。

　　部分研究少数民族语文的文章中所用的民族族称、语言名称,目前多有变动,为读者查阅方便,我们在编辑时不采用在文中一一加注的方式,而在此作总的说明。其中有藏缅语族:倮倮(倮㑩)、阿西、黑彝、土佬等均为彝族支系,古宗为藏族,民家现定名为白族,俅、曲为独龙,西番为普米,么些、拿喜为纳西,阿卡、窝尼、傻㑩为哈尼的支系,卡钦、茶山、马鲁、喇奚、阿系、山头、浪速为景颇,怒子为怒族,博罗子为使用羌语的藏族,倮黑为拉祜;侗台语族:仲家、侬、沙、土、偏人为壮族,莫家、佯僙为布依,毛难为毛南,摆夷、水摆夷、水户、吕人均为傣；苗瑶语族：仡兜为苗族支系，板瑶为使用勉语的瑶族，白裤瑶为使用布努语的瑶族，茶山瑶为使用拉珈语的瑶族；南亚语系：孟吉蔑语族即孟－高棉语族，崩龙（绷龙）为德昂，佧佤（卡瓦）、本人、卡拉为佤族的旧称或支系，蒲满、蒲蛮为布朗；阿尔泰语系：索伦为鄂温克，撒里维吾尔为西部裕固，撒拉尔即撒拉。此外作者在文章中还提到缅甸、雅库特、坎巨提等语言，至今在中国境内尚未发现。

本卷由高更生、孙宏开负责编校。

目　录

语文琐谈

汉语方言研究

少数民族语言文字研究

语 文 琐 谈

语言学的对象和任务

"语言学的对象是什么?"咱们固然可以简单地回答说:"就是语言。"但是,如果有人再问:"语言跟其他社会现象相区别的地方在哪里? 语言学何以构成一门独立的科学?"那就不是三言两语所能答复的了。

斯大林说:"语言与其他社会现象相区别的专门特点是什么呢? 这就是:语言之替社会服务,乃是作为人们交际的工具,作为社会交流思想的工具,作为使人们相互了解并使人们在其一切活动范围中调整其共同工作的工具,这一切活动范围包括生产的领域,也包括经济关系的领域,包括政治的领域,也包括文化的领域,包括社会生活,也包括日常生活。这些特点仅仅是语言所特有的,而且正因为它们仅仅是语言所特有的,所以语言才是独立的科学——语言学——的研究对象。如果没有语言的这些特点,语言学就会丧失独立存在的权利。"① 因此,语言的专门特点跟在经济上替社会服务的基础或以政治、法律、文学、美术和其他的观念替社会服务的上层建筑都不相同。

毛泽东也说:"科学研究的区分,就是根据科学对象所具有的特殊的矛盾性。因此,对于某一现象的领域所特有的某一种矛盾的研

---

① 斯大林《马克思主义与语言学问题》。

究,就构成某一门科学的对象。例如,数学中的正数和负数,机械学中的作用和反作用,物理学中的阴电和阳电,化学中的化分和化合,社会科学中的生产力和生产关系、阶级和阶级的互相斗争,军事学中的攻击和防御,哲学中的唯心论和唯物论、形而上学观和辩证法观等等,都是因为具有特殊的矛盾和特殊的本质,才构成了不同的科学研究的对象。固然,如果不认识矛盾的普遍性,就无从发现事物运动发展的普遍的原因或普遍的根据;但是,如果不研究矛盾的特殊性,就无从确定一事物不同于他事物的特殊的本质,就无从发现事物运动发展的特殊的原因,或特殊的根据,也就无从辨别事物,无从区分科学研究的领域。"① 由于这一段话的启示,咱们还得触类旁通地去研究语言学的对象究竟具有什么特殊的矛盾性。

语言既然是人们交际的工具,是社会中交流思想的工具,它的特殊的矛盾就在怎样由现实抽象、概括成语词,使说话的跟听话的两方面通过构成语词的一个或一连串声音所代表的概念,彼此间由互不了解达到互相了解;并且进一步地理解现实,发展智慧,创造科学。现在,语言已然成了咱们日常生活中不可分离的一部分,生在同一语言社会里的人们也许不感觉这种矛盾的特殊性了。假如咱们追想人类的祖先在开始共同劳动的时候,为了团结互助向自然界斗争,彼此用手势或声音来互相传达感情、意志或思想,必须怎样从社会生活中慢慢地积累经验,才能够习惯成自然地构成语词,用某些声音代表某些意义,那就可以体会到人类开始讲话的时候,彼此由互不了解达到互相了解,需要经过一段怎样艰苦的过程了。据巴甫洛夫研究高级神经活动的学说:"我们对于周围世界的感觉与表象,对于我们来说,乃是现实的第一信号,即具体的信号;而语言,特别首先是从语言器

---

① 毛泽东《矛盾论》。

官到大脑皮质的动觉刺激物,乃是第二信号,即信号的信号。它代表着现实的抽象,并可借以概括。这就形成我们人类所独有的、特殊的高级思维。"①"第一信号是人类和其他动物所共有的,第二信号是人类所特有的。人类感知现实后,再从现实抽象、概括而成词。""当然,对于人来说,词(语言文字)也像人与动物所共有的其余的刺激物一样,乃是一种现实的条件刺激物;但同时这种词的刺激物,却是那样的广阔丰富,是任何其他刺激物所不及的。……词,由于成年人过去全部生活的关系,是与那些达到大脑半球的一切外来的内起的刺激相联系着,所以随时可以成为这些刺激的信号;并且因为它能引起有机体的那种决定这些刺激的行动和反应,所以也就随时代替了这些刺激。"② 由于大家共同感觉的现实,抽象、概括成词而使大家可以互相了解,再由词代替了那些达到大脑半球的一切外来的和内起的刺激而使词的刺激物更加丰富:这种神经活动历程是人类所特有的,这种特殊的矛盾也是语言所特有的。由于这种特殊的矛盾就使语言构成了语言学的对象,也就使语言学的领域跟别的科学能够区分。

语言学的对象既然明确,咱们就可以进一步谈谈语言学的任务:

1. 基本词汇和一般词汇的研究——语言的词既然是由现实抽象、概括而成的,现实变了,一般词汇当然也会跟着变。由于社会制度改变,由于生产、文化、科学等发展的结果,随时可以产生新词,也随时可以把旧词转换成新的意义。但是基本词汇生命比较长久,它在千百年长时期中生存着并且成为构成新词的基础。因此,咱们对于基本词汇和一般词汇得要分别研究。

2. 语法构造研究——语法构造是语言的基础,是语言的特点。

---

① 3.R. 沃祖罗《巴甫洛夫学说与心理学上的几个问题》,赵璧如译。
② 伊瓦洛夫·斯莫列斯基《关于第一与第二信号系统》,赵璧如译。

合乎语法规律的词句可以得到大众的了解,不然就会造成语言混乱的现象,使听话的发生误解,甚至于不懂。因为语词固然是人类思维的起点,可是系统的思维必得用合乎语法规律的句子来表达。所以语法的研究比词汇更为重要。

3. 语音学和音位学研究——语音的系统和构造是可以找出条理来的。得到这种窍门的人无论学习本国的方言、族语或外国语言都可以很快地抓到它的语言特点,增进学习的速率。呆板地记忆和模仿,不单事倍功半,而且还会因为发音的不准确,说出话来让人不能了解。语音学是分析语音异点的,音位学是从异中求同的。

4. 文学语言研究——"我们的文学艺术都是为人民大众的,首先是为工农兵的,为工农兵而创作,为工农兵所利用的。"因此,"我们的文艺工作者的思想感情和工农兵大众的思想感情打成一片。而要打成一片,就应当认真学习群众的语言。如果连群众的语言都有许多不懂,还讲什么文艺创造呢?"① 因此,我们可以确定:人民文学是应以大众的口语当做文学语言的。运用大众都懂的语言来写作的一定受到广大群众的欢迎;不善于运用大众语言来写作的势必至写出来群众看不懂,念起来群众听不懂。怎样从大众口语中提炼文学语言,矫正报纸和刊物里言文不一致的现象,也是语言工作者的一个重要任务。

5. 方言和民族语研究——方言是民族语的分支,某些方言在民族形成的过程中可以成为民族语的基础,并发展为独立的民族语。方言跟方言间有时是不能互通的,但是某种方言因为政治、经济集中的结果,融合别种方言的成分,形成了民族语,那就可以由互不了解达到互相了解了。中华人民共和国的首都语——北京话——就是由

---

① 毛泽东《在延安文艺座谈会上的讲话》。

个别方言发展成民族语的一个实例。

6. 语言发展的内部规律研究或汉语发展史研究——语言学的主要任务在于研究语言发展的内部规律。一种语言的语音、语义和语法在从古至今的发展过程中都是经过若干演变的。咱们必须掌握这些演变的条理才能使古代的语言跟现代的语言互通,不然的话,古今语的隔阂也差不多像中国语跟外国语了。旧来所谓"训诂"就是指着用现代语解释古语,实际上跟翻译类似。陈澧说:"时有古今,犹地有东西南北,相隔远则语不通矣。地远则有翻译,时远则有训诂。有翻译则能使别国如乡邻,有训诂则能使古今如旦暮。"① 这虽然专就语义的演变来说,语音和语法的演变实际也是一样道理,只要找到古今语言发展的内部规律,自然可以从不了解达到了解。

7. 少数民族语言文字研究——中国是个多民族的国家,各民族的语言是不相同的。我们要帮助各民族发展他们的政治、经济、文化、教育的建设事业,首先必须调查、了解、学习他们的语言,然后在他们自愿的基础上帮助他们学习汉语。汉族干部懂了少数民族语言,少数民族的大众慢慢地学会了汉语,政治、经济、文化、教育的建设事业自然更增加了顺利发展的条件。所以各民族语言的调查研究实在是促进各项建设事业的重要关键。

8. 语文教学方法研究——语文教学的目的是要使学生对于所学的语文能听,能懂,能说,能用。教者首先得正确地掌握所教语言的语音条理、语法规律、词汇运用的惯例等等,然后才能够根据科学分析的结果,结合实际生活的需要去进行教导、训练,使学生由不懂到懂,由不会到会。教学效率的高低完全看教学方法能不能达到这个目的。教本国语文是这样,教外国语文也是这样。

---

① 陈澧《东塾读书记》卷十一,小学。

9. 扫除文盲的步骤和文字改革研究——汉字繁难不适宜广大群众的学习,60 年前就有人注意这问题,并且想用各种方法来解决它。祁建华的速成识字法用战斗的精神,靠"识字拐棍儿"的帮助,可以使文盲在短期内学会文字工具。成功的主要原因,由于他找到了汉字难学、难懂的矛盾所在,然后才能使汉字的学习过程从慢变到快,从困难变成容易。将来文字改革成功,汉字改成拼音字以后,人民大众的文化更可以加速地提高了。

10. 翻译方法研究——由一种大众不懂的外国语言变成大众都懂的本国语言,就是翻译的主要功用。各种语言的词汇和语法结构是不同的,翻译工作者必须掌握双方语言的语法构造规律,熟悉双方语言的词汇运用习惯,把跟本国不同的词汇和结构翻译成民族化、大众化的词汇和结构,然后才能完成从不懂到懂的任务。假如有人不顾自己语言的语法构造规律和词汇习惯用法,把外国语言生吞活剥地"硬搬"过来,结果就会变成"中国字写的洋文",大众绝对不能了解,自然也就不能接受。但是,为了丰富自己语言的词汇,改进自己语言的结构,咱们看见外国语言里的好东西,经过细细咀嚼消化,也可以吸收过来,让它适合自己语言的胃口,逐渐在固有的基础上推陈出新。当新词汇或新结构刚被吸收还没到"约定俗成"的时候,大众往往看着不顺眼,甚至认为不通。不过"这情形也当然不是永远的,其中的一部分,将从'不顺'而成为'顺',有一部分,则因为到底'不顺'而被淘汰,被踢开。这最要紧的是我们自己的批判"①。也可以说,最后取舍的权衡是由群众掌握着的。

这里所提出的任务也不过略示一斑,并不能赅括目前中国语言学工作者的全部工作。语言既然跟人的生产行为直接联系着,并且

---

① 《鲁迅全集》第四卷《二心集》,《关于翻译的通信》。

跟人的一切工作范围中的一切行为直接联系着,所以它的各个组成部分中语法、语音的变化虽然比较慢,词汇对于各种变化是最敏感的,几乎处在经常变动中。语言既然不断地发生变化,也就不断地产生矛盾。旧的矛盾统一后,新的矛盾继续产生,语言的矛盾无尽无休,语言学所研究的问题也就无尽无休,语言学因而能够不断地发展。

（原刊《中国语文》1952 年第 2 期,8 月号）

中国的语言学

——为《苏联大百科全书》作

本篇简略地叙述中国历代关于语言的理论和著作,近几十年来的成绩,中华人民共和国成立后语言学的新方向,斯大林语言学著作对中国语言学的影响。

中国古人对于语言的看法——中国有五千年的历史,有最丰富的文化遗产。中国古代虽然没有语言学这个名目(到了章炳麟才提出了"语言文字之学"的名目),实际上也做了不少语言学方面的工作。在古书中常常可以看到关于语言的理论,虽然是片段的,可是非常精彩。现在举几个例子来说。

战国时的大哲学家荀子(约公元前 313—前 238)说:"名无固宜,约之以命。约定俗成谓之宜,异于约则谓之不宜。"(《荀子·正名篇》)三国时候的嵇康(225—264)说:"夫言非自然一定之物,五方殊俗,同事异号。举一名以为标识耳。"(《嵇中散集·声无哀乐论》)用现在的话来说:在起初定名的时候,名称跟事物的关系是偶然的。换言之:语言是人们在社会中交际的工具,字音跟字义只有事实的关系,没有必然的关系。这是语言学的重要原则,认识这一点,我们才能比较语言,研究语言的亲属关系。

东汉的哲学家王充(生于 27,卒于约 97)说:"言以明志。言恐灭遗,故著之文字。文字与语言同趋。……经传之文,圣贤之语,古今言殊,四方谈异也。"(《论衡·自纪篇》)他很正确地说明语言文字的关系:古书难懂的理由是古今语言有变迁,又有方言的差别。这是语言学的基本原则,认识语言是演变的,我们才能研究语言的历史,语言的发展。古书的注解里,常常有古今词汇不同、语音不同的话。例如:东汉末年的经学大师郑玄(127—200)的《周礼》(《春官·外史》)注说:"古曰名,今曰字。"《毛诗·豳风·东山》笺说:"古者声栗烈同。"跟郑玄同时的刘熙在他的《释名·释车》里说:"车,古者曰车声如居……今曰车声近舍。"由此可见中国古代的学者已经认识语言是变的。

　　训诂——训诂就是解释古代的字义,主要是注解古书。现存经典的注解,可以追溯到汉朝(公元前 206—公元 220)。汉朝最有名的经学大师郑玄(127—200)所作的《诗经》《周礼》《仪礼》《礼记》的注解,都是很重要的著作。汉朝以来,历代学者都有很好的成绩。陆德明(约 550—630)的《经典释文》(583),孔颖达(574—648)的《五经正义》,都是总结前人意见的著作。哲学家朱熹(1130—1200)也注解了好些古书,如《诗集传》《论语集注》《孟子集注》《楚辞集注》。陆德明、孔颖达以及其他唐朝(618—907)的学者偏重字义的解释,朱熹以及其他宋朝(960—1279)的学者偏重内容的发挥。清朝(1644—1911)的学者在训诂方面成就最大,差不多每一种重要的经典,都作了新的注解。除了注解古书以外,在字义方面,还有许多独立的研究。其中最特出的是戴震(1724—1777)、段玉裁(1735—1815)、王念孙(1744—1832)、王引之(1766—1834,王念孙的儿子)。戴震的《诗经补注》、段玉裁的《说文解字注》、王念孙的《读书杂志》《广雅疏证》、王引之的《经义述闻》《经传释词》,在古代字义研究上都有卓越的贡献。清朝以前,古书的注解主要的是随文解义,训诂只是为解释古书用的。清朝学者对字义有精深的研究,无论自己著书,或者替古书作注,都有成系统的独立的见解,训诂才成为一门学问。这一点不是偶然的,因为他们对古音学有修养，所以对古字义有深刻的认识。

字典——中国字典可以按体例分成四种：（一）没有注解的分类字汇，是识字课本性质，（二）有注解，按意义编排的字典，（三）有注解，按字的偏旁编排的字典，（四）有注解，按字音编排的韵书。这四种体例代表字典发展的四个阶段。第（四）项留到下节讨论，本节先讨论前三项。

（一）没有注解的分类字汇可以追溯到公元前 8 世纪的《史籀篇》，现存最古的是史游（公元前 1 世纪）的《急就章》。更早的都不存在了，只能从古书的引证和新发现的汉代木简上找到一部分。这种字汇编排的次序一部分根据字的偏旁，一部分根据意义，并且编成韵语，便于记诵。后代有不少这类的识字课本，如周兴嗣（471？—521）的《千字文》和各地流行的"杂字"之类。

（二）按意义编排的字典，最古的是《尔雅》，相传是周朝初年周公（公元前 11 世纪）所作。这说法不见得可信。根据稳健的估计，大概是公元前 3 世纪编定的。《尔雅》共分 19 篇。前三篇占全书的三分之一，是字义的解释，大部分把义同义近的列为一条。第四篇至第十九篇是事物名称的分类，如"天、地、山、水、草、木、鸟、兽"等。后代模仿《尔雅》的书很多，最早的是魏（220—265）张揖的《广雅》，书名的意思是《尔雅》的扩大或补编。

扬雄（公元前 53—公元 18）的《方言》是中国第一部记录方言的书，也是按意义排列的。其中大部分词汇注明通行的区域，哪些是全国通行的，哪些限于某些地方。他的材料来源有古代的典籍，有直接的调查。二千年前就调查方言，这是非常难能可贵的。其中方言的不同大多数是词汇的不同，例如："舟，自（函谷）关而西谓之船，自关而东或谓之舟，或谓之航。"也有一些可能是同一个词在不同地区里的不同读音，例如："自关而东曰逆，自关而西或曰迎。"逆字迎字古音相近,都是迎接的意思。后代模仿《方言》的书也不少。

刘熙(公元 2 世纪)的《释名》是一种分类字汇,共 27 章,包括"天、地、山、水"等。书中用音同音近的字来解释字义,想用这种方法来推究事物得名之由,所以叫做"释名"。例如:"冬,终也。"终是末了的意思,冬是一年的末了,所以用"终"字来解释"冬"字。这种解释字义的方法有时候免不了附会,不过利用它音同音近的材料,对于推测当时的古音,倒也有一些帮助。

(三)按字的偏旁编排的字典始于许慎的《说文解字》(100,简称《说文》),这是有意识地编成的字典。全书分成 540 部,共收 9353字,其中大部分是形声字。形声字由两部分组成。一部分是形,跟意义有关,多半是《说文解字》的部首,例如:"江、河"都是水字旁,都在水部。一部分是声,跟读音有关,例如:"江"字从"工"声,"河"字从"可"声。《说文解字》的部首次序大部分跟形体有关系。唐宋以来《说文解字》是研究中国文字的主要参考书,17 世纪以后研究的人更多,讲《说文解字》的专书和论文合起来有几百种。《说文解字》以后按部首编排的字典非常多,其中特别著名的是顾野王(519—581)的《玉篇》(543),共 16917 字,原书注解列举古书中实例,体例非常完善,可惜现在只存在一部分残卷。现行的《玉篇》是陈彭年等在公元1013 年改编的,分部大体根据《说文解字》,共有 542 部,22700 多字。梅膺祚的《字汇》(1615)依据《说文解字》,归并部首,共 214 部。清代官修的《康熙字典》成书于 1716 年,共收 47035 字,分部就是根据《字汇》的,到现在还有许多人用它。近几十年出的字典,通行最广的是《辞源》《辞海》,单字没有《康熙字典》多,分部同《康熙字典》一样,除单字外,特别着重典故和成语的解释,并且包括很多新的名词。

音韵学——公元 200 年以前,字典和古书注解的注音,都用音同或者音近的字来比拟,不容易说得明白准确。公元 3 世纪发明了反切的方法,把每个字的音(一个字是一个音节)分析成三部分:(一)起头的音("声母"),(二)其余的音("韵母"),(三)全音节的音高("声调")。反切用两个字来表示一个字的音,上字表示被切字的"声母",就是跟被切字"双声";反切下字表示被切字的"韵母"和"声调",就是跟被切字"叠韵"。比方说"耐 най 奴 ну 代 gай 切",耐奴两字的声母都是 н,耐代两字的韵母都是 ай,声调都是去声。从此以后,无论什么字都可以用反切注音。就汉字这种非拼音的文字而论,用反切注音的办法是比较简单又准确的。现代的语言学家认为,分析汉藏语系的语言,每个音节分成这样三部分是最方便的。

有了反切,才有按音编排的字典,就是韵书。最早的是魏(220—265)李登的《声类》,其次是吕静的《韵集》(公元 300 年左右),现在都不存在了。最重要的韵书是陆法言(名陆词)的《切韵》(601),现在存在的有王仁昫的校订本(706)。《切韵》的序上明白地说,《切韵》不仅是实用的书,也是审音的书。《切韵》原本现在已经不存在了,唐人有一些抄本,只有一部王仁昫的增订本《刊谬补缺切韵》(706)保存到现在。宋朝出了它的增订本《广韵》(1008)和《集韵》(1037)。唐朝(618—907)出现了韵图,现存最早的韵图是宋朝大历史家郑樵(1104—1162)的《通志·七音略》。这是一种表格,同一直行表示声母相同,同一横行表示韵母跟声调相同。这种韵图可以表示整个音韵系统的全貌,声韵配合的关系。现在的语言学家认为,要描写汉藏系语言的音系,这种表格是不能缺少的。

后来出的新韵书有元朝周德清的《中原音韵》(1324)和明朝宋濂(1310—1381)等人编的《洪武正韵》(1375)。

以后有各种各样的韵书跟韵图出现。阮元(1764—1849)等人编辑的《经籍籑诂》(1799),把古书的注解,分字收罗,按韵编排,是很有用的参考书。近年出的韵书,最主要的有《国语辞典》,除单字外,多收白话及现代常用的词。

古人虽然知道古今音异,可是有系统地研究古音是从吴棫(约1100—1154)开始的,他著了一部书叫《韵补》。古音的研究在清朝有飞跃的进步,我们举六个人来说。顾炎武(1613—1682)是生于明朝卒于清朝的。他研究音变历史,特别着重每一种音韵现象最早出现的时期。段玉裁(1735—1815)首先指出谐声字同一声符的字在《诗经》用韵里是可以通押的。换言之,谐声系统跟《诗经》用韵基本上是符合的,我们拿这两种材料当做内部一致的材料来研究没有多少例外。根据这两种材料,就可以把上古音的韵母分成好些部。上古音的分部工作因此就越来越细密,到王念孙(1744—1832)、江有诰(1851卒)几乎已经到了顶点,可以补充修改之处已经不多。钱大昕(1728—1804)是第一个研究古代声母有成绩的,首先证明古音没唇齿音(例如 ф、в),只有双唇音(例如 п、б、м)。陈澧(1810—1882)著《切韵考》(1842),研究反切的系统,分析切韵的声韵,他的方法和结论,用今天的语言学的眼光来评论,基本上都是站得住的。

外国语言的研究——公元1世纪,佛教传入中国,中国人接触到结构跟汉语完全不同的梵文,翻译了大量的佛经,保存了无数印度已经失传的典籍。同时梵文的研究对中国音韵学也起了影响。梵文字母按照发音部位发音方法排列,是最科学的。反切已经分出字音的声母跟韵母,可是声母的系统排列法是唐朝一个和尚守温(9世纪)参考梵文定的。印度教儿童审音识字用的《悉昙章》对韵图的产生也是有帮助的。

19世纪起,中国人研究欧洲语言的渐渐多了。马建忠(1845—1900)对拉丁文很有研究,他写出了第一部汉语语法——《马氏文通》(1898)。在他以前也有讨论虚字用法的书,可是有系统的语法这是第一部。

从上一节我们可以看到,历朝历代的中国人,有很多敏锐的语音学家。不过因为文字不是拼音的,他们不能不偏重抽象的语音分类跟语音当中的关系,比较忽略语音本身的音值。好些古代学者的著作,要等待现代语言学家作语音学的解释。中国人接触了分析音素的欧洲文字,掌握了分析音素的工具,语音学大有进步,同时语言学也大有进步。

近几十年来,中国语言学家研究的范围不限于中国的语言,关于印欧语,也发表了好些论文。亚洲各国的语言,中国人向来很关心,如越南语中的汉语借字,印度尼西亚语的语法,都有著作发表。

近几十年来的工作——近几十年来的工作,主要的是汉语方言的调查研究,汉语语法的研究,汉语历史的研究,汉字改革研究,汉藏系语言的调查研究。本节先讨论前三项。

中国的语言可以分成三个大区域来说。东南各省的方言最复杂,这一区域包括广东、福建、台湾、江西、浙江五省的全部,湖南省的大部分,广西、安徽、江苏三省的一部分。第二区是"官话"区,包括长城以南不属于第一区的各省跟东北的大部分。换句话说,长江以北及四川、云南、贵州等省的汉民族,说的全是"官话"。第三区包括内蒙、新疆、青海、西康、西藏以及西南各省的边地,说的是不同的民族语跟"官话"。这一区土地差不多占全国的一半,人口却不到全国的十分之一。汉语的方言可以分成九组,第一区六组,第二区三组。第一区的六组是粤语、赣客家、闽南、闽北、吴语、湘语①。第二区的三组是北方"官话"、西南"官话"、下江"官话"。北方"官话"包括黄河流域和东北,北京话属于这一组。"官话"的共同特点是音系比较简单。说各组"官话"的人,他们之间可以互相通话,各人用自己的方言,用

———————
① 编者按:后来经过研究,赣和客家分而为二,闽南、闽北合而为一。

不着太迁就对方。汉语方言的区别,主要是音系不同,其次是词汇,语法的差异最少。

北京话可以说是全国的共同语,音系、语法都有好些专书。全国方言,曾经作比较广泛调查的有江苏南部、浙江、广东、广西、江西、湖南、湖北、云南、四川、安徽南部、陕西中部等处,已经写成报告发表的很多,例如《厦门音系》《临川音系》《湖北方言调查报告》。

汉语语法有系统的研究始于《马氏文通》,不过这部书讲的是古文的语法。以后出版的语法书和单篇论文很多,有讲古文的,有讲口语的,有比较古今语法的,对汉语句法结构有比较精密的分析。汉语的语法,最主要的是字序和结构的层次。向来大家都知道字序在汉语中的重要性。还有一点同样重要的,就是汉语的句法结构可以一层套一层,任何一种结构当中都可以包含别的结构,不必用好些连接成分。只要认清层次,条理就非常清楚。例如:

他‖不来。

他‖很好。

(他‖不来)‖很好。

"他不来"是句子当主语用,"很好"是谓语。

我‖看见∣他。

我‖看见∣(他‖来了)。

"他来了"是句子当宾语用。

我们‖反对∣帝国主义。

我们‖反对∣(武装∣日本)。

"武装日本"是动宾结构当宾语用。

我们‖反对∣(美帝国主义‖武装∣日本)。

"美帝国主义武装日本"是句子当宾语用。

‖前头是主语,‖后头是谓语。∣前头是动词,∣后头是宾语。括弧里头的成分是句子的一部分,可是本身又可以分析。

汉语历史的研究除古语法外,有古文字、古音韵的研究。古文字研究的主要对象是甲骨文、铜器铭文。铜器铭文(公元前 13 世纪至公元 3 世纪)的研究始于 11 世纪,现存最古的书籍是薛尚功的《历代钟鼎彝器款识法帖》(1144 年刻石)。甲骨文(公元前 13 世纪至前 11 世纪)开始发现在 1900 年。近人对甲骨文跟铜器铭文的考释与研究,不仅对认识古代的语言文字有帮助,对上古史的研究也有很大的贡献。章炳麟(1868—1936)和他的学生黄侃(1886—1935)对清朝人的古音学说有所补充,不过立论的方法和清朝人一样。现在的学者用语言学的方法来解释清朝人的古音学说,发表了好些构拟音值的专书与论文,对《诗经》音系、《切韵》音系以及语音变迁史就有了比较具体的认识。

汉字改革——汉语有方言的差别,汉字却是全国统一的。汉字的意义到处一样,读音却随方言而异,各方言中汉字的读音虽不相同,各方言的读音之间有一定的关系。汉字的优点是通行全国,缺点是形体复杂难认、难写,学习比较麻烦。明末清初就有些人看到汉字的缺点,19 世纪起,不断有人提议如何改革汉字,以便普及教育。就方法说,主要的有简化汉字与拼音两派。简化汉字派的目的是提高学习汉字的效率。拼音派又可分为两支:一支用各种拼音符号分析声母、韵母,给汉字注音,目的也是提高学习的效率;一支用拉丁字母分析音素,目的是拿它来造成拼音字,代替汉字成为新的文字。1918 年公布的注音字母,把汉字的读音分析成声母、韵母,分别用字母(利用汉字的古体)表示。这个办法在基本上跟反切相同。事实证明,注音字母对于推行识字运动,功效显著。1928 年公布的国语罗马字,1931 年订定(后来略有修改)的拉丁化新文字,都是分析音素的。在标音方法上,两者都采用拉丁字母,主要的不同是:国语罗马字用拼法表示声调,拉丁化新文字在原则上不标声调。

中央人民政府成立(1949 年 10 月 1 日)以后,特别关心并且努力设法提高全国人民的文化水平。一方面组织中国文字改革研究委员会(1952 年 2 月 5 日),研究中国文字拼音化和汉字简化的问题;一方面大力推行识字运动,普及教育。1949 年开始实验的"速成识字法",利用注音字母,约在 150 小时左右的教学时间内,可使一般文盲和识字不多的人离开注音字母初步会认、会讲 1500 ~ 2000 个汉字。这种教学方法的创造与推行,只有在解放以后才有可能。人民民主专政制度的优越性,这里又提供了一个证据。

少数民族语言研究——中国是一个以汉族为主体的多民族国家,除汉族外,据不完全的调查,少数民族在 60 种以上。全国少数民族的人口,约计四千万人左右,很多分布在边境,地区辽阔,所占面积约占全国总面积的 50% 以上。

全国少数民族的语言可以作如下的分类:

(一)汉藏语系　　1. 侗台语(侗水语、台语)

　　　　　　　　2. 苗瑶语(苗语、瑶语)

　　　　　　　　3. 藏缅语(藏语、彝语、景颇语等)

(二)阿尔泰语系　1. 突厥语(维吾尔语等)

　　　　　　　　2. 蒙古语

　　　　　　　　3. 通古斯语(满语、锡伯语、赫哲语、鄂伦春语等)

(三)印欧语系(俄罗斯语、塔吉克语)

(四)南岛语系(台湾高山语)

(五)南亚语系(云南缅甸交界的崩龙语、佤语)

其中(一)人口最多,(二)人口次之,(三)(四)(五)人口都很少。

在少数民族语言中,调查工作做得最多的是汉藏语系,有好些调查报告发表。其中侗台语的工作做得较多,发表的著作不限于记录调查,并且有深入的研究。我们知道,汉藏语系都是有字调的,古声母带音不带音决定字调的发展,喉塞音跟送气成分也有它一定的作用,古代的带音的塞音声母常常变成不带音的。从这些趋势看来,汉语与侗台、苗瑶、藏缅语的亲属关系是没有问题的。关于侗台语跟苗瑶语的字调与声母的发展,各方言之间的关系,藏文前缀音对于声母的影响,藏缅语的语法,都曾经有重要的论文发表。

中华人民共和国成立以来,正确地执行了《中华人民共和国政治协商会议共同纲领》所规定的民族政策,出现了各民族间空前未有的大团结。因此语言研究工作可以配合政策、结合实际地顺利进行。语言学工作者也热诚地帮助没有文字的少数民族制定文字,或改革其旧有的不合用的文字。西康西昌区域的新彝文已经实验推行,成绩优良。还有许多少数民族语言已经编出教科书,在积极试教中。

除了这些现代语以外,还有些古语言,现在已经没有人说,不过还有记录存在。关于吐火罗文(古印欧语)、契丹文、西夏文、女真文,都有专书及论文发表。

斯大林对中国语言学的影响——1950 年 6 月 20 日,斯大林在《真理报》上发表了《论马克思主义在语言学中的问题》,接着又发表了几封讨论语言学问题的信,对于语言学有极大的贡献。他从根本上驳斥了马尔派的荒谬理论,不单给苏联的语言学开辟了新路,同时也给中国语言学指出了明确的方向。他的文章译成中文以后,立刻引起全中国学术界的注意,并且展开广泛的讨论,联系到文字改革、翻译工作、语文教学和语言学家的任务等问题。1950 年 12 月 9 日中国科学院语言研究所召开了一个大规模的座谈会,来讨论斯大林的语言学理论。他的理论对中国语言学的工作也发生了影响:

(一)过去中国语言学界偏重语言本身的问题,专题研究和方言调查有好些存在着脱离现实的偏向。解放以后,语言学工作者学习了马克思列宁主义和毛泽东思想,事实上已经改正这种偏向,现在读了斯大林的文章,更从理论上有了明确的认识,准备着在斯大林语言学说的基础上,结合中国语言研究的具体情况,建设中国语言学的系统的理论。

(二)过去有好些从事文字改革的人,以为语言文字是有阶级性的,因此走了一些弯路,现在已经没有人再信这种理论,文字改革工作已经走上了正确的道路。

(三)中国共产党中央重视语法的教育,在党中央的机关报《人民日报》上连载《语法修辞讲话》(1951年6月6日至12月15日),纠正文理不通的现象,引起全国人民学习语法的高潮。语言学工作者也集中精力来研究语法。

(四)过去少数民族的语言调查工作虽然有成绩,可是不够普遍,不够深入。调查的结果对少数民族的文化生活没有多少影响。三年以来在帮助没有文字的少数民族制定文字、编教科书方面,把语言调查跟语文教育结合起来,已经获得了若干成绩。

在中国语言学的未来发展中,斯大林的语言学理论必然要发生更大的影响。

(罗常培、丁声树、李荣合作,李荣执笔。原刊《科学通报》1953年第4期,又载《新建设》1953年第6期)

中国语言学的新方向

在新民主主义的文教政策下来重估一切学科的价值,标准尺度就是看它们是否合乎民族的、科学的、大众的三个原则。自从去年春天以来,我对于自己曾经努力过二十多年的中国语言学就时常追寻它是否合乎民族的、科学的、大众的一般要求。这个问题一直不断地在我的脑子里萦绕着。照我所考虑的,"共同语言是民族的一个特征",中国语言学既然拿中华民族的古今语言做研究对象,它当然不会违反民族的原则。再说,假如咱们承认中国过去有科学的话,那么,清代学者关于语言文字学的研究,比起 17、18 世纪的印欧语言学来实在没有愧色。近三十年来,一班从事语言工作的人们接受了科学的语言学方法,用来调查研究中国固有的方言和一些同源异派的少数民族语言,他们的收获已经比清代学者又迈进了一步。徐特立说:"过去中国的地质研究所和生物研究所,所调查采集的东西都是中国所固有的。因此它的了解特别深刻,特别有成绩,为欧美学者所不及,这是值得颂扬的。"(本刊 1 卷 8 期,第 10 页)。我深以徐老的话为然。但是在近三十年来的中国学术史上,能够应用西洋的科学方法来调查研究中华民族固有的材料的,除了地质学和生物学以外,还有语言学可以跟它们鼎峙。至于所谓大众化,不仅是量的扩大,内容和形式也必须适合大众的要求和接受的程度。以前关于语言学的研究很少能照顾这一点的,清代的语言文字固然成了经学的附庸;近年来关于语言、音韵、文字的研究也不过成了少数关在象牙塔里的人们的玩艺儿。不过，大众化和庸俗化不同，咱们要提倡语言学大众化，还得贯彻徐老所说的："大众化的特点是：去空、去杂和去孤。"（同上，11 页）

经过一年间的思维，再加上最近的启发，我对于中国语言学提出了以下的三个新观点：

第一，我们得承认语言是社会组织的产物，是跟着社会发展的进程而演变的，所以应该看做社会意识形态的一种。例如：英语 fee 字的历史反映着畜牧社会把牲口当做财产；北美阿他巴斯干族现在用做"火柴"的词本义是"火钻"，这足以考见他们有过"钻燧取火"的生活；滇边高黎贡山的俅子把结婚叫做"买女人"，尽管现在的社会风俗已经变迁，终究掩饰不了买卖婚姻的遗迹。《说文》里从"贝"的字都和钱币有关系，足征在"秦废贝行钱"以前，曾经有过"货贝而宝龟"的货币制度。由此可见，一时代的客观社会生活，决定了那时代的语言内容；也可以说，语言的内容足以反映出某一时代社会生活的各面影。社会的现象，由经济生活到全部社会意识，都沉淀在语言里面。语言学重视语义的研究，就因为语义的转变是由社会环境和经济条件而起的，是动的而不是静止的。所以语义发展史实在跟社会生活演变史分不开。

第二，语言不是孤立的，而是和多方面联系的。任何社会现象都不能和别的现象绝缘而独立存在或发展。各现象间必得彼此关联，交互影响，才能朝着一定的途径向前推进。语言既然是社会组织的产物，当然也不能超越这个规律。所以语言学的研究万不能抱残守缺地局限在语言本身资料以内，必须要扩大研究范围，让语言现象跟其他社会现象和意识联系起来，才能格外发挥语言的功能，阐扬语言学的原理。我最近出版了《语言与文化》一本小书（北京大学《大众科学丛书》文学院第一种，北大出版部发行），内容包括六项：（一）"从语词的语源和变迁看过去文化的遗迹"，（二）"从造词心理看民族的文化程度",(三)"从借字看文化的接触",(四)"从地名看民族迁徙的踪迹",(五)"从姓氏和别号看民族来源和宗教信仰",(六)"从亲属称谓看婚姻制度"。它所根据的材料不单不限于传统的文言,而且不限于大汉族主义的"国语"。所举的例子尽量想赅括古今中外的各方面,尤其侧重国内少数民族和国外文化比较落后的民族的口语。从语言和某一民族或某些民族间的联系,往往叫咱们对于较早的人口分布和迁徙得到有价值的启示;并且从语言所反映出来的文化因素显然对于文化本身的透视有很大的帮助。其中讨论借字一章材料比较多,篇幅也比较长。从公元第一世纪到 20 世纪,汉语和其他语言间的彼此关联,交互影响,在这一章里可以找到不少的例子。要想作进一步的研究,还得扩大汉语借词和贷词的探索,并且按年代排比起来,用历史唯物论的观点去推寻它们跟各方面文化的联系。这种研究是跟中西交通史分不开的。在其他各章里咱们也找出了语言学跟地理学、姓氏学、人类学都有实质的密切关系。咱们如果能够应用语言和各方面的联系去研究历史或社会现象,在分析具体事物的条件、时间和地点的时候,更可以增加一些把握。

第三,语言的材料可以帮助考订文化因素的年代。语言,像文化一样,是由不同年代的各种因素组合成的。其中有些因素可以推溯到荒渺难稽的远古,另外一些因素不过是由昨天的发展或需要才产生的。假如咱们现在能够把文化变迁和语言变迁的关系安排好了,咱们对于文化因素的相对年代就可以估量出来。至于所估量的含混或明确,得要按照特别的情况来决定。照这个法子,语言为解明文化的次第,可以供给咱们一种"累积的基层";它对于文化历史的关系,粗略地说,就像地质学对于古生物学似的。从汉语里的借字来看,像"师比""师子""璧流离""葡萄""苜蓿"之类,反映着汉代或汉以前的文化交流;但是"没药""胡卢巴"之类却直到第十世纪、第十一世纪才见于中国的记载:这一类的文化层次是很显然的(关于这些例子的详细解说,参看《语言与文化》第四章)。同在一种语言里,像藏语的借字"滑石"和"玉石",前一个"石"字有 k 尾,后一个没有;"铗子"和"鸭子","铗"字有 p 尾,"鸭"字没有:这也很清楚地表现它们从汉语借入藏语的年代前后不同。语言文字在社会发展史上的重要性,列昂节夫曾经说过:"我们关于原始社会的知识之宝贵材料是语言:有许多文字是由远古传来的。"不过咱们得要注意,语言的变迁比文化的变迁慢得多;文字的变迁比语言更慢。有些文化因素早已变了,可是它的蜕形却仍旧在语言文字里保存着。咱们考订文化年代的时候,不单要把它们的层次顺序分别清楚,还得认识语言文字的年代一般的要比文化的年代晚一点儿。我在《语言与文化》的第二章里曾经引用了一些《说文》里的例字去推究社会形态,这些文字虽然都是汉代才结集起来的,可是它们并不都是汉代造的,所代表的意识也不全是汉代的社会形态。咱们固然不能因为《说文》里有"斩"字,就断定这种惨刑在汉代还普遍流行;同时也不能根据甲骨文里的"臣""奚"等字就断定奴隶社会到殷代才开始。应用语言文字考证历史,最要紧的还得联系当时社会的其他情况。例如,照董作宾的意见:殷代的礼制有新旧两派,旧派笃守成规,以武丁为代表;新派提倡革新,以祖甲为代表。就贞卜制度来说,"卜行止,记每日王所经过的行程,只见于新派;而卜告,卜章,卜旬,卜求年,受年,卜日月食,卜梦,生育,疾病,有子,死亡,求雨,求启各事,则只见于旧派,新派是很少见的。……这都可以看出他们两派对于人事和自然界的现象、观念并不相同。反之,因为旧派卜贞事项的繁夥,却给我们留下更多的史实。因为武丁、文武丁好卜王后的生育,王子的疾病等等,使我们多知道些他们妇子之名。可是我们即使知道了武丁是多妇多子的,却不能说这是武丁一人如此,或者说到了他才实行多妻制。这很明白的,新派不见得不是同样的多妇多子,只不过是'不占而已矣'。知道了两派卜事的不同,对于旧派的卜事,我们就应认为这是殷代的一般现象,偶然遗留下来了,并不是一时一王的特殊现象。"①这种观点是用语言文字考证历史的人们所应该掌握的。

如果能够建立这些个观点,那么,中国语言学不单是民族的,而且不拘守着狭隘的民族主义;不单是科学的,而且逐渐跟马列主义的科学联系。它所根据的是和理论结合的客观事实,当然不会"空";语义演变顺着一定的规律发展,具有科学原则和活的生命,也不至于"杂";语词内容处处受社会环境和经济生活的影响,随时随地都跟文化的各方面发生有机的联系,更不能说到"孤":从这上面出发的语言学研究才可以称得起大众化,而不至流于庸俗化。为给从事语言工作的人们指点一些明确的方向,我愿意再提出以下的四个建议:

第一,为记录全国各地方言和没有文字的少数民族语言,咱们首先得制定一套拼音文字。自从中国文字改革协会成立以后,我们已经收到几百种新文字方案了。一时的风尚,大有 1913 年读音统一会开会时"个个想做仓颉,人人自算伏卢"的趋势。我个人觉得,不管哪种方案,只要禁得起人民大众考验,能够达到解除文盲的目标的,就算是顶好的。就已往推行的成绩,形式的简易和学术上的联系,我是赞成"方案国际化"的。有人假借民族化的招牌,要把"新"文字变成已经死亡的西夏文或安南的字喃一类的东西,那简直是违背发展的规律。至于现在试行的拉丁化新文字应否补订,倒得看国内方言和少数民族语言的实际音韵系统来决定。就北方话的拉丁化方案来说,首先应该考虑的是应否标注声调的问题;其次就是它所用的符号跟其他方言和少数民族语言的"音位"有没有冲突的问题。我个人意见颇倾向于劳乃宣《简字全谱》以多包少的原则,而符号参用拉丁字

---

① 董作宾《殷墟文字甲编》自序,第 10~11 页,《中国考古报告集》之二,1948 年。

母和国际音标的集合体,声调的标注也不该避免,推行时应按照当地的实际语音需要,抽出一部分来学习,不必普遍记忆本地方言用不着的音标,为解除文盲起见,从劳动大众着想,也应仿照苏联的办法先从不同的方言或族语入手。列宁对于民族主张为了联合而分开,斯大林更推广到语言一方面。北方话代表广大的方言区在它所属的区域内,当然拿它作推行的根据;但是为了解除和北方话悬殊的文盲,还是先从他的本地方言着手比较容易得多。关于这一层,在中国文字改革协会的方案研究委员会里还要从长讨论,这里只是我个人一点不成熟的意见。

第二,对于语义的研究,咱们不应该再墨守传统的训诂学方法:应该知道词义不能离开上下文而孤立的,词书和字典里的解释是不可靠的;应该分析各时代词义演变的"累积的基层";应该用历史唯物论的方法推究词义死亡、转变、新生的社会背景和经济条件。取材的范围不可再存"雅""俗"的偏见,自经籍子史、词书、专集、语录、笔记、小说、戏曲、传奇以至于民间谣谚、大众文艺都应该广泛地搜集。研究的方法一方面要由上而下地从经籍递推到大众口语,另一方面还得根据大众的词汇逆溯到它们最初的来源:照这样,就可以把"古今雅俗"的材料一切都联系起来了。这种工作一个人做固然非常繁重,要是有计划、有步骤地集体进行,我敢保证它可以胜利完成的。

第三,对于现代方言的研究已往二十多年来太偏重语音一方面了。现在要想制定拼音文字的新方案,固然还得先把各地方音系统弄清楚,可是咱们要想和第二个建议配合,特别得着重词汇的搜集和研究。这种工作的进行,首先要注意每个常用词汇在各地人民嘴里的活方言有什么异同。比方说,"饮""食"两个词在北京话里已经死亡了,可是在广东话里还活着;古汉语"寻""怎""甚""恁"的 m 尾和"眨"的 p 尾,现代说北京话的人没有承认它们存在的,可是口语里的

"丌凵せ么"、"怎么"、"什么"、"那么"和"眨巴"还照样流行着;关于"房"和"屋"的大小,为什么南方和北方不同? 关于嗅觉的语词为什么有的地方叫"听",有的地方叫"闻"? 同是一种黑颜色,在各地方言里却有"黑""乌""玄"的叫法;同是一个"青"字,在各地方言里却有的代表蓝色,有的代表黑色。诸如此类,不胜逐一列举。咱们要想中国语言的统一,必须先从分析这些矛盾开始。其次,咱们得深入各行业、各阶层的里面分头调查他们的惯用语,并编成分类词汇。凡是曾经学过外国语文的人们大概总该知道他们各行业和各阶层间都各自有一套丰富的词汇。比方说,农民有农民的惯用语,工人有工人的惯用语;打猎的有打猎的词头儿,开矿的有开矿的术语;汽车司机的行话和海上水手不同;青年学生间打诨竟使一班老头子瞠目。可是这些全是活鲜鲜的词汇,并不是备而不用的死语。中国的各行业和各阶层里何尝没有这一类的词汇呢? 只是任它们自生自灭,语言学家不加搜集,文学家不能应用;一方面委弃宝藏,一方面感觉贫乏,这够多么不经济? 毛泽东说:我们的文艺工作者以前对于自己所描写的对象,"言语不懂。你们是知识分子的言语,他们是人民大众的言语。我曾经说过,许多同志爱说'大众化',但是什么叫大众化呢? 就是我们的文艺工作者的思想感情和工农兵大众的思想感情打成一片。而要打成一片,就应当认真学习群众的语言。如果连群众的语言都有许多不懂,还讲什么文艺创造呢?"我觉得关于这一点语言学家的任务比文艺工作者格外重要。如果大家联合起来,照我所提议的办法做一番工夫,那么,语言学家研究的结果,可以供文艺工作者的取材;文艺工作者应用词汇的扩充,也可以鼓励语言学家更作进一步的探索。这样相因相成,彼此都会因为联系而得到发展了。

　　关于语法的研究,以前的成绩也不够好。《马氏文通》的方法固然遭受到"拉丁文法汉证"的讥评,可是一班研究国语文法的,除去一两部较好的著作,也还不免"拉丁文法今证"的缺陷。至于各地方言的语法研究,那简直还没起头儿呢。咱们现在应该严格使用描写语言学的方法来分析现代中国语的结构,必须一空依傍,完全拿人民大众的口语作根据,然后才能得到活语言的正确语法。等到现代语法有了头绪,才能本着历史观点,用同样的描写方法,去分析以前各时代的古文法。这两种工作是不能混起来同时并进的。

　　第四,咱们应该认识研究国内少数民族语言的重要性。关于国内少数民族的语言研究,无论在学术上或在政治上都是很重要的。我最近在《进步日报》上发表了一篇论文,特别侧重西南少数民族语言的研究(参看 1950 年 1 月 26 日《进步日报》第一版)。其实在东南一方面像浙东的畲语,海南岛的黎语,台湾的高山语;东北和西北两方面像属于乌拉尔阿尔泰语系的通古斯语、满语、蒙古语、维吾尔语、赫哲语、锡伯语、索伦语等也都是同样重要的。比方说,满族是否算少数民族问题,各方颇有不同的意见。可是解决这个问题的关键还在切实调查现存的满族有没有特殊的语言、风俗和地域。近两月来我正在记录一种满语支属的锡伯语,才知道现在伊犁河南岸还有十几万人能说这种语言,还保持着满族人固有的风俗习惯,并且都从事于生产。我对于这个问题在没调查研究以前从来没说过话,现在由于具体事实的反映,我倒要唤起推行民族政策和主持民族事务委员会的人特别注意了。

　　最后我希望全国的语言工作者结合起来,批判地接受我的四个建议,有步骤、有计划地为建设中国新语言学而努力!

1950 年 1 月 28 日

　　(原刊《新建设》第 1 卷 12 期,1950 年,又收入《1950 年中国语文问题论文辑要》,1952 年,北京大众书店)

1950 年苏联语言学界的辩论(译述)

苏联《真理报》从 1950 年 5 月 9 日起就展开了语言学的自由讨论。到 6 月 20 日止,除去斯大林的《论马克思主义在语言学中的问题》外,一共发表了 13 篇论文,其中有 6 篇是批判所谓"苏联新语言学说"的"创造者"马尔的:

1. 第弗力斯国立斯大林大学教授契科巴瓦《论苏联语言学的几个问题》(5 月 9 日)。他首先攻击马尔所提语言是上层建筑、语言有阶级性、语言起源说和语言将来的统一等说法,又批判了马尔的语言阶段说和四要素说,并且认为:"马尔在一般语言学学说的建设上有很严重的错误,若不把这些错误克服,就不能建立或加强唯物主义的语言学。"

2. 国立莫斯科大学语言学博士谢列布廉尼可夫《关于马尔研究学问的方法》(5 月 23 日)。他认为马尔的"四要素"学说、"语言交配"的学说、单字意义发展的理论等都是很大的错误。

3. 阿尔明尼亚科学院会员贾班迁《马尔的几个一般语言学命题》(5 月 30 日)。他在篇末说:"现在的问题就是要终止苏联语言学的停滞状态。在苏联语言科学的领域中,如国内各民族语言的具体建设,以及一般语言学科目的研究,都应当在马克思列宁主义的学说和方法论的光辉照耀下重新整顿起来。"

4. 苏联科学院院士维诺哥拉多夫《在马克思、列宁学说的基础上发展苏联语言学》(6 月 6 日)。他的结论说:一般马克思主义的语言学应由苏联专家们按照各种语言协力创造,必须以马克思、恩格斯、列宁、斯大林学说的应用为基础,对于全世界的语言依照它们的来源、社会历史,它们的历史关系和相互作用来作一番具体的研究。现在应当用马克思列宁主义语言学的立场批判地修订马尔语言学说所有的基本命题和结论。

5. 苏联科学院通讯员、乌克兰科学院会员布拉科夫斯基《在唯物主义语言学的道路上》(6 月 13 日)。他强调地说:使语言学繁荣的重要条件之一就是不要处理语言的古生物学,而要处理活语言的问题。斯大林说:任何科学永远是用实习和实验来检查的。唯物主义语言学应当从现实出发,并且只有现实决定它的生长和现在的力量。

6. 莫斯科地方教育研究所教授契尔尼克《对于所谓语言新学说中几个命题的批判》(6 月 20 日)。他认为马尔所谓“语言新学说”在我们这个时代不能不承认是废物,利用这种废物,怎么说也讲不下去!

有 5 篇是拥护马尔的:

1. 苏联科学院院士梅察宁诺夫《拥护马尔院士遗产的创造性发展》(5 月 16 日),反驳契科巴瓦的论文。

2. 国立莫斯科大学教授柴莫达诺夫《苏联语言学的道路》(5 月 23 日),反对契科巴瓦,拥护马尔。

3. 莫斯科东方学研究所教授桑席叶夫《前进或后退》(5 月 23 日)。他攻击契科巴瓦的学说,推崇马尔的“四要素”和“语义丛”的学说、功能语义论的学说和“古生物学的分析法”。

4. 苏联科学院主席团秘书费林教授《反对停滞,争取苏联语言学的发展》(5 月 30 日)。他认为:“建立马克思列宁主义的语言学不能离开马尔,但是要立脚在伟大学者马克思、恩格斯、列宁、斯大林的基础上。"

5. 国立伊尔库茨克大学教授库德列夫切夫《论语言的阶级性问题》(6月13日)。他反驳契科巴瓦对于马尔的批评,认为在奴隶社会形成了以后语言就有了阶级性。

还有两篇认为马尔有错误也有贡献的:

1. 国立列宁格勒大学史学博士波波夫《苏联语言学的几个成熟问题》(5月30日)。他以为:"我们不能不采纳马尔的功绩中所存在的财富,可是也不能形式地盲目地承认马尔所说所写的关于语言的东西是一成不变、没有错误的。"

2. 莫斯科国立教育学研究所语言学博士尼基佛洛夫《俄国语言史和马尔的学说》(6月13日)。他一方面承认马尔在苏联语言学上的贡献,一方面也批判了"四要素"学说的错误。最后他指出:"在苏联语言学的未来发展中,要立脚在辩证唯物论和历史唯物论的方法上,根据马克思、恩格斯、列宁、斯大林的著作,必须利用马尔许多有价值的知识,不过这种利用应该是创造的和批判的,不是盲从的、迁就的,并且要断然地消灭马尔学说中的错误。"

他们所提的主要问题有下面八个:

1. 语言是不是经济基础上的上层建筑?

2. 语言有没有阶级性?

3. 语言创造程序的单一性问题——有没有"母语"?

4. 语言发展的阶段性问题。

5. 所谓"古生物学的分析法"。

6. 所谓"四要素"学说。

7. 印欧语言学的比较方法能不能继续存在?

8. 马尔的学说有没有可取的部分?

这几个问题的解答,在斯大林的《马克思主义与语言学问题》中大部分已经总结过了。

斯大林《论马克思主义在语言学中的问题》发表后,6 月 27 日《真理报》又发表了国立莫斯科大学教授罗莫切夫的《马克思语言学建设的战斗纲领》和第弗力斯国立斯大林大学教授兼苏联科学院通讯员阿立弗列吉阿尼的《拥护列宁、斯大林的苏联语言的发展道路》两篇文章。他们号召苏联语言学家应该严格地遵行马克思的辩证唯物主义重新建立并创造语言研究的新方法和新技术,根据活的和死的语言材料的实际研究工作,来解决一般语言学的根本的理论问题。

最后,在 7 月 4 日的《真理报》上同时发表了 13 篇论文:

1. 斯大林答克拉舍宁尼科娃的《论语言学的几个问题》;

2. 哈萨克科学院会员、语言学博士萨乌兰巴耶夫的《光明的远景》;

3. 维诺哥拉多夫的《马克思语言学的纲领》;

4. 苏联科学院院士、人种学研究所教授托尔斯托夫的《创造性的马克思主义的范例》;

5. 苏联科学院院士鄂布诺尔斯基的《赞成苏联科学中的创造性的道路》;

6. 语言学博士雅柯甫列夫的《克服自己著作中的错误》;

7. 梅察宁诺夫的《给〈真理报〉编辑部的一封信》;

8. 柴莫达诺夫的《给编辑部的一封信》;

9. 布拉科夫斯基的《新阶段》;

10. 苏联科学院院士奚什马列夫的《维护对于我们时代有价值的科学》;

11. 国立莫斯科大学教授葛尔奇那·费得陆克的《只有前进》;

12. 格鲁吉亚科学院会员、苏联科学院通讯员切列捷里的《走向繁荣的道路》；

13. 阿尔明尼亚科学院通讯员、语言学博士葛利伯延的《富有鼓舞性的著作》。

除了斯大林本人的论文以外，其他 12 篇都一致拥护斯大林的语言学说，称赞他天才地发展了马克思主义的理论，并阐扬他所指出的"语言发展规律"和"语言质变的特性"以及"基本文法结构和基本词汇"几个问题的重要性。其中，雅柯甫列夫《克服自己著作中的错误》一篇检讨他跟尼柯尔斯基教授合著的《马尔语言学说的基本原理》和他自己的三种著作。曾经拥护马尔的梅察宁诺夫和柴莫达诺夫也都给《真理报》编辑部写信，承认自己的错误，愿意"坚决地遵照斯大林同志的指示，高度掌握马克思列宁主义的方法和理论基础，根本改造自己的研究工作"。这几位语言学家都充分表现了批评和自我批评的精神。在葛尔奇那·费得陆克那篇《只有前进》的短文里，特别提出了语言研究和语文教育的联系问题。他指出："科学工作者、语言学家们已经脱离了学校的需要。各学校期待着新的教科书和新的教学法参考书。可是各大学 30 年来没有编出好的教科书。不仅在中学里而且在大学里，我们并不善于揭示俄国语言的丰富表现力和它的优美音调，特有的旋律和节奏。俄国语调的丰富变化赋予语言以悦耳的音乐性并形成语言整个美的印象。我们还未能好好地揭示出俄国语言的力量和伟大，未能教会学生掌握语言作为斗争工具。我们还不善于鼓舞起他们对于丰富的俄国语言的深厚兴趣。俄国有的是可以学习的人：普希金、屠格涅夫、果戈理、契诃夫和高尔基，他们都提供了深刻而有独造性俄国语言的典范；列宁和斯大林提供了俄国语言生动有力、具有现实主义的简明、通俗、确切、明白而真实的典范。"这一段话对于中国的语文工作者也是个很有力量的启示！

《真理报》编辑部 7 月 4 日总结这场辩论说："在《真理报》上展开

的讨论很快地引起全苏联科学界许多方面的反应。寄到编辑部的信有 200 多封,都是非常有学问的语言学家写的。他们有的是科学研究机关的工作者,有的是莫斯科、列宁格勒、乌克兰、白俄罗斯、格鲁吉亚、哈萨克、阿尔明尼亚、立陶宛、摩尔达维亚、拉脱维亚、爱沙尼亚和各城各县各地方的学校工作者。编辑部还收到《真理报》读者寄来的更多数量的信,他们表示讨论中的问题不单引起语言学专家的兴趣,并且对于苏联广大的知识分子也引起了兴趣。

　　"在自由讨论的步骤中,苏联语言学发展的根本问题是在批评之下进行的。几乎所有参与讨论的人都下结论说:我们的语言学是处在停滞的状态,并且须要引导到正确的科学道路上去。

　　"在斯大林的文章《论马克思主义在语言学中的问题》(6 月 20 日发表的)和《论语言学的几个问题》(7 月 4 日发表的)中,对于科学表现了创造性的卓越贡献,并且揭示出语言学发展的新阶段。

　　"所有苏联科学发展的最大最有力的原则,斯大林都指出来了:'如果没有不同意见的争论,没有自由的批评,任何科学都是不可能发展、不可能进步的。''取消语言学中军阀式的统治制度,抛弃马尔的错误,把马克思主义灌输到语言学中去,这才会是苏联语言学健全发展的道路。'"

　　《真理报》关于语言学问题的讨论连续在 9 个星期日刊载,前后发表了 29 篇论文,同年 7 月《布尔什维克》杂志又发表了斯大林的《给同志们的回答》,至是,苏联语言学大辩论才宣告结束。

(原刊《中国语文》1952 年 7 月创刊号)

从斯大林的语言学说谈中国
语言学上的几个问题

1950年6月20日斯大林在《真理报》上发表了《论马克思主义在语言学中的问题》。这篇富有马克思列宁主义创造性的论文,从理论上给中国语言学解决了好些问题,并且启示了中国语言学的新任务和新方向。我在这里先提出几点来讨论:

第一,"大众语"跟"白话文"的论争。

语言是没有阶级性的;记录语言的文字,它本身也没有阶级性。中国古代人民口里说出来的话跟写出来的文,本来相差不远。可是,封建统治阶级为了巩固自己的统治,不顾全民语言的发展,故意使写出来的文章跟全民语言不同。历代御用文人又逢迎统治阶级的意旨极力摹古、复古,于是语言跟这种所谓"古文"的文章便脱了节。直到20世纪初年,记录近代语言的"白话文"跟保守古代语言的"文言文"中间确有很大距离。但随着中国资本主义经济的发展,也促进了言文一致的需要。五四运动时提倡"文学革命"的人们企图用"白话"革掉"文言"的命,把矛盾统一起来,造成新的言文一致,这在那个时代是有进步作用的。但是,这次"文学革命"是知识分子的运动,他们所提倡的白话文不免还残余着文言的尾巴,甚至还生硬地加上一些不必要的外国词汇和文法构造。这样一来,白话文就和全民的语言还有若干距离,并不能达到言文一致的目的。于是,20 年前又引起了"大众语"和"白话文"的论战。

在这场论战中,有的主张再来一次"文学革命",认为新的文学革命不但要肃清文言的余孽,推翻所谓白话的新文言,而且要严格地反对旧小说式的白话,一切都用现代中国活人的白话来写,尤其是"新兴阶级的普通话"和当地主要的方言。这种普通话既不是"农民的原始语言",也不是"绅士等级的语言",更不是"用某一地方土话去勉强各省的民众采用做国语",或"偏僻的、固定的'乡下人'的语言",而是"容易接受别地方的方言集成的语言"。①

对于这种见解我们应该肯定"一切都用现代中国活人的白话来写"这一提法是正确的。但是另外有一些人却提出疑问:所谓"新兴阶级的普通话"是否真正存在呢? 据当时人调查的结果,"五方杂处的大都市如上海的新兴阶级的普通话还是一种上海白做骨子的'南方话'。这原因是'各省人'之流入上海工人社会毕竟是逐渐的……所以居于主位的上海本地话常居主位。上海以外的大都市中亦有同样的情形。……即使在一地的新兴阶级有其'普通话',而在全国却没有。"② 于是这一派人断定,新兴阶级的全国性的普通话是不存在的。但他们并不能从原则上否定语言的阶级性,所以还不能彻底战胜前一见解。

过了两年,大众语跟白话文的论战更达到了激荡的高潮。一部分人认为建设大众语并不必反对白话文,因为"白话文和大众语并不矛盾,正相反,大众语是从白话文反对文言文的斗争中发展出来的。

---

① 宋阳(瞿秋白)《大众文艺问题》,《文学月报》创刊号,1932 年 7 月;《再论大众文艺答止敬》,《文学月报》第三期,1932 年 9 月。

② 止敬(沈雁冰)《问题中的大众文艺》,《文学月报》第二期,1932 年 8 月。

大众语是白话文的发展,是进步"①,并且白话文的"反动性是在它的内容,而不在它的形式。所以大众语决不能而且也不应该机械地和白话文对立。只在我们拿什么内容来使用这种形式"②。另外一部分人认为建设大众语必须反对白话文,因为五四以来的白话文,只是上层的资产阶级与一般知识分子的所有物,不是一般大众所能懂的,因此,要为了大众进一步建立起大众语来,就非反对这种新八股的"买办文字"不可③。

其实,这两方面的意见原来颇有共同的地方,只是大家都闹意气,以致辩论得很厉害。1934 年 7 月 15 日《中华日报》星期专论上高荒(胡风)发表了一篇《由反对文言文到建设大众语》,他在这篇文章里说:"白话文固然有和买办资产阶级相通的一面,但也有和大众相通的一面。在形式上,白话文的基本词汇和语法也是劳苦大众口语的基础部分;在内容上,白话文现在创造了不少的进步的作品,是理论翻译的唯一工具。我们不能把和大众的生活需要结合着的白话文抛掉。大众里面的作家会把白话文里面合乎大众需要的部分提高,不合乎大众需要的部分消灭,在实践中将白话文'扬弃。'"这在当时的确是解决纠纷、结束论战的公平判断。

总之,在这场论战展开的时候,不单国民党中的 CC 派阴谋恢复文言④,同时一般"文人""学者"所作的白话确有一些不顾中国语言习惯,过分采用外国文法,常常夹杂着文言字句,以至于写成后大众

① 王钢《建设大众语不应该放松了反对复古运动》,1934 年 7 月 21 日《中华日报》动向。

② 司马矞《内容与形式》,1934 年 7 月 1 日《中华日报》动向。

③ 家为《关于批判与认识》,1934 年 7 月 8 日《大晚报》火炬。

④ 汪懋祖《禁习文言与强令读经》,《时代公论》100 号,1934 年 5 月 4 日;《中小学文言运动》,《时代公论》114 号,1934 年 6 月 1 日。许梦因《文言复兴之自然性与必然性》,1934 年 6 月 1 日《中央日报》;《告白话派青年》,《时代公论》117 号,1934 年 6 月 22 日。

看不懂,读出来大众听不懂。经过这番激烈的辩论,弄清了五四以来白话文的优缺点,把大众语跟白话文的矛盾统一起来,使中国语文的发展又推进了一步,并且在政治上也起了一定的作用,我们应该肯定它的成绩。1949 年后这个问题已经不再有人提起了。但是,当我们读过斯大林的论文以后就更使我们进一步地认识:"民族语言不是阶级性的,而是全民性的,是对于民族组成员共同的,对整个民族统一的语言。"① "'阶级'习惯语,正确些说,应当叫做同行话,并非替人民群众服务,而是替狭小的社会上层分子服务。此外,它们没有自己本身的文法构造和基本词汇。"②因此,在全民的社会里既然没有所谓"绅士等级的语言"或"农民原始的语言",当然也没有所谓"新兴阶级的语言"。

第二,文字是可以在一定条件下加以改革的。

在斯大林发表《论马克思主义在语言学中的问题》以前,曾经有一些人受了马尔学说的影响,认为:文字和其他艺术、宗教、文学等等一样,是人类社会的上层建筑物。社会的经济基础一起了变化,则上层建筑物或迟或速地都要发生变革。但是斯大林已经明确地指出语言跟上层建筑不同的四点:(一)语言并不随着经济基础的消灭而消灭。(二)语言不是社会内部这一种或那一种旧的或新的基础所产生,而是千百年来社会历史全部进程和基础历史全部进程所产生的。(三)语言是许多时代的产物,它的生命比任何一个基础、任何一个上层建筑的生命都长久得多。(四)语言与人的生产行为直接联系,并不仅与生产行为,而且与人在其工作各方面的一切行为(从生产到基础、从基础到上层建筑)都有直接联系,因此语言反映生产中的改变

---

①② 斯大林《马克思主义与语言学问题》,解放社本,第 11、49 页。

是直接的,是立刻发生的,而不是等候基础的改变,所以语言活动的范围是包括人的所有各方面的行为,它比上层建筑活动范围要广泛得多、复杂得多,并且它的活动范围差不多是无限的。① 文字不论是汉字或拼音文字,既然是语言的符号,它的性质跟语言也没有大差别。十月革命以前俄文所用的斯拉夫式字母,在苏联建国以后并没有改变,就是显著的例证。足见文字本身跟上层建筑不同,不必随着经济基础的消灭而消灭。

文字应否改革只看它是否适宜提高大众文化,倒不必牵涉到经济基础和上层建筑的问题。汉字繁难不适宜推行普及教育,它本身虽然没有阶级性,但是因为大众不容易学,多少年来就被统治阶级垄断着。在60年前已经有人分别创造各式各样的方案,企图改革传统的文字。② 他们在半封建、半殖民地的社会中所想到的跟我们现在的见解十分相近,并没等候基础的改变。文字跟语言不同的地方,就因为它是人为的工具,也像其他生产工具一样,可变性比较大,不像语言的基本词汇和基本文法结构那样不容易改变。笨重的生产工具既然可以改造,繁难的文字当然也可以改革;拖拉机既然可以代替用人力、畜力推动的锄、犁,拼音文字为什么不能代替象形、表意的汉字? 毛泽东说:“文字必须在一定条件下加以改革”③,大前提已经确定了。我们眼前所要研究的只是确定这个“一定条件”,例如文字改革必须建立在统一民族语的基础上,政治、经济、文化集中到什么程度才能实施,采用哪一种方案最适宜,划分几个步骤可以使汉字逐渐改换成拼音文字等等。这就是我国语文工作者的迫切的任务。

---

① 节录斯大林《马克思主义与语言学问题》,解放社本,第1~9页。
② 参看罗常培《国音字母演进史》,上海商务印书馆,1934;收入《罗常培文集》第三卷,改题《汉语拼音字母演进史》。
③ 毛泽东《新民主主义论》。

第三,方言能否发展成民族语。

方言是民族语的分支,据斯大林说:"地方方言是替人民群众服务的,并且有自己的文法构造和基本词汇。"① 它跟民族语同是人们在社会中的交际工具,同为满足社会所有各个阶级的需要,所不同的主要在通行区域的广狭。从语言学的观点来分析,方言间的文法结构也有些细微的出入,可是绝不像民族语言间相差得那么远。音韵的变化也是有条理、有系统的。只有词汇的异同比较大一点。比方说,中国话跟俄国话、英国话、德国话、法国话是不同的民族语;北京话、广东话、福州话、上海话、梅县话、长沙话只是同一民族语里的不同方言。

方言跟土话、俚语也不一样。方言是同一区域内各个阶级共同使用的,土话只流行于比较小的区域,俚语只流行于某一阶层;并且方言和土话有自己的文法结构和基本词汇,俚语只限于一些习惯语,绝没有独立的文法结构和基本词汇。比方说,北京话里像"好家伙""拿胳臂钱""平地抠饼""抠门儿""蘑菇""耍熊""硬插杠儿""硬炸酱"② ……之类,并不是人人嘴里常说,也不是人人都懂的,这只是俚语而不是方言,俚语也跟一般词汇一样,几乎在经常变动中。20年前,我在广州学会了"化学"和"济军"一类的俚语。"化学"是由化学制造品引申为一切"虚伪"的意思,比方说,"呢个人好化学",就等

---

① 斯大林《马克思主义与语言学问题》,解放社本,第50页。

② 这些俚语都是老舍《方珍珠》剧本中所用的:"好家伙"是像"好劲""真够瞧的""老天爷"一类的惊叹语;"拿胳臂钱"是靠胳臂粗壮用强力从中剥削别人,不劳而获;"平地抠饼"是无中生有、空手生财的意思;"抠门儿"是说吝啬;"蘑菇"一般指着纠缠、麻烦、难办来说;"耍熊"是捣乱的意思;"硬插杠儿"是凭空加入,恃强欺人;"硬炸酱"是说用强力干没,或强取豪夺。

于说"这个人很虚伪"。"济军"是由龙济光的军队转变成"野蛮"的意思,比方说,"嗰个仔真济军",就等于说"那个小孩真野蛮"。但是,当时我曾问过一位住在北京的广东老辈,他却不能了解。可见俚语不单流行范围很狭,流行的时期也很短。现在广东的青年连龙济光是谁都不知道了,"济军"这个词怎样能通行呢。

　　我们既然分析了民族语和方言、土话的区别,进一步就可以讨论方言能否发展成民族语的问题。

　　从前讨论大众语和白话文的问题时,曾经有人说,新兴阶级的普通话不是用某一地方"土话"去勉强各省的民众用做"国语"。这里所谓"土话"其实是指着"方言"来说。咱们固然不能勉强各省的民众采用某一地方的方言做"国语",但是一个地方的方言确可成为民族语的基础并发展为独立的民族语。斯大林说:"地方('地域')方言,是替人民群众服务的,并且有自己的文法构造和基本词汇。因此,某些地方方言在民族形成过程中可以成为民族语言的基础并发展为独立的民族语言。例如,对于成为了俄罗斯民族语言基础的俄罗斯语言中的库尔斯克—奥勒尔方言(库尔斯克—奥勒尔'话'),情形就是如此;对于成为了乌克兰民族语言基础的坡尔塔发—基辅方言,也必须这样说。至于说到这些语言中的其他方言,那么它们丧失了自己的独特性,融入这些语言中,并在这些语言中消灭了。"① 况且不单俄罗斯语如此,英吉利民族语是由英国中东部方言发展成的,意大利民族语是由脱斯堪尼方言发展成的,法兰西民族语是由巴黎和它附近的方言发展成的。这都是摆在眼前的例子,可以供我们借镜。

　　在中国许多汉语方言里,究竟哪一种可以成为民族语的基础并发展为民族语呢? 从现在经济和政治集中的情况来看,北京话和它

---

　　① 斯大林《马克思主义与语言学问题》,解放社本,第50页。

同系统的北方话,无疑地具备优越的条件。因为就历史来讲,中国自从秦始皇建立统一的封建帝国以来,除了东吴、东晋、宋、齐、梁、陈、南宋和明朝永乐以前的 34 年(1368—1402)、国民党政权的 22 年(1927—1949)以外,都是在北方建都的。就是南朝的"士大夫"阶级一般地也说西晋末年洛阳近旁的方言,所以张融临刑还作"洛下书生咏"①;曾经做过都城的南京和杭州,语音显著地北化;国民党盘踞南京的时候还用北京话做标准语。可见不管教条主义者怎样估计汉民族形成的早晚,历史的事实告诉咱们,北方话早就成了发展民族语的基础了。就地理来讲,这种方言通行的区域除了黄河流域和东北的大部分,还包括长江以北和四川、云南、贵州各省,几乎占据全部汉族居住区域的三分之二。能说或能懂这种话的人粗略地估计大约有四万万人。就语音系统来讲,它在全国方言中比较最简单、最容易懂、最容易学;就是在其他方言区里大多数人一般地也能了解。况且,从1949 年以来,全国人民空前地团结,政治、经济、文化空前地集中,通过电影、话剧、广播的传布,依靠物资的交流,教育和交通的发展,这种中央人民政府所在地的北京话更加强了形成民族语的决定性。马克思说:"方言习惯语集中为统一的民族语言是由经济和政治的集中来决定的。"② 因此我们可以断定:以北方话为基础的汉民族语,从秦汉以来就逐渐地形成着,1949 年后,这种民族语基本上已经形成了;在国内各兄弟民族逐渐提高政治、经济、文化的过程中,它不久还会成为各民族共同的交际工具,成为各民族间的共通语。在这种情况下,我们就是叫它做"国语",它的含义已经跟过去所谓"国语"迥不

---

① 陈寅恪《东晋南北朝之吴语》,《历史语言研究所集刊》第七本第一分,第 1~4 页。
② 引自斯大林《马克思主义与语言学问题》,第 13 页。案:这里所谓方言习惯语是指着地域的方言。

相同了。

北京话跟"普通话区"（就是从前所谓"官话区"）的其他方言比较，固然在词汇上和语音上有些不同，不过它们的基本词汇和基本文法结构并没有差别。咱们如果拿北京话作民族语的基础，它本身必须有内部一致的语音系统，跟它相近的各方言，在能维持互相了解的程度下，尽可按照自己的方音系统有条件地变读。可是，无论如何，绝不能拿一种东拼西凑漫无条理的人为语音作为民族语的基础；同时，也不该严格拘守一个地方的方音，毫不通融。我们所以不赞成1913年读音统一会决定的"老国音"，就因为那是从《音韵阐微》里挑出七千多字来表决通过的，是人为的，不是自然的；它既然不是纯粹的北京音，同时也不是从普通话区各方言里求出来的客观的最大公约数。

声调不单是汉语的特征，而且是汉藏系语言普遍的特征。不过，汉语的"调类"（就是平、上、去、入的分类）在各大方言区里都是内部一致的，至于"调值"（就是高低抑扬的实际音高）就是在同一方言区里也不免参差。比方说，"天"在北京、天津都是阴平，可是北京念高平调，天津念低降调；"意"在北京、西安都是去声，可是北京念全降调，西安念高平调。我曾经根据调查过的33种方言来统计，普通话区的方言绝大多数只有四个调子，可是调值的出入颇大。因此在民族语里只能求得调类的一致，不必企图调值的统一，更不必勉强全国大多数人都把"中华语调，高扬起降"念得跟北京话的调值一模一样，只要在南腔北调中各自有一致的系统也就够了。有人以为调类是为单音词而设的，若是多造复音词，提倡词儿定型化，根本就不必管声调。还有人主张在实际说话中试验一下，若是声调说错了还可以懂，那就可以证明声调没有多大关系。这些说法都是不正确的。汉语的声调是几千年流传下来的语言特质，在民族语中不能因为一时的困难硬把它取消。复音词在现代语里的增多固然是事实,可是"事实"跟"时事","道地"跟"到底","人事"跟"认识","英语"跟"盈余"……并不能因为复音化就完全消灭了声调的区别。至于说,只要彼此可以懂就证明声调不关重要,这未免把语言的系统性、稳定性看得太不郑重了,一个有悠久历史基础的民族语不能是这样糊弄局儿的!

　　当各地方言还没完全融入民族语的时候,咱们在过渡期间不得不暂时采取方言和民族语并行的双轨制,就是在各方言区里的人们一方面说从母亲那里学来的方言,一方面说从教师那里学来的民族语。因为中国方言既然很复杂,在普通话以外说别种方言的人口还很多,在政治、经济集中还不够的现阶段,突然强制这么多人立刻全说民族语,那是绝对不可能的。形成中的民族语固然要以北京话和它同系的普通话为主体,可是方言中通行区域较广、社会需要较多的词汇,还会自然而然地融合成民族语的一部分。所以为了"新质的要素的逐渐积累"或"旧质的要素的逐渐死亡"并且使民族语的成分更加丰富,暂时采用方言和民族语并行的双轨制,是合乎语言发展规律的。况且方言本来是民族语的分支,不是跟民族语对峙的;方言跟方言间是可以融合的,而不是互相斗争的。哪种方言能够发展成为民族语,哪种将要丧失自己的独立性而融入别的方言,完全靠政治、经济、文化集中的条件来决定,不能专靠人为的努力。方言既然跟各别的民族语不同,因此发展成民族语的不能算是"胜利",丧失独立性的也不能算是"失败"。总之,民族语无疑地要拿一种主要方言作基础,同时还得吸收别种方言融化进来的成分;它不能纯粹是"现在北京西城一带的语言",也就像它不能是广州话、福州话、梅县话、上海话、长沙话一样。

　　至于文艺作品中运用方言、土语的问题,我们的意思是:在作家描写人物时,为了所描写的人物更造型化、浮雕化,使人物显得更生动灵活,他们可以在对话中采用方言、土话或习惯语、同行话;但是文学语言的主要成分还应该是民族语。这不单可以得到广大读者的了解,并且可以促成民族语的巩固和发展①。

第四,语言和文化的关系。

1950 年 1 月,我出版了一本叫做《语言与文化》的小册子②。在那本书一开头,我就引了两个学者的话来说:"语言不能离开文化而存在,所谓文化就是社会遗传下来的习惯和信仰的总和,由它可以决定我们的生活组织。"又说:"语言的历史和文化的历史是相辅而行的,它们可以互相协助和启发。"相反地,在总结一章里我又引用了马尔的学说,认为"语言是社会组织的产物,是跟着社会发展的进程而演变的,所以应该看做社会意识形态的一种","社会的现象,由经济生活到全部社会意识,都沉淀在语言里面",并且还强调了马尔的语义学研究③。此外,我又表扬了耶费梯语言学说中的"古生物学分析法",说"它把语言发展的各阶段和社会经济构成的各阶段联系起来"④。读了斯大林的著作,我才烛见了过去的错误。

首先,斯大林说:"……文化与语言是两个不同的东西,文化可以有资产阶级的和社会主义的。语言是交际工具,永远是全民性的,它可以替资产阶级文化服务,也可以替社会主义文化服务,例如俄罗斯语言、乌克兰语言、乌兹别克语言现在替这些民族的社会主义文化服务得好,正像在十月革命以前替这些民族的资产阶级文化服务一样,

---

① 参考文逸编《语文论战的现阶段》,上海,1934,第 79～87 页;《铁马论文学语言》,上海,1951,重写本,第 276～282 页。《文艺报》34,第 13～17 页;36,第 21～27 页;41,第 30～34 页;43,第 19～21 页。
② 北京大学出版部发行;收入《罗常培文集》第五卷。
③④ 罗常培《语言与文化》,第 93、95 页。

难道这不是事实吗?"①"文化按其内容说是随着社会发展的每个新时期而变更的;语言则在几个时期中在基本上是仍然不变的,同样地服务于旧文化,也服务于新文化。"②由此可见,所谓"语言不能离开文化",以及"语言的历史和文化的历史相辅而行"一类的说法是不正确的。至于说"文化就是社会遗传下来的习惯和信仰的总和,由它可以决定我们的生活组织",现在也应该附带地批判掉。

斯大林又说:"语言是与人的生产行为直接联系着,并且是与人的工作的一切范围中的一切行为直接联系着。因此语言的词汇对于各种变化是最敏感的,它几乎处在经常变动中。……但是,语言的词汇的变化不是像上层建筑一样。它的变化不是用废除旧的、建设新的那种方法来实现的,而是用新词去充实现行的词汇的方法来实现的,这些新词是由于社会制度改变,由于生产、文化、科学等等发展的结果所产生的。"③根据这个理论,咱们虽然可以说语言的词汇"是跟着社会发展的进程而演变的",却不能泛泛地说"语言"是这样。斯大林明确地说:"词汇本身还不成为语言,它只是构成语言的建筑材料。正好像在建筑业中的建筑材料并不就是房屋,虽然没有建筑材料是不可能建造房屋的。同样,语言的词汇也不就是语言,虽然没有词汇任何语言都是不可想像的。"④我过去因为词汇可以随着社会制度的改变或生产、文化、科学等发展的结果而增加新词或转换意义,就认为这是"语言"的现象,那实在犯了以偏概全的错误。

"语义学是语言学重要部分之一。词和语的涵义方面在研究语言上有着重大的意义。因此,应当保证语义学在语言学中应有的地位。"这固然是斯大林所肯定的,同时,他却提高语言学家的警惕说:"然而在研究语义学问题和使用它的材料时,千万不可过高估计它的

---

①②③④　斯大林《马克思主义与语言学问题》。

意义,尤其是不可滥用它。……过高估计语义学与滥用语义学,就使马尔走向唯心主义。"① 我在《语言与文化》里过分地表扬了马尔的语义学研究,现在应该严格地检讨!

　　尤其要批判的是语言发展的阶段论。斯大林说:"人们说,语言发展的阶段论是马克思主义的理论,因为语言发展的阶段论承认突变是必要的,是语言从旧的质过渡到新的质的条件。当然这是不正确的,因为在这个理论中,很难找到多少马克思主义的东西。如果阶段论真正认为在语言发展历史中有所谓突变,那就更糟了。马克思主义不承认在语言发展中有所谓突变,有所谓现存语言的突然死亡和新语言突然创造。"②我在《语言与文化》里引用了马尔所谓"古生物学的分析法",承认语言发展各阶段可以跟社会经济构成的各阶段联系起来,读了斯大林的论文,才使我正视了这种错误的严重性。

　　　　　　(原刊《科学通报》第 3 卷 7 期,1952 年 7 月,略有删节)

---

①② 斯大林《马克思主义与语言学问题》。

一年来语言学的普及倾向

为纪念中华人民共和国的第一个国庆日,我想从自己的业务一方面说几句话。

自从 1949 年 9 月 29 日中国人民政治协商会议第一届全体会议通过了共同纲领,我们新中国的人民才有了共同遵守的大宪章。其中的文化教育政策一章使我们认识了中华人民共和国的文化教育是民族的、科学的、大众的。"人民政府的文化教育工作,应以提高人民文化水平,培养国家建设人才,肃清封建的、买办的、法西斯主义的思想,发展为人民服务的思想为主要任务"(第四十一条)。我们又认识了关于社会科学一方面应该"提倡用科学的历史观点,研究和解释历史、经济、政治、文化及国际事务"(第四十四条)。我们尤其体验了理论与实际一致的教育方法(第四十六条)。语言学是社会科学的一个部门,要想适应新中国的文教政策,首先就得建立三个新观点:

(一)要符合人民的、科学的、大众的原则;

(二)要能为人民服务,提高大众文化水平;

(三)要能联系实际,不至于成了脱离群众的、孤立的科学。

在过去这一年里国内的语言工作者已然开始有了这个倾向。

语言学本来叫做"小学",是为帮助小孩子启蒙用的;因为中国言文分离逐渐地才把"童而习之"的"小学"变成了学者们的专业。赶到牛角尖越钻越深,路越走越窄,结果就变成少数人所能懂的玩艺儿,别人看起来简直跟道士所画的神符有同样的感想:这是违背上面所说的三个观点的。我们现在要遵守共同纲领的文教政策把少数人所能懂的语言学恢复为"小学"的原始功用。

为了配合上面的三个观点,在过去一年里我们也开始了以下几件具体的工作:

第一,要想提高大众文化水平,扫除文盲是首要的任务。这件任务必得由语言学家、教育学家、心理学家联合起来共同努力来完成它。共同纲领既然规定加强劳动者的业余教育(第四十七条),我们就得准备扫盲的教材。比方说,常用字和常用词的统计、简体字的划一、拼音方案的拟订……已经有几个机构在分工合作地积极进行着。

第二,现代汉语的基本词汇和基本语法结构是中国科学院语言研究所本年度和明年度的重点工作。今年8月初已经商定计划打算从北京和"官话区"的口语以及五四以来的文艺作品、歌谣、俗曲、现代报纸杂志等,分头搜集材料,然后分析、统计,希望得出现代汉语词汇和语言结构的最大公约数来。参加这个工作的已经有十个人左右。其中有几位过去对于中国语言史或现代方言曾经做过窄而深的研究。

第三,有些兄弟民族并没有他们自己的文字,从前外国传教士所代定的也不合音理。我们根据实际调查的结果,给他们重新拟订新方案。现在已经着手的有景颇、傈僳、茶山、浪速、苗、傣、彝各种语言。

第四,语言跟文学的关系本来是分不开的,可是旧日的语言学家跟文学家很有点儿脱节的现象。自从北京市文学艺术工作者联合会成立,参加这个会的文学家和语言学家都共同朝着普及的方向走,一致认为大众歌曲的节奏和韵律、人民的活语汇和流行的民间音乐等等,都得靠语言工作者和文艺工作者团结起来共同研究。(参看《语言研究和文艺创作》，载在《新建设》第二卷第九期。)两月来，我们开过戏曲改良和诗歌朗诵两个座谈会，都给语言和文学的关系起了桥梁作用。有些从前专门关在象牙塔里的老教授们也到劳动人民文化宫给青年学生和工农干部去讲语言在文艺上的运用等等问题。科学院语言研究所为分析老舍所作《方珍珠》剧本里的语言，甚至于发动了好几个研究人员共同加紧工作;为分析全剧的口气语调还请老舍先生费了两个半天自己把全剧的对话录音。

第五，北京大学文科研究所收藏的明清史料一向被国内外史学家所重视，可是没有人注意它能够应用在语言研究上。最近我们为配合简字研究，开始从三百年前的明朝"兵科抄出"档案找出许多当年流行的简字现在还有若干在民间流行着。这项研究的结果可以继续刘复的《宋元以来俗字谱》作成一部《明清以来俗字谱》，多少可以给扫盲运动中的简字研究加强了历史上的根据。我们还打算从明朝三法司的档案里找出当时大众语言的材料，这对于现代汉语的沿革问题也很有重要的关系。

以上所说，是我们从中华人民共和国诞生以来对于语言学的新观点和新方向;工作虽然刚刚开始，可是方针和任务已经确定了。有人怀疑:这样一来，会不会把旧来的专门研究弄得庸俗化呢? 我们的答案是:不，决不! 当前语言学家最迫切的任务就是提高大众的文化水平，好给将要到来的文化建设高潮先铺平了一段道路。等到这个任务完成后，我们还要从普及的基础上逐渐提高，批判地接受过去语言学的遗产，准备建设中国新语言学的条件。但是，从此以后不管个人研究或集体研究都不能忘记为人民服务和理论联系实际的两个重要观点。只有那些"只可自怡悦，不堪持赠君"的"孤芳自赏"者才是庸俗透顶的人物呢!

听说，湖南有一位大学教授说:"我所讲的《说文》，每个字都抵得过一颗美国的原子弹!"这位老先生的壮志固然很可佩服,可是抵得住美国原子弹的不是《说文》里的一两个字,而是怎样提高广大人民的文化水平和技术水平,团结起四万万七千五百万人来共同为新中国的建设努力,共同为保卫世界和平奋斗。我们语言工作者不要忽视在这个大任务中,发挥自己的一个螺丝钉的功用!

（原刊《进步日报》第 6 张第 2 版,1950 年 10 月 1 日,略有删节）

从历史上看中国文字改革的条件

文字是语言的记号，是人们交际的工具。没有文字把语言记录下来，口头的语言绝不能流传很久，传播很远。因此有人把用文字记录下来的语言叫做书写的语言。不过咱们得要注意：所谓"书写的语言"还是指着用文字记录下来的东西，而不是指着文字的本身。这样看来，文字跟语言的关系是很密切的，可是不能认做一个东西；有许多语言的特点并不能适用到文字上去。因此语言不能改革，并不意味着文字不能改革。

从汉字演进的历史来看，在形体上，由甲骨、金文、籀、篆，演变到隶、楷、行、草，是经过好几次改革的。再就造字的方法来看，旧来所谓"六书"，至少有"三书"（形声、转注、假借）是拿声音作主体的。《说文》9353 个字里，形声字竟占了 80％以上。形声字是由假借字发展出来的，如"芙蓉"原作"夫容"，这是假借字，因为这两个字本不是为芙蓉花造的，只是借用，后来写成"芙蓉"，就是形声字了。后代所造的字，形声字更占绝大多数。咱们翻出字书来看，《玉篇》比《说文》增多的是这一类字，《广韵》比《玉篇》增多的是这一类字，《集韵》比《广韵》增多的是这一类字，《康熙字典》比《集韵》增多的还是这一类字。形声字以外的后起字，像"伞、瘪、泵"之类，那真是太希罕了。至于假借中的"通借"，实际上就是后代的写别字。《说文序》给假借所下的定义是"本无其字，依声托事"，可是古书里常常发现"本有其字，依声托事"的假借,就是所谓"通借"。咱们正可以从反面看出来,古人对于文字表音的要求是很强的。古人既然早就爱写别字,为什么现代人不能写别字,或者更彻底地直接改用拼音文字呢? 还有"转注"一类,从前人的解释太多,简直把人弄得头昏。其实照现在的意义来讲,它只是方言词的互注,也是一种不得已的表音方法。

总之,从形声、假借、转注的功用来看,古人对于中国文字早就有了表音的要求和倾向,只是受汉字呆板形体的拘束,以致演进到形声就停滞不前了。这种现象一直停滞了几千年,为什么到了现在还要容忍它继续停滞呢? 所以汉字必须改革实在是历史付给咱们的使命!

汉字究竟应该怎样改革呢? 三百多年前,方以智已经看出汉字应该改革。他在《通雅》里说:"字之纷也,即缘通与借耳。若事属一字,字各一义,如远西因事乃合音,因音而成字,不重不共,不尤愈乎?"[①] 甲午战争(1894)以后,一部分具有初步爱国思想的人们感受帝国主义的侵略,觉得国家衰弱由于教育不普及,教育不普及由于汉字繁难。于是卢戆章、沈学、王照、劳乃宣、王炳耀、蔡锡勇、朱文熊等,都有提倡汉字改革的说法。他们所拟的方案,有的用假名式,有的用拉丁字母式,有的用速记式,形式虽然纷歧,目标却是相同的[②]。但是,因为当时的统治阶级并没有真心要提高广大人民的文化水平,结果除了王照的"官话字母"曾经靠着张百熙、袁世凯的支持,在河北、山东、山西、河南、东北推行一个时期,劳乃宣的"合声简字"曾经靠着周馥、端方的支持在江浙各地推行一个时期,其余的都没有得到

---

① 《通雅》卷一,第 18 页。这部书是明崇祯十二年(1639)以前作成的。

② 参看罗常培《国音字母演进史》,上海,1934 年;收入《罗常培文集》第三卷,改题《汉语拼音字母演进史》。

实验的机会。卢戆章所拟的方案从 1898 年起,经他同乡京官的推荐,就奉"上谕":"著总理各国事务衙门调取卢戆章等所著之书,详加考验具奏。"拖到 1905 年,卢戆章从厦门跋涉来到北京,把他改订的稿子向学部呈缴,听候考验。当时因为学部跟外务部互相推诿,延宕了好几个月,终于似是而非地批驳了事。劳乃宣本身已然是统治阶级里的人,在江浙推行简字也有相当成绩,但是当他进呈《简字谱录》五种,想把简字扩大推行的时候,就从 1908 年一直搁到 1910 年底;虽然资政院质问,院外群众响应,学部始终没有会奏。从这里可以看出来,不是人民自己的政府,绝不会认真给人民办事的。

注音字母是 1913 年 3 月 13 日制订、1918 年 11 月 23 日公布的。从公布以后,就赶上军阀混战、国民党专政和日寇侵略的局面。这个时期不单没有为人民服务的政府,而且政治、经济极端不集中,哪里能够推进提高大众文化的工作呢？眼前一个具体的例子就是:注音字母从公布到现在已经有了 34 年的历史,1949 年以前也有过官样的推行机构,可是为什么直到祁建华发明速成识字法,它才起了"识字拐棍儿"的作用呢？这显然是政治性强弱和为谁服务的区别。北方话拉丁化新文字和国语罗马字的拟订,同样忽略了民族的情感,没建立在群众的基础上,以致同样不能顺利地推行。由于 60 年来的经验教训,咱们可以认识过去汉字改革运动的没成功,主要是条件还没成熟的缘故。

根据历史上的经验教训,我们觉得,汉字改革应该具备以下几种条件:

(一)首先必须有在工人阶级领导下为人民办事的政府;

(二)政治、经济必须达到全国能由中央统一领导的集中程度;

(三)必须基本上有了在政治、经济集中条件下形成的民族语;

(四)拼音文字方案和拼音方法应根据群众的基础相当地照顾民

族形式;

（五）文字研究应与语言研究紧密结合,关于词的连书和定型必须服从民族语的结构规律;

（六）从事文字改革的语文工作者必须有战斗的精神和热情。

前三种条件,咱们现在当然已经具备了,后三种条件也正在逐步地准备中。所以今天的情况跟以前的情况是绝对不同的,文字改革的工作一定可以顺利地进展。我们文字改革工作者应该为加紧创造条件、开展这个伟大的工作而努力!

（原刊《中国语文》1952 年第 2 期,8 月号）

从汉字造字和标音的历史看
《汉语拼音方案》的进步性

《汉语拼音方案(草案)》的发表,是从汉字逐渐走向汉语拼音文字的一步重要的发展。

汉字有 4000 多年的悠久历史,给我国人民保留下很丰富的文化遗产,它在历史上的伟大功绩是没人能否认的;同时,汉字的难学、难写、难念,不适于提高广大人民的文化,也是没人能否认的。就是专从汉字造字方法的发展来看,很早已经有人觉得汉字的表形、表意的作用远不及表音的作用更为方便。旧来所谓"六书"至少有三书——"形声""假借""转注"——是拿声音作主体的。许慎在公元 100 年所作的《说文解字》,在 9353 个字里,形声字(例如拿 氵作偏旁,拿工、可作声符的"江""河")竟占了 80% 以上。形声字是由假借字发展出来的,比如:有个花儿叫"夫容",有个鸟儿叫"遮姑",当初只是假借相同的声音来代表,后来因为是花儿就写作"芙蓉",因为是鸟儿就写作"鹧鸪",那就变成后起的形声字了。历代所造的字,形声字更占绝大多数,形声字以外的字,像"伞""瘭""泵"之类是很少见的。至于假借里的"通借",实际上就是古人只管声音不顾意义地写别字。这类字在古书里非常多,害得许多经学家猜来猜去。这正可以反映古人对于文字表音的要求是很强的。古人既然早就爱写别字,为什么现代人不能写别字,或者更彻底地改用拼音或拼音文字呢?还有"转注"

一类(例如"谋""谟"互训等),从前人的解释太多,简直把人弄得头昏。其实照现在的意义来讲,它只是方言词的互注,也是一种不得已的表音方法。

总之,从形声、假借、转注的功用来看,古人对于汉字早就有了表音的要求和倾向,只是受呆板的汉字形体所拘束,以至于演进到形声的方法就停滞不前了。这种现象一直停滞了几千年,为什么到现在还能容忍它继续停滞下去呢?

在这个拼音方案草案发表以前,我国人民是怎样注汉字的声音的呢?中间曾经有过一段长久迂曲的历史。

在公元200年以前,古书注解和字典的注音,或者用"急气""缓气""笼口""闭口"一类不精确的词来作比方;或者用"声近""声同""读如""读若"一类似是而非的词来瞎揣测:这都远不够科学的。后来用一个汉字注另一个汉字的"直音"法(例如"虹"音"洪"、"视"音"示"之类),有时很难找到恰好同音的字,有时虽然找到了同音的字,却又偏僻难认,也难行得通。尤其是字典里有一些循环互注的例(例如"遥"音"谣"、"谣"音"遥"之类),就越发叫人莫名其妙了!由于这些方法都不能解决汉字的注音问题,到了公元3世纪,我们的老前辈才发明了"反切"的方法。

"反切"的方法是用两个汉字来拼切另一个汉字的音。我们试举"耐"字来说明:"耐"是"奴代切",用《汉语拼音方案》来分析,可以得出下列的公式:"耐"nài = "奴"nú + "代"dài。这样一分析,我们就可以看出:"耐"和"奴"前半的音都是n,"耐"和"代"后半的音都是ài,只采取"奴"的n跟"代"的ài相拼,就可念出"耐"的音来。"奴"的后半和"代"的前半都是夹杂在中间的赘疣。

这种方法比起直音来当然进步了,可是要学会反切,得先记熟《广韵》里452个上字,1000多个下字,这岂是一般人做得到的?何况汉字本身是看不出音素来的，我们借用现代的拼音方案来分析，还得去头去尾地绕了半天弯儿；要是叫广大人民用它做注音的工具，那简直不可能。再加上古今音和方音的不同，一时更难解说得清楚。哪里能赶得上现在这个拼音方案简单明了，人人可以学会，可以很快地用它来注音呢？

"反切"的方法既然因为汉字的先天的缺陷发生了困难，于是历代不少的音韵学家，像吕坤、杨选杞、李光地、王兰生、刘熙载等，费尽心思想去改良它，但是他们局限在汉字里边兜圈子，结果都碰壁了！单举 17 世纪中叶的杨选杞做例子。他受了法国传教士金尼阁所作《西儒耳目资》的影响，在 1659 年用汉字创造了一套新反切。他虽然"勉而又勉"地"宛转设法"，可是心里总不能满意，总觉得"实不能出诸口，惟善悟者默会而得之"，"不能为之拈出，恨恨！"最后他才想通了，打算把这套新反切翻译成满洲字母或拉丁字母。这个故事告诉我们：只有采用音素化的拼音方案才能解决汉字注音问题，才能给汉字改革准备条件。注音字母借用独体汉字作符号，声符只取前半的发音，韵符只取后半的发音，拼音时没有夹在中间的没用成分。它比较旧反切也是进步的，但还不能完全代表音素（例如ㄞ、ㄟ、ㄠ、ㄡ等），不便于变化，所以字母虽多，却很不灵活，有些拼法还夹杂着赘音（比方说，ㄧㄣ、ㄧㄥ的实际声音只是 in、iŋ，照注音字母的写法就是 ien、ieŋ）。因此我们觉得中国文字改革委员会发表的这个《汉语拼音方案（草案）》比以前各种汉字注音方法都是进步的。

这个拼音方案采用拉丁字母。拉丁字母的应用，在中国已经有相当长久的历史传统，1605 年意大利传教士利玛窦就用拉丁字母作汉字注音的符号。1625 年就有了法国传教士金尼阁用拉丁字母讲汉语音韵学的书——《西儒耳目资》。当时的学者，像方以智、杨选杞、刘献廷等受了这种影响，曾经有过参照拉丁字母改良反切甚至于改革汉字的企图。从 19 世纪末叶起,卢戆章(1892)、朱文熊(1906)、刘孟扬(1908)、黄虚白(1909)、邢岛(1913)、刘继善(1914)、钟雄(1918)等,纷纷仿照拉丁字母来制造汉语的拼音字母。由于这种运动的推进,1926 年产生了国语罗马字方案,1931 年产生了北方话拉丁化方案。经过 25 年的酝酿和发展,又产生了这个新的《汉语拼音方案》。

这个拼音方案正是 350 年来中国文字拼音化历史发展的总结。自然我们还不能说它是十全十美的。但是它提供了一个很好的基础。经过这次全国广泛讨论,一定可以使它更加完善。

这个方案将首先是用来给汉字注音和作为普通话的教学工具。但是一切事物是在变化、发展着的。如果这个方案公布以后,广大人民在实践中觉得它确实适用,用它来拼写普通话没有什么困难,那么,经过一定的准备阶级和一系列的科学研究工作(如汉语规范化等)之后,这个拼音方案就很可能逐步发展成为完善的汉语拼音文字。

(原刊《人民日报》1956 年 3 月 16 日)

略论汉语规范化

10月里有两个会议,一个是教育部和中国文字改革委员会召开的"全国文字改革会议",一个是中国科学院哲学社会科学部召开的"现代汉语规范问题学术会议"。这两个会议所要讨论的问题是密切相关的。

汉字需要改革,汉字改革最后必须走拼音文字的道路,这些都是已经肯定了的。但是如果要采用拼音文字,就必须有规范化的语言。拼音文字必须有拼写的对象,如果对象不明确,拼音文字就很难在实际上应用。另一方面,语言的规范化也在一定程度上有赖于拼音文字。由于汉字的特殊性质,字音是很容易读错的,构词是异常自由甚至可说是漫无限制的。这种种缺点,采用拼音文字之后都可以得到合理的纠正。应该说,拼音文字和规范化的语言这两件事互相配合,正如车有两轮,鸟有双翼。

可是这不是说,我们提倡汉语的规范化仅仅是为拼音文字做准备。不,在我们国家建设的现阶段,汉语规范化本身就有它的重要意义。汉语是世界上伟大的语言之一,论使用人口之多,是没有第二种语言可以相比的。正因为使用人口多,分布的地区广,汉语的情况就不免有些复杂,不免在某些方面(特别在语音方面)表现出一定的分歧。在过去的封建社会以及半封建半殖民地社会,这种情况给予人民的不便,人们还不是普遍地或深刻地认识到。但是现在不同了。

在中国共产党领导下的人民革命获得胜利之后,人民取得了政权。五亿六千万汉族人民要参加国家生活,没有统一的规范化了的语言是不行的。不但是要普及教育,要提高文化,非有规范化的语言不可,而且语言使用的复杂和分歧还会直接影响工业和其他经济部门的建设工作,已经有许多事例可以证明。不但这样,除汉族人民以外,还有国内的兄弟民族人民以及很多国外的朋友也都在学习汉语。因此,汉语规范化的意义是异常重大的。1951 年 6 月 6 日,《人民日报》发表了《正确地使用祖国的语言,为语言的纯洁和健康而斗争!》的社论,今年 7 月 13 日,教育部指示各省市举办小学语文教师标准语语音训练班,并且要订出进一步推行标准语的办法,这都说明党和政府是一直关怀这个问题、重视这个问题的。

对于汉语规范化,我们必须有正确的理解。首先,必须认识这不是一个突然产生的问题,而是汉语的历史发展的结果;同时,汉语的规范化也决不是要求在平地上建造楼台,而只是要求在已有的基础上提高一步。在近代汉语的历史发展中,显然看得出两股潮流,一股是宋元以来白话文学的产生和成长,一股是明清以来"官话"的逐渐渗入各个方言区域。到了 20 世纪初年,更确实点说是到了五四时代,这两股潮流就趋向合一,力量更加壮大起来。一方面,"白话文运动"使一向只使用在所谓通俗文学上的白话取得了使用于一切场合的文学语言的地位,另一方面,"国语运动"又给予以北京话为代表的北方话一种民族共同语的地位。二者相结合我们就获得了在书面形式和口头形式两方面都有了相当的规范的统一的文学语言,打开了早先的言文不一致和方言并立的局面。但是这两个运动都曾经走过一些弯路,它们的成就也不相等(国语运动远远落后于白话文运动),因而遗留下一些问题需要我们来解决。要是拿"行百里者半九十"的道理来说,我们的任务还是很艰巨的。

　　既然汉语规范化是历史发展的结果,具有良好的历史基础,那么,解决这个问题的途径也必然不会是创制立法,而只会是因势利导。比如基础方言的问题,在汉语就不同于某些没有文字的兄弟民族语言。我们的任务不是列举汉语各个方言来作比较和选择,而是考察已有的基础的性质和特征,使它进一步明确起来。同样,在一切具体规范问题的处理上,无论是语音方面、语法方面或是词汇方面,都必然要从调查现有的情况出发,加以分析和研究,找出其中的饶有活力的趋势,进一步肯定它,合于这个趋势的加以推荐,不合于这个趋势的加以批判,这样分析研究的结果可以总结起来供人们参考。总之,要少采取"规定"的办法,而多采取"影响"的办法。这样,许多对于规范化的误解自然就会消除了。是不是这种做法会收不到规范化的效果呢?那是不会的,因为既然规范化是我们的语言里已经在进行着的过程,把它具体地、详细地指点出来,人们是会乐于接受的。

　　这一系列的调查、研究、分析、总结的工作是我们的语言学工作者的责任。我们说过,现代汉语的情况是复杂的,调查工作决不轻省;要进行分析和研究,还必须学习苏联的先进的语言学理论,再做些历史考查,才能得出正确的结论。希望同志们勇敢地担负起这个艰巨而光荣的任务。

　　(原刊《中国语文》1955 年第 10 期,又收入《现代汉语规范问题学术会议文件汇编》,1956 年,科学出版社)

现代汉语规范问题[*]

一

　　这个报告分三个部分,谈三个问题:(1)为什么要在这个时候提出现代汉语的规范问题? (2)关于现代汉语的规范化有些什么原则性的问题需要解决? (3)怎样进行规范化的工作? 这里所说的"现代汉语"不是泛指任何形式的汉语,而是指作为民族共同语、作为文学语言的汉语。语言的"规范"指的是某一语言在语音、词汇、语法各方面的标准。语言是人们用来交流思想的工具,必须有一个共同的标准,才能使人们正确地互相了解。

　　为什么要在现在这个时候提出汉语规范问题来讨论? 因为在我们祖国经济建设和文化建设的现阶段,这个问题有突出的重要性。语言是"使人们相互了解并使人们在其一切活动范围中调整其共同工作的工具,这一切活动范围包括生产的领域,也包括经济关系的领域,包括政治的领域,也包括文化的领域,包括社会生活,也包括日常生活"①。所以,语言随着社会的发展而发展,社会的发展要求语言的发展能同它相适应。我国一百多年来的政治、经济的发展,特别是

＊　本文由罗常培、吕叔湘二人合写,吕叔湘执笔。
①　斯大林《马克思主义与语言学问题》,人民出版社,1953 年,第 35 页。

中国共产党领导的人民革命,使中国整个地改变了面貌。中国人民站了起来,掌握了政权,建立了中华人民共和国,全国人民呈现了空前的团结。我们胜利地进行了改革土地制度、恢复国民经济等大规模的斗争,并且制定了五年计划,进行伟大的社会主义建设。我们正在飞跃地前进。在这样的情况下,我们所需要的作为交流思想的工具,作为使我们在一切活动范围中调整其共同工作的工具的语言是什么样的一种语言呢? 我们所需要的是一种高度发展的语言,我们所需要的是一个统一的、普及的无论在它的书面形式或是口头形式上都具有明确的规范的汉民族共同语。

只有这样的一种民族共同语才能够胜利地担当团结人民、发展文化、提高人民文化生活水平的重要任务。在人民民主制度下,在坚决地走向社会主义社会的时代,广大群众越来越多地积极参加公共生活。公开的言辞,无论是通过出版物或是出于口头,它的意义和作用都大大地提高和扩大了,因而语言问题也就获得了全民的重要性。科学的发展,文学的繁荣,文化、教育设施的有效利用,政治、社会生活的顺利进行,无一不与语言的使用有关。争取民族语言的高度发展是民族意识增长、民族文化高涨的自然而直接的表现。

现在,全国政治上、经济上空前地统一。不同地区的人要到一起来开会,要在一起工作;干部要在全国范围内调动;军人要离开家乡到远方去服务。没有统一的共同语,将招致很大的损失。广播、电影、话剧都是提高人民文化的重要工具。假如听众和观众里边有一部分听不懂那里边的语言,这些工具就不能充分发挥它们的作用。学校教育是文化建设中最基本的工作。如果没有明确的语言规范,进行语文教学就要遭遇很大的困碓。我们的文字必须改革,最后要走拼音化的路。如果没有统一的并且规范明确的语言,拼音文字就无从设计;如果不同时推行这种语言,拼音文字也难于推行。无论从哪方面看,我们都需要有一个规范明确的、普及各地区的民族共同语。再说,我国是一个多民族的国家,汉语已经成为民族间交际的语言;同时,我国的国际地位日益重要,汉语也已经成为国际间重要语言之一。要更好地完成这些方面的任务,必须首先使汉语本身的规范明确起来。

在汉语近几百年的发展中,已经逐渐形成一种民族共同语,这就是以北方话为基础方言的"普通话"。这种"普通话"最近几十年来得到广泛的传播。作为民族共同语的加工形式的文学语言——"白话",有比"普通话"更长的历史,已经产生了并且正在产生着许多光辉的作品。但是,拿我们现在对于民族共同语的要求来衡量,则还是有所不足。这个不足,表现在两个方面:首先,民族共同语还不普及,还有很多人不会说普通话,只会说方言;其次,文学语言的规范还不是十分明确、十分精密。

汉语方言还没有经过全面的调查。根据现在知道的情况,可以分成八个大方言,每个大方言内部包括许多小方言。北方话使用的人口最多,约占使用汉语的全部人口70%以上。大概的估计是:

北方话①	387 百万
江浙话	46 百万
湖南话	26 百万
江西话	13 百万
客家话	20 百万
闽北话	7 百万
闽南话	15 百万
广东话	27 百万

---

① 广义的,包括所谓"下江官话"和"西南官话"。

汉语方言在语音上的差别是相当大的。以声母而论,有的保存古全浊音,有的变成清音,后者又有分化成送气和不送气两类的,有全送气或全不送气的。有的分别ㄓ、ㄔ、ㄕ和ㄗ、ㄘ、ㄙ,有的不分别;有的分别 tɕi、tɕʻi、ɕi 和 tsi、tsʻi、si,有的不分别。元音的变化不能列举。韵尾的情形有的有-m、-n、-ŋ、-p、-t、-k,有的只有-n 和-ŋ,有的-n 和-ŋ 也不完全分别,还有全部或一部变鼻化韵的。声调方面的大区别是北方话方言一般没有入声,非北方话方言都有入声。调类的数目从四个到七个最普通,有少到三个的,有多到十个以上的。调类相同的,调值也未必全相同。

方言的差别也表现在词汇方面。一样东西在不同的地方常常有不同的名称,例如"玉米、棒子、苞谷、苞米、珍珠米","肥皂、胰子、洋碱","洋火、自来火、取灯儿",等等。亲属称谓在各地方言里的分歧情况尤其是众所周知。同一动作在不同的方言里也往往用不同的字眼,比如北京话说"穿衣裳",上海话说"着衣裳",北京话说"喝茶",上海话说"吃茶",广州话说"饮茶"。这一类差别主要是在日常生活应用的词汇方面。在语法方面,各地方言差别很小,如果把语气词的分歧算在词汇里的话。

虽然汉语方言的差别主要只是在语音(绝大部分有规律可寻)和一部分日用词汇(在整个词汇里比重不大),但是这两者结合起来已经足以使不同方言地区的人初次接触时感觉或大或小的困难,必须经过一番互相适应才能彼此了解。

讲到文学语言,规范不明确的情形也是相当严重的,特别是在词汇方面。一个很突出的现象是同义词的繁多,"洋灰、水泥","暖壶、热水瓶","教室、课堂","星期二、礼拜二","俄语、俄文","词汇、语汇","唯物主义、唯物论","讲演、演讲","替代、代替"——这种例子举不胜举。我们知道,一个语言里同义的表现手段越丰富,就越足以表示这个语言的高度发展。可是这指的是那些在意义上或修辞色彩上有分别的同义词语，不应该包括那些毫无分别，只是重复、累赘，徒然增加学习者负担的东西。这种无用的同义词很多是"译语"，由于来源不同，译人不一，造成分歧和重复，是应该统一而现在还没有统一的。还有一些是文言词语，现代汉语里已经另有同义的词语，但是间或还被人应用的。

词汇方面的另一问题是好些意义比较抽象的词的用法很不确定，比如"解决""克服""掌握""基本上"等等，到底哪些地方能用，哪些地方不能用，大家的意见就未必一致。此外，生造词，滥用简称，也都是问题。

语法方面的问题不如词汇方面严重，但是也还是有些问题。比如"和、同、跟、与、及"这几个词的取舍和分工。究竟需要几个？这几个的用法怎样分别？这都是需要解决而到现在为止还没有解决的问题。再举一个另一方面的例子，"除非"这个连词，一向都说，"除非大家同意，才能做出决定"，但是现在也有这样说的，"除非大家同意，不能做出决定"，这两种说法是正面冲突的，规范语法里恐怕得有所选择。

语音方面的规范，现在政府已经确定拿北京音作标准，这是很正确的决定，既符合历史的发展，也不违背规范化的原理。但是北京话本身也还是有好些字音上的分歧。例如"供给"（$guŋ^1\ tɕi^3\ \| \ guŋ^4\ gei^3$）、"酝酿"（$yn^4 niaŋ^4\ \|\ un^4 ẓaŋ^4$）、"危险"（$uei^1—\ \|\ uei^2—$）、"侵略"（$tɕ'in^1—\ \|\ tɕ'in^3—$），这种例子是很多的。有的，字典里注音只有一个，可是很多人不是那样说；有的，字典里也是兼收并蓄，更是叫人无所适从。

单就书面形式说，还有两个问题：一个是异体字和生造字的问题，另一个是标点符号的问题。这些个问题，从语言规范的角度来看好像只是次要的问题，但是在报刊和出版社的编辑部和校对科是异常严重的问题,浪费的人力可惊,而在读者方面还是有意见。

从以上简略的叙述可以看出,在现代汉语文学语言的规范上,大大小小的问题也是不少的。

汉语使用的人多,分布的地区广,方言的纷歧是可以理解的。白话是在文言占统治地位的条件下产生和发展的,在短短的几十年里扩展了它的应用范围,成为全面的文学语言,规范得不够精密也是可以理解的。但是正如前边所已经说过的,这两种情况都不能适应我们发展文化和进行社会主义建设的需要,是必须改变的。这两种情况其实是一个问题的两个部分。共同的语言和规范化的语言是不可分割的,没有一定的规范就不可能做到真正的共同。

在 1949 年以前,这个问题是被忽视的。对于这个问题的重要性,社会无认识,说话写文章"各行其是"。语言学家也无认识,他们写了不少关于语言、文字的论文,但是很少接触到这个问题。前中央研究院历史语言研究所没有在这方面进行过任何研究工作,各大学的中国语文系课程里也不触及这个问题。个别语言学家参加了"国语运动",但是也没有对民族共同语所涉及的各方面问题有效地进行过科学研究。

中国共产党和人民政府是一贯重视这个问题的。《人民日报》在1951 年 6 月 6 日就曾经发表社论,号召"正确地使用祖国的语言,为语言的纯洁和健康而斗争!"这几年来,著作家、语言学家、新闻出版工作者都作了很大的努力,情况有了些改善。但一般说来还是改善不多,使用得不正确的语言还常常出现在出版物和文件上。普通话的使用范围,随着经济和交通的发展,正在逐渐扩大。但是在方言地区的中小城市和广大农村中还没有势力。在方言地区,普通话话剧不吸引观众,个别电影发行方言版,电台在普通话节目之外安排方言节目,甚至学校里的教学多数还是用方言进行。这是一方面。另一方面,群众对于统一的、有规范的民族共同语的要求是有表示的。有的地方的区干部开会争取用普通话,因为许多"名词"用本地话是说不来的。有的地方的学生要求教师教普通话,因为他们有演话剧等等活动。有些师范学校毕业生派到本乡之外的地方去任教,后悔在校的时候没有认真学习普通话。部队里的战士,机关里的干部,主动地学习语法,并且常常争论"这句话对不对?"更多的人在写作的时候注意到词句上的推敲。可见改变上面所说的那种情况的时机已经成熟了,使民族共同语进一步规范化并且把它在广大群众中间推行开来的时机已经成熟了。

<h2 style="text-align:center">二</h2>

　　关于语言规范化,有几个原则性的问题必须讨论。

　　第一个问题是:民族共同语是怎样形成的? 民族共同语和方言的关系如何? 这个问题的答案对于进行规范化的方针的决定是重要的。

　　民族共同语的形成是个很复杂的问题,因为不但是各个民族形成的方式可以颇有不同,而且各个民族原来的"语言生活"也是多种多样。这里只能极概括地说明:(一)民族共同语形成的方式,除决定于政治、经济条件外,还决定于这个语言原有的发展情况,比如方言的多少,方言之间的距离,各方言力量的对比等等,尤其重要的是原来有无书面语言,以及书面语言的性质如何,如历史长短、使用范围、与人民口语的关系等等。如果书面语言是外族语言,在民族语言形成的时期它就要被抛弃而代之以本族的书面语言。如果原来的书面语言是在本族的某一方言基础上形成的,它就逐渐巩固自己的地位,并且对整个语言的发展发生显著影响,包括方言在内。(二)在民族共同语形成的时期,除书面语言的发展外,逐渐形成一种统一的口语。两者在其发展中互相作用,互相结合。原来的书面语言逐渐变成民族共同语的高级的、文学加工的、规范化的形式,成为它的文学语言;而民族共同语则通过文学语言得到传播,更有力地削弱方言。(三)民族共同语的最大特征在于它的规范性。规范涉及语法结构、词汇、正字法各方面,这些规范巩固在文学语言里。在民族共同语形成的最后时期,规范才达到正音法。

民族共同语是在某一方言的基础上发展起来的,基础方言的地区总是在这个民族的文化上和政治上占重要位置的地区,基础方言本身也常常最能代表整个语言的发展趋势。但是无论怎样,民族共同语不会采纳基础方言的全部内容,基础方言里非常特殊的东西不会被容留在民族共同语里边。同时,民族共同语在它的形成过程中也不断地从其他方言里吸取营养。逐渐,所有有活力的,为它的发展所不可缺少的东西都集中到民族共同语里,剩下来的在民族共同语里都已经有了同义的表达手段。方言对于民族共同语的贡献逐渐减少,方言本身在民族共同语影响之下也将逐渐萎缩而终于消灭。但这是一个很长期的过程。民族共同语的形成并不以方言消灭为条件,这两件事情在时间上是有先后的。[①]

现在让我们来简略地看看汉语的历史发展。汉语很早就有书面语言,这种书面语言必然是在口语的基础上产生的。较早的文献或多或少地显示出地域和时代的特点,但是秦以后就不再有显著的分歧。扬雄《方言》告诉我们,汉朝是有很多方言的,但是也有一种"通

---

① 关于民族语的形成以及民族语和方言关系问题,请参考《苏联大百科全书》"民族语言""方言""文学语言"各题;Р.И. 阿瓦涅索夫《全民语与方言》,科学出版社,1956 年;Т.Д. 桑席叶夫《在斯大林学说启示下论民族语言的形成和发展》,见论文集《斯大林著作启示下的语言学诸问题》,莫斯科,1952;以及其他苏联学者的论著。

语",这种"通语"和当时的书面语言关系如何,还有待于详细研究。但是在古代社会里,书面语言只是一小部分受过教育的人的交际工具,这就很容易使它与人民口语脱节;用来书写的汉字的特殊性质也起了一定的诱导作用。书面语言的规范和口语脱节的情形,《世说新语》等书和一些偶然留传下来的文件透露了一点消息;唐朝和尚的语录以及保藏在敦煌石室里的民间文学作品把它暴露得更加清楚。一种新的书面语言开始出现,到了 12、13 世纪就有了相当多并且相当纯净的作品:"语录"(禅家的和理学家的),外交使臣记录(如保存在《三朝北盟会编》里的),"诸宫调","话本"①,以及许多笔记小说里记下来的片段对话。这种书面语言是同口语密切联系的,可以从用它来写的作品的用途上得到证明。这种新的书面语言和旧的书面语言,用后世所起的名称说就是"白话"和"文言",虽然也互相影响,但基本上是分道扬镳,各有应用的范围。这"白话"就是我们现在的民族共同语的文学语言的来源。白话作品,从"话本"和"元曲"到《儒林外史》和《红楼梦》,都带着各自的地方色彩,但是总起来说,它们的方言基础是一个——北方话。这是一方面。另一方面,这些作品往往在非北方话地区刊印,并且也有非北方话地区的作者用这种白话来创作,可见这种语言在一定程度上已经具有全民性。

　　共同口语的开始形成,难于指明确定的时代,但是不会晚于 14世纪。有可以推断是明朝初年编定的朝鲜人学习汉语的两种会话书——《朴通事》和《老乞大》;从这两种书的内容可以判断那里边写的是北京口语,可见这种口语已经被外国人承认是汉语的代表。这两种会话书里的语言和元曲说白里的语言,无论就语法说或是就词汇

---

　　① 流传下来的"话本"的时代还没有定论,但这不能完全凭刊印的时代来决定。从内容上看,可以相信有一部分是有较早的底本的。

说,没有多大分别。这说明当时的新的书面语言怎样和活的口语紧密结合,一同向着民族共同语发展。这种口语不久就取得"官话"的名称。张位(1550? —1625?)《问奇集》里说:"江南多患齿音不清;然此亦官话中乡音耳。若其各处土语,更未易通也。"北方话的逐渐渗入南方方言也可以用这些方言里的"读书音"来说明,这种"读书音"接近北方话的音,同"说话音"比较,代表语音的更晚的发展,是后来输入的。当然,官话的扩展还是落在白话后面。很多非北方话地区的人通过文学作品学会了"看"甚至"写"白话,但是"说"是不成的(这种情形现在还是很普通)。18 世纪初年,满清政府曾经通令福建、广东两省设立"正音书院",教授官话,但是没有多大成绩。① 辛亥革命以后,官话的名称被"普通话"和"国语"所代替。

　　民族共同语的长期的形成过程,到 20 世纪初年开始加速。辛亥革命以前,包含文字改革、言文一致、口语统一等多种要求的"切音"和"简字"曾经被人提倡并试行;辛亥革命以后,由"读音统一"而"国语统一",也曾当做政令来推行。五四运动反对文言文,提倡白话文,初步动摇了文言的统治地位。注音字母和拉丁化新文字在北方话的推广上起过一定的作用。但是从反动政权那里,这种种运动得到的不是帮助而是漠视或压制。虽然在艰难困苦的条件下终于还是获得了一些进展,但是进展的道路是曲折的,成绩是有限度的。直到 1949 年反动政权瓦解为止,文言还占据相当重要的位置,例如在日报的新闻和评论上,在政府机关文件和商业文件上。但是从 1930 年前后起,在中国共产党领导的江西革命根据地,白话已经大量地被用于政府文件,也有了全部用白话的报纸。白话文的应用范围随着解放区的扩大而扩大,到 1949 年才取得全面的胜利,新的文学语言才

---

　　① 黎锦熙《国语运动史纲》,上海,1934 年,第 26 页。

终于完全代替了旧的文学语言。共同口语的发展比白话文的发展更加迟缓。三十多年的国语运动有它的成绩，江苏、浙江、福建、广东等地方比较显著，南洋华侨中间尤其突出，但是以全国范围而论，这还是远远不够的。国语运动的成绩，我们应该肯定；它的成功和失败的经验，我们应该总结。

1949年以后，民族共同语的要求提到了日程上来，语言学者中间展开了关于共同语标准的争论。主张拿北京话作标准的同志们说：按照马克思主义的语言学说，民族共同语的形成是以一定的方言为基础的，在所有的汉语方言里只有北京话最有资格作民族共同语的基础。因为北京是全国政治、经济、文化的中心；北京话已经在相当广大范围内使用，如广播、电影、话剧等等；北京话拥有优秀的文学作品。而且，只有一个具体的活的语言才有内部一致的规范，普通话是没有内部一致的规范的。主张拿普通话作标准的同志们说：能说北京话的人不多，能说普通话的人却很多，应当重视多数人的利益，不能叫多数人去迁就少数人。而且文学语言的书面形式即白话文都是用普通话写的，连文学作品也只有少数是用纯粹北京话写的。

从民族共同语的历史发展的角度来看，问题的这样提法是不合适的。这样的提法等于说：我们现在还没有民族共同语，让我们选择一个标准来建立一个民族共同语。在这样的提法之下，选择"普通"话，就会在规范问题上碰壁；选择"北京"话，就会在存在着的书面语言面前为难。从历史发展看来，问题就应当是另外一种提法：我们已经有民族共同语，但是规范化的程度不够，现在要使它进一步规范化，让我们来看它过去是怎样发展的。在这样的提法之下，普通话和北京话就不是对立的东西，在民族共同语的历史发展中，它们已经统一起来。从历史上看，文学语言（白话）的方言基础显然比北京话大，要重新把它的语法和词汇限制在北京话范围之内，显然是不可能；我们只要求它内部一致,不混乱。另一方面,普通话在语音规范方面一直是拿北京话作标准,学得不到家就成为所谓"普通","普通"本身不成为一种标准。"普通话"就是"通语"的意思,其中"普通"二字本来不含什么消极的意义。我们现在应该批判那错误地加在"普通话"这个名称上的不正确的涵义,使它恢复"有规范的民族共同语"的涵义。

但是在具体规范的处理上,普通话和北京话的关系究竟如何?比如哪些音该算是北京特殊的,不列入普通话的规范? 在语法和词汇方面普通话和北方话的关系又如何? 北方话里通行但是在别的方言区比较生疏的词语,是不是在普通话范围之内? 这些都是很值得研究和讨论的。

第二个问题是语言规范化的对象和标准的问题。

语言有多种多样的形式,需要规范化的是哪种形式呢? 显然,"语言规范化"的"语言"指的是民族共同语,民族共同语的集中表现是文学语言,文学语言的主要形式是书面形式,所以规范化的主要对象是书面语言。在这里,我们必须首先对于书面语言和日常口语之间的关系求得正确的认识,否则就会产生各种偏差。或者过分强调它们的共同性,要求书面语言同日常口语完全一致,形成一种口语至上主义;或者过分强调它们的差别,认为写文章和说话完全是两回事,写文章可以有独特的词汇和语法。这两种看法都是不正确的。

文学语言的发展,要从各方面吸取营养。我们不但要学习人民群众的语言,还要学习古人语言中有生命的东西,还要从外国语言中吸收我们所需要的成分。① 这种古代的成分和外来的成分一般都是不先通过口语直接在书面上出现的。这个情况很容易把人们领上岔路。在汉语的历史上,有过长时期的言文不一致的情形。白话文运

---

① 见《毛泽东选集》,第 3 卷,第 858～859 页。

动是从言文一致的要求出发的,可是后来白话文本身又有脱离口语的倾向,以至于被人称为"新文言"。在文学作品方面,自从1942年毛泽东的《在延安文艺座谈会上的讲话》发表之后,情况有了显著的改变。但是在文学作品以外的著作,脱离口语的倾向还是相当普通。直到最近,毛泽东还在提醒我们,指出许多同志写文章的时候"也不讲究文法和修辞,爱好一种半文言半白话的体裁,有时废话连篇,有时又尽量简古,好像他们是立志要让读者受苦似的"①。可见这个问题在现在也还是严重的。为了纠正这种偏差,语文工作者在20年前提倡用"大众语",近年来又提倡"写话"。这在原则上是完全正确的,因为人民口语是文学语言的主要源泉。可是也不能机械地理解"怎么说就怎么写"。如果这样,就会限制文学语言的发展,降低它的质量;同时,在目前的情况下,也很容易助长滥用方言俚语的趋势。文学语言有它的口头的一面,但是决不是所有的口语都是文学语言;文学语言不是日常口语的复制品,而是日常口语经过文学加工的形式。写文章和谈话的情况不同,对方不在面前,而内容又一般地较为复杂,较为抽象,就不能不要求语言精密,更细致,有更高的逻辑性。事实上,书面语言通过印刷物在文化的发展上起着极其广大的作用,它领导整个语言,包括日常口语,向更完善的方向发展。所以语言的规范化必然要以书面语言为主要对象。

但是也不能忽视文学语言的口头形式——在公共场合使用的言辞。中国古代的知识分子是很讲究说话的,孔门四科,言语是其中之一。春秋各国使者往来,辞令之美,念过《左传》的都有深刻的印象。这个优良的传统没有能够很好地保存下来。一个人站到台上去讲话,按理说,所用的语言应该同写文章所用的差不多。在注重语言修

---

① 见《中国农村的社会主义高潮》,下册,第1134页。

养的国家,演讲的速记记录,整理出来就是一篇文章,在我们这里,能够这样处理的是例外。讲话的效果当然也就不一样了。这,应该说也是语言规范化工作中一个重要问题。恐怕得从小学做起,要让语文课的内容不仅仅是"读书",也包括"说话"。

明确了规范化的主要对象是书面语言并且正确地理解了书面语言和口语之间的关系之后,我们可以进一步研究规范化的具体标准,这就是说,什么样的词汇(词的形式和用法)和什么样的语法(语法格式和用法)应该被承认为现代汉语的规范? 我们知道,语言的规范是随着文学语言的发展而逐渐形成的,因此,应该从现代文学语言的作品里找我们的规范。更明确一点可以这样说:现代汉语的规范就是现代的有代表性的作品里的一般用例。为什么不说是一般用例,而说是有代表性的作品里的一般用例? 这是因为有各种各样的作品,有看过就丢开的作品,有长久传诵的作品,在规范的巩固和发展上无疑问地是后者起着决定性的作用。为什么不只说是有代表性的作品的用例,而又加上"一般"二字? 这是因为即使都是有代表性的作品,不同作者甚至同一作者的用例也不是处处一致,永远没有冲突的,因此不得不舍弃其中的比较特殊的而接受其中的比较一般的。至于这些用例必须是现代的,原因也很明显,因为语言是发展的,早一时期的作品,比如《水浒》和《红楼梦》无论它的语言多么美好,总是有些地方是不符合现代的用例的。

这些都是原则性的考虑,需要大家讨论,取得一致的意见,否则在试图确定具体规范的时候必然会有"无所适从"的困难。

第三个问题是关于语言规范化和语言发展以及个人风格的问题。

有人怀疑,规范化是不是会妨害语言的发展。这是不用担心的。语言有一定的稳固性,具体表现在确定的规范上;但是语言是发展的,所以语言的规范也不可能一成不变。二者并不冲突,如果我们把时间这个因素考虑进去的话。

但是在确定任何一个时期的语言规范的时候,自然也会遇到一些问题。一个词的语音变了(比如"暴露"念 bau⁴ lu⁴),一个词的意义扩大或缩小了(比如"爱人"),一个新的语法格式在排挤旧的语法格式了(比如"完不成"和"完成不了"),这类事情是经常在发生的。对于这种新起的变动和已成的规范之间的竞争,我们应该采取什么态度呢? 中国过去崇尚传统,讲究"无一字无来历",这当然是不对的。但是如果无选择地欢迎一切新的,轻易地给予它们文学语言的公民权,那也是不妥当的。有人说,"应该从发展上看问题"。是应该从发展上看,但是要结合汉语发展的整个方向来看,不能孤立地看每一个"发展"。不是每一个变动都是发展。不是每一个变动都会巩固下来,有的站住了,有的过些时候又消失了。不能否认,这是常常使记录和整理语言规范的人,词典和语法书的编写者,十分为难的事情。兼收并蓄既不合于规范化的原则,就不得不要求他们钻研汉语发展的内部规律,用来做权衡取舍的根据。所有关心祖国语言的健康发展的人也都应该参加这类问题的研究和讨论,这对于规范的确定是会有帮助的。

对于语言规范化的另一种过虑:以为规范化就是把一切都规定得死死的,一样东西只允许有一个名称,一句话不能有两种说法。规范化当然不能作这样的理解。如果真有人提议,只能说"读书",不能说"念书",只能说"肺结核",不能说"痨病",甚至也不要说"肺病",那就有点强人所难,实际上也必然行不通。我们认为规范化只是把语言里没有用处的东西淘汰掉,一切有差别的语言形式,不论是在词汇方面还是在语法方面,不论是在基本意义方面还是在修辞色彩方面,都必须保存下来。语言规范化和文体多样化是不矛盾的,和个人风格也是不矛盾的。一种文学语言是一个复杂的整体。它有一个中心部分,这就是在任何场合都能用的成分(词汇和语法格式)。围绕这个中心的部分,有一系列用途有限制的部分:古语、外来语、俗语、方言、专门术语、会话体、论文体、公文体、翻译体,如此等等。这些成分在一定的场合是可以用的,甚至是非用不可的。这样,文学语言才能丰富多彩,才能更好地为人们服务。再从另一方面来看,使用语言的是人,人和机器不一样。同样的意思,让两个人说出来或写出来,词句不会完全相同,味道不会完全一样。这就是说,文学语言,尽管是有一定规范、一定标准的语言,它的天地是宽大的,是可以让每一个人自由发展他的个性的。但是正如一切自由都有限制一样,语言的使用也不可能有绝对的自由。写文章和说话可以有种种自由,可是不能有"不通"的自由,这是语言作为人类社会交际工具不可避免地要产生的限制。

最后一个问题是语言规范化和语言学家的责任。

在19世纪后期的欧美资产阶级学者中间流行着把社会现象和生物现象混为一谈的谬误理论。把这种理论应用到语言学上去,某些语言学家也就把语言当做独立发展的有机体看待,对它采取一种自然主义的态度:语言是自然发展的,它要变的时候没有人能叫它不变,它不变的时候没有人能叫它变,方言的分合,用例的分歧,都是语言自然发展的结果,人们只能听其自然,企图加以干涉是徒劳的。依照这种理论,人们,包括语言学家在内,对于语言的发展是不能有所作为的。这种信念决定这些语言学家的研究方向。他们热心研究语言的古代情况,热心研究口语和方言,可就是不愿意研究当代语言的规范和规范化问题。他们认为规范问题的讨论是无意义的争执,可以由着教师们和编辑先生们去辩论,不值得语言学家过问。

在中国,在1949年以前,虽然参加语文改革运动和从事语文教

学的人都必然要接触到语言规范问题,学院派的语言学家是很少关
心这个问题的。在当时,这是不难理解的。胡适反对从根本上看问
题,引导做研究工作的人走支离破碎的路。他的徒弟傅斯年,历史语
言研究所的主持人,有过更加露骨的表示。他把研究语言学理论叫
做"发挥……语言泛想",同时又非常明白地要求语言学家不要联系
实际。他说:"近百年中,拉丁文和希腊文在欧洲一般教育中之退步,
和他们在学问上之进步恰恰成正比例,我们希望在中国也是如此。"
这种话可以说是对科学研究尽了污蔑的能事。

　　自然主义的语言观的根本错误在于撇开语言使用者来看语言,
在于不联系社会的发展来看语言的发展。按照马克思主义的语言学
说,文字(以及文学语言)的出现,印刷术的出现,民族语言的出现,都
是语言发展史中最重要的事情。[①]　有了文学语言,有了民族共同语,
就不能没有一致的规范。文学语言和民族共同语的形成本身就表示
语言发展到了一定的阶段就要趋向于规范化。语言学家应该研究语
言的规范,并且通过这种研究促进语言的规范化。苏联《语言学问
题》创刊号的社论里说:"确定各民族语言的结构并且为它制订条例,
拟定字母和拼写法,编写规范性的语法和词典,建立正字法的规范,
说明民族－文学语言和它的特点与民间－方言基础之间的关系,整
理并发展学术名词,讨论翻译的问题……这一切是苏联语言学家紧张
地工作的领域。"又说:"摆在苏联语言学家面前的任务是确定一个语
言的历史上各个时代尤其是我们的时代的规范的概念。从词汇的、语
法的、发音的(包括重音的)规范的具体的、历史的理解出发,我们的语
言学家应该为各个民族语言编写一系列的参考书——词典、正音词表
等等,供给学校和广大的读者应用。在社会主义社会中,各阶层人民

---

　　① 　见斯大林《马克思主义与语言学问题》,人民出版社,1953年,第25页。

的文化高度发展,规范性的参考书的需要是非常迫切的。"①

　　另外有一种看法,认为规范就是规律(法则),规律是客观存在,不以人们的意志为转移的。这和上述错误的理论的出发点有所不同,但是结论却没有什么两样,否定了语言规范化的可能与必要。好像语言的,就我们讨论的题目说,就是汉语的全部规范,都已经现现成成的在那里,很明确,很整齐,只等待我们去发现。而实际情况不是这样,也不可能是这样。即使是有了长久历史的文学语言,它的规范也是有比较明确的地方,也有不那么明确的地方,有一致的地方,也有分歧的地方。现代汉语的情况上文已经举例。为了语言使用者的利益,对于语言的规范进行整理,把明确的肯定下来,使不明确的明确起来,减少分歧,增加一致,并且通过教育和宣传扩大规范的影响,这就是语言规范化的工作。我们说语言发展到一定的阶段就趋向于规范化,只是说就有这样的一种趋势,是不是因势利导还是在于人的。标准的建立不能违反语言本身的规律,但是建立或不建立一定的标准,采取或不采取一定的措施来推广这个标准,这是完全由人们做主,完全以人们的意志为转移的。在规范化的工作中,语言学家不是无能为力,而是能起很大的作用的。

　　又有人认为,研究语言的规律是一回事,进行规范化工作是另一回事,前者是语言学家的任务,后者是教育工作者的责任。这种说法也是不正确的。不能把这两种工作割裂开来。事实上研究语言就不可能避开语言规范的问题。有的人常常强调描写语法和规范语法的分别。实际是,真正的描写语法必然有规范的作用。仅仅把不同的事例罗列在一起,不能算是正确的描写。必须说明哪是一般的,哪是特殊的,哪是符合语言发展规律的,哪是违背这些规律的。这样就是

① 《语言学问题》,1952年第1期,第25、26页。

指出规范所在了。① 词典的情形也是一样,不可能有客观主义的、"有闻必录"的词典。当然,语言规范是人们在语言实践中逐渐形成的,规范的模糊或分歧不是出于偶然,因而规范的整理也不能草率从事。武断和教条是不能解决问题的,需要的是虚心和谨慎,勤恳的调查,耐心的研究。要能够从语言实际中找出信而有征的规律,人们才会乐于接受。

汉语规范化是符合中国人民首先是汉族人民的利益的,因而已经形成一种强烈的要求。我们相信,所有的语言学家都会采取合作的态度,热情地负起这个光荣的任务。

三

为了促进汉语的规范化,有几方面的工作要做。

首先是宣传工作。必须改变社会的风气,要提倡在公共场合说普通话,要促使每一个写文章的人注意语言的纯洁和健康。尤其重要的是要在使用语言上有示范作用的同志们中间取得认识上的一致。

语言的规范必须寄托在有形的东西上。这首先是一切作品,特别重要的是文学作品,语言的规范主要是通过作品传播开来的。《水浒传》和《红楼梦》在我们的文学语言的发展上起了多么巨大的作用,这是大家熟悉的事实。文学作家在人民语言中选择那些最生动活泼的、最有典型性的语言手段,用在他的作品里,以后就成为"典范",成

---

① 参考 В.А.Аврорин, Р.А.Будагов, Ю.Д.Дешзриев, Б.А.Серебреников, Е.И. Убрятова, Н.Ю.Шведова《编写描写语法的问题》,苏联《语言学问题》,1953 年第 4 期,第 3 页。

为文学语言传统的一部分，也就是民族文化的一部分。所以作家的运用语言不能不特别审慎。高尔基在这个问题上的态度是很严格的。他谴责某些作家任意把"垃圾"塞进文学语言，他叫大家效法俄罗斯古典作家。"从普希金起，我们的古典作家就是从混沌的语言里选择那些最清晰，最有光彩，最有重量的词语，建立起一种'伟大的，美丽的语言'，这就是屠格涅夫恳求托尔斯泰为它的进一步发展服务的语言"。① 我们有很多作家也是非常重视语言的，往往不惜一再修改自己的作品，但是也还有些作家喜欢"一挥而就"，认为语言问题只是"小节"，不值得措意。尤其是有些作家喜欢在作品里大量地使用方言，不但用在人物对话里，也用在叙述部分，这对于普通话规范的确定和推广是有妨害的。这个问题近年来曾经有过不止一次的争论。主张用方言的理由是：既然写的是某地方的事情，这里的人说的是这样的话，只有照着写才有表现力，才能产生真实感。这个理由是站不住的。文学作品并不是事实的呆板描写，既然情节可以加工，为什么语言不能加工呢？如果作品不是写给一个地方的人读的，那就不应该使用只有那个地方的人才能完全了解的语言。现在广大读者对于某些文学作品里不适当地运用方言很有意见，这种意见是应该倾听的——为了文学语言的健康发展，为了集体的利益。②当然，有时候有表示地方色彩的必要，必须用几个方言词语。屠格涅夫、托尔斯泰、高尔基的作品里，都有这样的例子。问题在于怎样掌握分际，

① 高尔基《论文学》（俄文），1953 年，第 662 页。
② 老舍先生是重视作品里的语言的作家之一，他过去爱用北京土话，近年来颇有改变。他说："我以前爱用土语不是没有道理的。某些土语的表现力强啊。可是经验把我的道理碰回来了。表现力强吗？人家不懂！不懂可还有什么表现力可言呢？"（老舍《大力推广普通话》，《人民日报》1955 年 10 月 31 日）

这是有修养的作家一定会考虑到的①。

　　翻译工作者在汉语规范化工作中负有重大的责任。在目前,外国文学尤其是苏联文学的译本拥有极大的读者群,在语言规范的传播上起着非常广泛的作用。文学以外的翻译作品每年出版的数量也很大。翻译工作者重视或不重视语言的规范,影响所及是难以估计的。翻译工作,因为受原文的限制,在语言运用上是会遇到比一般写作更多的困难,但是这不是不能克服的。过去和现在,我们都有优秀的翻译作品,既能忠实于原著,又流畅可诵,而且能在不违背汉语遣词造句的基本规律的条件下适当地丰富它的表现方法。我们希望这样的译作能够逐渐多起来,粗糙生硬的译作能够逐渐减少,以至于不再出现。

　　电台广播员、电影和话剧演员,他们也都是语言规范的宣传家,每天有无数的观众和听众有意识地或无意识地在向他们学习。他们在普通话的推广上,过去已经有过很大的功劳,今后在全国范围内有计划地推行普通话的情况下,他们将起更大的作用,自然也就必须加强自己的语言的规范性。

　　其次,要有一些行政措施。教育部最近已经定出一个在各级学校推行普通话方案的草案,不久将要成为正式的方案。我们希望这个方案能够切实执行,保证在校的学生能够受到全面的规范化语言的教育。文化部也可以采取一些措施加强广播、舞台、电影语言的规范化,还可以在广播电台设置普通话讲座,进行教学。现在广播电台

---

　　① 《儿女英雄传》的作者在这一点上有可以供我们参考的地方。在这部用北京话写的小说里边出现不少外省人,在对话里一般不加区别,只在个别地方,在个别的人嘴里点缀几个方言词语(如张亲家太太,如14回的车夫)。有位程师爷是南方人,在37回里有意刻画他,让他说了几句家乡话(作者不得不在每个字底下加注),但是在别的地方还是让他说普通话。难道读者会感觉这样是不真实吗?

和电影都还有使用方言的情况,这在过渡时期是必要的,但是这种情况应该随着普通话的推广而逐渐减少。

应该谈一谈地方戏的问题。地方戏是用方言演唱的,是不是妨害普通话的推广,需要加以限制呢? 我们觉得没有这个必要。戏曲和话剧不同,除了"戏迷"没有人学戏台上的人说话。何况地方戏所用的语言本身也正在变化,正在向普通话接近。以越剧为例,现在越剧里的语言和十年前已经不完全一样,在那个时候北方观众是不会听得懂的。

更重要的是要进行一系列的科学研究工作,这是语言学工作者的责任。首先要学习语言学理论。没有正确理论的指导,工作不会做好。必须努力学习马克思主义语言学,学会把马克思主义语言学的原理和方法应用到汉语研究上来。特别是关于民族共同语的形成,民族共同语和方言的关系,书面、文学语言和日常、谈话语言的关系等等问题需要深入钻研。此外,对于各国在语言规范化上采取些什么措施,有些什么经验,也应该进行了解,以供参考。

现在来谈谈具体工作的项目。

(一)**普通话语音的研究**。在推广普通话的工作中,标准音的推广占首要的地位。普通话的语法和词汇,人们可以从书面语言中学习,而且通过学校教育一般都已经能相当地掌握,只有语音是非采取各种措施来推广不易收效。为了进行这一项工作,必须首先确定标准音的具体内容,必须深入研究北京语音并和各地方言语音作比较。普通话词汇的语音规范有不确定的也必须把它确定下来。要在最近期间编出正音词典或词表。

(二)**语法研究**。这几年来,学习语法在正规学校和业余学校里已经相当普及,自学的人也不少,但是现在还没有标准的语法教材。我们也常常发现书刊上有违背语法规范的语句,可是着重讨论语法规范的书也还不多。在汉语研究的各部门里,语法是比较有更多的人从事的。应该肯定,从《马氏文通》以来,许多语法学者都曾经有过一定的贡献。但是也无庸讳言,语法事实的发掘和语法规律的探讨都还嫌不够,用来指导语言实践感觉有所不足。许多教师反映,在语文课本中有许多句子,并不是不太普通的,可是不知道该怎么分析,查考现有的语法书都得不到解释;有些规范问题,在语法书里也找不着肯定的解答,不是含糊其辞就是避而不谈。这说明还有必要做些基层研究,根据大量的材料进行分析,以确定每个语法现象的真实的情况。这样,编写语法书才能有较好的基础,才能更加全面。这样的做法虽然好像缓不济急,但是比较牢靠,而且只要做的人多,也还是容易有结果的。

这里碰到一个问题——体系和术语的问题。叙述语法事实必须有一定的体系,而这个体系必须符合汉语语法本身的体系,否则一定不能叙述得很妥帖。几十年来对于汉语语法体系的争论是很多的,近年来尤其热烈。这是应该的,因为大家都在渴望求得真理,而真理不是唾手而得的。不幸的是,几乎所有的力量都用在体系的争论上,基层研究还是做得很少,而没有通过基层研究积累起来的资料,体系问题也是很难得到满意的解决的。应该在一两年内求得一个暂时可以同意的体系,供教学应用。同时,一方面继续语法理论的研究,一方面广泛而深入地钻研材料,互相结合,根据研究的成果不断地修改这个体系。

(三)**修辞学和逻辑**。这些是和语法密切相关的科学。研究语法不能不同时研究修辞学和逻辑,尤其在编写语法和作文教材的时候。修辞学本身也是语言科学的一个重要部门,需要及时发展。

(四)**词典**。词典是进行规范化的最重要的工具。词汇是语言的建筑材料,现在在语言使用上存在的混乱情形一大部分是在词汇方面。汉语的词汇近几十年来已经有了很大的变化,但是我们还没有一部能够反映现代汉语词汇的真实情况的词典;现代汉语早已经超越基本上一字一词的状态,但是一般人使用的还是"字典",不是"词典"。这几十年里出版的"辞书"不外乎两个类型。一种是拿单字做条目的字典。随着从文言到白话的转变,这些字典的内容是不断在改变的,在字义的分析上也是后来居上,颇有进步。但是总地说来,这些字典的大缺点是不拿词做单位,因而不能帮助词汇的规范化;同时,篇幅还是不够,字义的解释不免简单和笼统。另一种是综合性的,里边有字,有词,有成语,还有大量的百科性的材料。这种辞书篇幅较大,但是如果把百科性的材料去掉,单就语言材料而论,还是很不够,还不能满足当前的需要。

　　当然,编纂一部比较满意的详解现代汉语词典不是一件很容易的工作,不但需要学习近代的科学的词典编纂法,吸收先进经验,还要解决编纂汉语词典时所遇到的一些特殊问题。首先,确定某一形式是词不是词(小于词的构词成分,或是大于词的词组);其次,作出词的语法说明(包括标出词类)——这些,在汉语语法结构的研究还未取得满意结果的情况下,都是很艰难的课题。还有未见著录但是在各行各业中(特别是在产业部门中)流通的词汇,需要有系统地搜集。此外,词目的取舍,成语的安排,词义的分析和说明,例句的采集和选择,这些一般词典编纂法上的问题也都需要很好地结合汉语的实际情况来解决。无疑问,这个工作是艰巨的,但是需要是这样的迫切,不容许我们再推迟下去了。

　　除了一般性的详解词典外,我们还需要各种有特定目的或范围的词典。一部小型的同义词典在澄清目前词汇使用方面的混乱将有很大帮助。虚词词典在中国是有传统的,《助字辨略》《经传释词》等书在语文学习上曾经起过一定的作用,这说明以汉语的情况而论,这样的词典是有需要的。当然,我们也可以不分虚词实词,把意义需要分辨、用法值得推敲的词汇集在一起,编成一种用法词典。把常用的成语编成一个小型的词典,对于学习的人也是有用的。结合拼音文字的研究和试验,我们还需要制定拼音词表(不是字表),并且试编用拼音文字作注解的词典。

我们还需要各种专科词典,无论自然科学和技术方面的或是哲学和社会科学方面的。这种词典有两种作用,一是汇集术语,二是统一术语。现在有许多科学技术部门的用语从来没有汇集过,不是本行的人遇到一个陌生的术语没有地方去查,这是很不方便的。再说,专科术语最需要有严格的统一的标准。可是科学和技术的发展一日千里,新的术语层出不穷,因此在科学先进的国家也需要有国家机构或科学家的组织来经常做厘定的工作。我国近代学术名词绝大部分是通过翻译产生的,分歧和混乱的情况是很显著的。曾经有过"学术名词统一委员会",在自然科学的某些部门获得了一些成果,现在这工作中国科学院编译局还继续在做。但是在社会科学方面还没有什么成绩,而这方面的术语却是更常见于一般书刊,术语不统一最容易引起混乱。这种情形,只要一翻近几年来出现的各种"新名词词典"就可以知道。这类词典种数之多,说明需要之大。但是如果没有国家的支持和科学家的合作,这个工作显然是不可能做好的。专科词典的编辑,主要依靠本学科的专家,语言学家只能在必要的时候参加点意见。

跟专科词典密切相关的是外国语和汉语对照的词典,如俄汉词典、英汉词典等。现在从事科学技术书刊翻译的人,不一定都是受过本学科专业训练的,往往要倚赖这种对照词典。所以这种词典必须取得各科专家的密切合作,但一般的情况是这方面做得较差的。这种对照词典对于一般词汇也很有影响,翻译作品中许多用词不当和造词生硬的情形,往往可以追根到这些词典上。编辑外国语汉语对照词典,应该由研究外国语的专家负责,但是需要有研究汉语的人合作。

还有国内少数民族语言和汉语对照的词典也是有迫切的需要的。

(五)方言调查。调查方言,首先是为了配合推广普通话的工作。从前在方言区推行"国语",完全采取直接教学法。在学校里,这个方法还能收到一定的成效,在广大社会上收效甚小。假如我们能把各地方言和普通话之间的语音对应情况加以说明,再把常用词语编成对照表,那就不但学校以外主要靠自学的人能有所依据,就是学校教学也能得到很大的帮助。但是方言调查的意义决不限于帮助推行普通话。方言是研究汉语史的一部分极其宝贵的材料,可以和书面材料相印证,尤其是能够补充书面材料的不足。汉语方言分布地区广大,情况复杂,要展开比较全面并且深入的调查,需要有相当多的受过训练的工作人员,而这样的人目前还是不多。所以必须采取比较简便的办法进行以配合推广普通话为目的的初步调查,同时订立长期的调查计划,从重点调查入手,结合着训练干部,逐步全面展开。

(六)汉语史研究。研究汉语史,目的是为了更清楚地了解汉语发展的详细情况,找出汉语发展的内部规律,从而指导现代汉语的规范化工作。前人在汉语史方面做过的工作侧重在古代,我们现在要多用力量在近代,要首先弄清楚普通话形成的历史。结合汉语史的研究,应该编纂一部从古到今的汉语大辞典。这是研究汉语史或是古代文献的人所不可缺少的,但是反过来说,也是必须对古代文献进行了一定程度的研究,才能着手编纂的。如果现在还没有条件开始编纂,也需要及早做些准备工作,比如体例的研讨和材料搜集。

(七)教材和教学法的研究。这是直接关系到推行普通话的重要科学工作。首先要研究正音教学,怎样把正音法的知识教给学习的人,同时要编写适应不同地区的正音教材。词汇教学也是当前语言教学中一个很大的问题。现在连大学语文系毕业的学生,还是经常犯"用词不当"的毛病,这个情况是很不好的。这个问题的解决主要要依靠合适的词典,但是各级学校也都应该重视词汇的教学,语文刊物也可以在这方面尽点力量(《语文知识》和《语文学习》在这方面做了一些工作,但是起的作用还不大)。词汇知识不普及,出版物方面的混乱情况是难于改善的。

这以外还有许多研究工作要做。比如作家语言的研究,翻译作品语言的研究,朗诵和台词的研究,这些也都是直接和语言的规范化有关的。

要做的科学工作是很多很多的。这决不是任何一两个机构所能担任,必须发动全国的语言学工作者的力量,组织起来,分工合作,才有希望把工作做好。各项任务的性质不尽相同,具体分配也就得采取不同的方式。比如词典,就需要有专设的机构。方言调查宜于采取分区进行的方式,以各个高等学校的语文系为据点,由科学院总其成。语言学理论,语法,汉语史,这几方面的研究是不要求一定的组织形式的,但是也必须通过刊物和讨论会取得经常联系,也可以为特定的题目组织研究小组。教材和教学法的研究最好是由高等师范学校多负点责任,有必要的时候也可以在中央或地方设立专门的研究机构。

我们还必须同语言学界以外的同志合作。比如出版社和报社,他们在编辑工作中需要语言学工作者的帮助,我们应该给他们帮助,他们需要我们给他们培养语言编辑人才,我们应该给他们培养这种人才。又比如作家语言的研究应该同作家和文学批评家合作,舞台语言的研究应该同演员和导演合作。像这些方面的工作,都应该多同有关单位联系,多开会讨论。

同志们! 汉语的规范化是社会主义建设中重要的一环,是全国人民文化生活中一件大事。对语言学工作者来说,这是一项重大而迫切的政治任务。这几年来,语言学工作者各自在自己的岗位上做了很多事情,但是缺少计划,缺少联系,因而就没有能充分地、有效地发挥自己的力量。希望通过这次会议,全国语言学工作者能够团结在一起,为共同的事业努力。语言科学在旧社会里不受重视,现在面临艰巨的任务,人力无准备,困难是有的。但是在我们的党和政府的关怀和支持之下,我们相信困难是可以克服的,任务是可以胜利完成的。我们必须一方面大力培养新生的力量,一方面善于使用现有的力量。有一系列工作等待着我们,我们必须怎样通力合作,制定计划,有步骤、有重点地来进行,这也是需要各位同志详细讨论的。

同时,在汉语进一步规范化的事业上,每一个使用汉语的人,尤其是知识分子,都有一份工作可做,也有一份责任要尽。我们必须使语言规范化变成一个社会运动,群策群力地来进行,才能早日完成这个光荣的任务。

(原刊《语言研究》1956 年第 1 期,又收入《现代汉语规范问题学术会议文件汇编》,1956 年,科学出版社)

怎样学习大众的语言

　　毛泽东说:"……语言这东西,不是随便可以学好的,非下苦功不可。第一,要向人民群众学习语言。人民的语汇是很丰富的,生动活泼的,表现实际生活的。我们很多人没有学好语言,所以我们在写文章做演说时没有几句生动活泼切实有力的话,只有死板板的几条筋,像瘪三一样,瘦得难看,不像一个健康的人。"咱们应该仔细想一想"怎样"学习大众的语言。

　　现在我想谈一谈我对这个问题的一点体会。

　　首先我们得知道,语言是替同一社会里各个阶级服务的。工农兵所用的"山""水""风""雨""牛""羊""狗""马"一类的基本词汇,跟教员、学生、掌柜、店员等所用的并没有什么不同。工农兵说"我吃饭""我喝茶",别的阶层也绝对不会说"我饭吃""我茶喝"。所以从基本词汇和语法结构来说,语言是全民性的。不过,语言跟人的一切生活直接联系着。生活不同,语言的词汇或惯用语也就不同;生活有了变化,语言的词汇或惯用语也会跟着变化。教员、学生所说的"代数""几何",没有念过书的工农兵就不大懂得。同样,工厂里可以懂得:"咱们再多车三个,红旗就是咱们的啦!"农村里可以懂得:"村里人都打下两颗粮食了,就想叫小孩们识几个字,叫干部跟我商量拨工——他们给三亩地,我给他们教孩子。"军队里可以懂得:"董存瑞一个箭步窜过去,直扑到碉堡火力的死角里。"可是,没有接触过工农兵生活的教员、学生,对于"车""红旗""打""拨工""碉堡""火力""死角"一类的词汇或惯用语就不大熟悉;即使经过解说,勉强懂得,也不会认识得怎样亲切。所以要想认真学习工农兵的词汇或惯用语,必须从体验工农兵的生活开始。

上文说过,语言的语法结构跟基本词汇同样是全民性的。因此,工农兵说话时的语法基本上是跟教员、学生或其他知识分子相同的。不过,一般知识分子因为受了翻译书报或外国文的影响,往往在说话作文的时候有过分欧化的毛病,反倒不如工农兵所说的话自然,合乎民族语言的语法规律。比方说,照中国语法的惯例,代词上头很少加长的修饰语。可是,在咱们看见的书报里常发现"有着两个女儿一个儿子而做着寡妇的她"和"陷在失望与恐怖中,被他的信打击了的我"一类的短语。工农兵要是表达这两个短语的意思时,他们会把前一个例子改成"她是个寡妇,有两个女儿,一个儿子";把后一个例子改成"我正在灰心、害怕的当儿,他的来信又把我打击了一下"。像以上所举的这一类不合民族语法规律的"学生腔",多得不得了,咱们一时也举不完。吕叔湘和朱德熙两位先生的《语法修辞讲话》里有很多例子可以参考。咱们要想避免这些不自然的、不合民族语法习惯的"学生腔",只有多向工农兵学习,向大众看齐。

在谚语、歇后语、俏皮话里尤其充分地表现着大众的智慧。高尔基为丰富自己的文学语言,经常记录谚语、成语和俚语。老舍也说:"大众口中有多少俏皮话、歇后语、成语呀,这都是宝贝。"咱们学会了这些活的语言,不单说的话、做的文章可以生动活泼,而且可以吸收许多大众的生活经验。比方说:

种田没巧,粪水灌饱。深耕浅种,薄地上粪。

三日起早抵一工。锄地能抵三分雨。

前晌惊蛰,后晌拿犁。过了芒种,不可强种。

立夏前栽瓜种豆。立夏十天麦焦黄。

春雨贵如油，见苗一半收。

冬无雪，麦不结。

先下毛雨没大雨，后下毛雨没晴天。

云往东，刮大风；云往西，淋死鸡；云往南，推了船；云往北，发大水。

东虹风，西虹雨，南面红了下大雨。

春雾狂风夏雾热，秋雾连阴冬雾雪。

这是农民积累多少年的生产经验，精炼、紧缩而成的谚语。从这些谚语里，我们可以看出种地的窍门和节令、气象。有些地方决不是"不辨黍麦"的知识分子所能想像到的。另外还有一些谚语：

财主就能当官，当官就是财主。

穷生五子富，富生五子穷。

穷人饿折肠，富人胀破肚。

若要穷富都一样，必须大大闹一场。

尤其表现旧社会里被压迫的劳苦大众本来就有阶级意识，只要得到正确的领导，自然会成了革命的动力。

歇后语的前半截，差不多都是生动活泼的，它能把后半截抽象的意思说得很具体，从这里面咱们可以发现语言的灵活有趣。例如：

茶壶里煮饺子——肚里有，嘴上倒不出。

墙头儿上的草——随风两面倒。

星星跟着月亮走——借光儿。

卤水点豆腐——一物降一物。

快刀切豆腐——两面光。

围棋盘下象棋——不对路数。

孟姜女拉着刘海儿——有哭有笑。

啄木鸟死在树窟窿里——吃了嘴的亏。

擀面杖吹火———一窍儿不通。

猫不吃鱼——假斯文。

　　要是我们能从大众的口语中,多搜集这些代表群众智慧的语言材料,在说话作文时一定可以增加生动活泼的表现力。

　　俏皮话大部分是用比喻来描写形象的,运用得适当可以增加语言的灵活性,使所描写的事物活泼泼地跳跃在纸上。例如:

　　万一二小姐真闹出点事儿,不是鸡也飞了,蛋也打了吗?(老舍《方珍珠》)

　　只可惜宫粉涂不平脸上的皱纹,看起来好像驴粪蛋上下上了霜。(赵树理《小二黑结婚》)

　　幸亏是这些青年妇女,白洋淀长大的,她们摇的小船飞快。小船活像离开了水皮,一条打跳的梭鱼。她们从小跟这小船打交道,驶起来就像织布穿梭,缝衣透针一般快。(孙犁《荷花淀》)

　　这几个例子里的俏皮话,有些是大众嘴里说惯了的;有些虽然经过作家的提炼,但也十分接近口语。咱们从这些例子一定能得到些启发,进而向大众学习更丰富的俏皮话,使自己说出来的话或做出来的文章格外生动活泼,格外浮雕化。

　　　　　　　　　　　　　(原载《语文学习》1952 年第 9 期,略有删节)

语言研究和文艺创作

——在北京市文代会上的发言

我是北京人，严格地说，可不是文艺工作者。这次被邀参加北京市文学艺术工作者代表大会，一方面感觉很光荣，同时也觉着很惭愧！不过，群众既然鼓励我参加在作家、艺术家们的队伍里，我一定站在自己岗位上发挥一个螺丝钉的功用。

现在仅就我个人所想到的东西谈谈：

在人民大众的歌曲里有一种顺乎自然的节奏和韵脚，这和拟古作品的拘泥声律、严守韵书的情形绝对不同。可是这种自然的节奏和韵脚往往在不定之中也有相沿成风的定型，并不是毫没条理的。十年前我曾根据一百种北京民间曲艺归纳它们的押韵条理，作成《北平俗曲百种摘韵》一本小书，讨论所谓"十三道辙"的源流演变和它在大众文艺里的灵活运用。就我所归纳的结果，北京歌曲的押韵法：有句句入辙的，有第一句或第三句不入辙的，有第一句和第三句都不入辙的，有第三、五、七句不入辙的，有第三、九、十一句不入辙的。不过，民间歌曲，用韵比较松一点儿，往往同在一首里的"辙例"并不完全一致。所以我们创作新歌曲时，用韵必须灵活，既然不可被辙口拘束，同时也不可漫无限制地把"鸡"和"鸭"或"牛"和"马"当做一道辙口。那本小书当时曾经老舍先生作序，后来林曦同志也在重庆《新华日报》上作了一篇很公道的书评。它现在虽然绝版，但来薰阁不久就要重印,希望它能对新曲艺的创作上多少有点儿帮助。谈到大众文艺的节奏问题,那还是现在语文工作者和文艺工作者应该共同努力的一件事。两月前胡乔木同志曾经对我谈到新诗的节奏,他并且提出:同是七字一句为什么旧诗的节奏就跟歌谣的不同? 当时我并没有成熟的意见,也没作正确的解答。此外像各种曲艺的句法型式,字数长短,以及平仄和音乐的配合(不至于把"九一八"唱成"揪尾巴"),也都等待着语言工作者和文艺工作者团结起来共同研究。

　　其次,语言工作者,也应该和文艺工作者一样,要深入农村、工厂、军队以及其他各行业、各阶层去调查研究他们的活语汇,毛泽东《在延安文艺座谈会上的讲话》说:我们的文艺工作者以前对于自己所描写的对象,语言不懂。"许多同志爱说'大众化',但是什么叫做大众化呢? 就是我们的文艺工作者的思想感情和工农兵大众的思想感情打成一片。而要打成一片,就应当认真学习群众的语言。如果连群众的语言都有许多不懂,还讲什么文艺创造呢?"关于这一点,我觉得语言工作者的任务,比文艺工作者格外重要。如果大家联合起来做一番工夫,那么,语言工作者调查研究的结果,可以供文艺工作者的取材;文艺工作者应用大众的活语汇,也可以使语言工作者确定调查研究的方向:这样相因相成,彼此就都因为联系而得到发展了。

　　还有从前对于民间文艺的调查只注重文词,而不注重音乐。这固然因为计划得不周全,同时也受工具缺乏的限制。自从录音器发明以后,语言工作者和文艺工作者得到很大的方便,可以解决不少困难的问题。在抗日战争前,我曾经设计收制一套北京歌曲的"音档"特别着重单弦牌子曲。因为牌子曲里的耍孩儿、寄生草、罗江怨、哭皇天、银纽丝(一作银绞丝),见于明沈德符的《野获编》;黄鹂调(一作黄梨调)、边关调、靛花开(一作甸花开)、跌落金钱(一作金钱莲花落),见于刘廷玑的《在园杂志》;倒扳桨、剪靛花,见于艾塘所记的《扬州小曲》;此外像柳青娘源出北曲,园林好源出南曲:它们的来历更可推溯得早一点儿。这种研究不单可以保留一套现代歌曲的文词和乐调,而且根据这种记录还可以构拟明清以来各种民间歌曲的唱法,也就像我们根据现存较古的北曲撤子、认子可以窥见元曲唱法的一斑似的。这对于民间文学史的研究是有很大帮助的。再说,现在新兴的《白毛女》《赤叶河》等歌剧,听起来曲调都不陌生,可也不能确指是哪种民间调子。其中有的像秦腔,有的像皮黄,有的像快板,有的像太平歌词……可也不完全是秦腔、皮黄、快板、太平歌词……这便是从群众集中起来,再到群众中去的新创作。要想多有这类创作,必须扩大收制全国各地歌曲戏剧的音档,还不能单以北京为限。融合各地文艺和音乐的民族形式,交配起来,以创作新时代的伟大文艺,就是我们文艺工作者所应担当的重大任务,也是我们语言工作者所应该携手前进共同努力的。北京大学文科研究所语音乐律实验室所具备的钢丝录音器"为耳通"(Wiretone)两架,虽然不是为灌制永久性音档的,可是这种仪器的确是联系语言研究和文艺创作的好桥梁!

　　以上三项,就是我今后站在自己岗位上对于文艺工作所要尽力的方向。

　　(原刊《新建设》第 2 卷第 9 期,1950 年 6 月 18 日,略有删节)

为语言在文艺上的精切运用而奋斗

　　毛泽东的《在延安文艺座谈会上的讲话》发表后,不单英明地指出文艺要服从政治、要为工农兵服务,并且解决了文艺工作者的立场、态度、对象、工作和学习等问题,同时也更强调地指出了大众文学和大众语言的密切关系。他认为以前的文艺工作者对于自己所描写的对象语言不懂。"许多同志爱说'大众化',但是什么叫做大众化呢? 就是我们的文艺工作者的思想感情和工农兵大众的思想感情打成一片。而要打成一片,就应当认真学习群众的语言。如果连群众的语言都有许多不懂,还讲什么文艺创造呢?"

　　文学本来是用语言雕塑人物形象、反映生活的。文艺工作者要反映工农兵大众的生活当然要从学习他们的生活、语言入手。举几个成功的作家来说:托尔斯泰从法院拷问录所记载各阶层犯人的口供来学习语言;普希金推崇莫斯科制饼妇的语言,并且从自己的奶妈学了好些常用语;对口头语最精通不过的莱斯科夫也是从奶妈、兵士的老婆那儿学习来的。果戈理喜欢收集土语、捕鱼用语、狩猎用语、农业用语;高尔基也经常记录谚语、俚语、俗语。现代作家赵树理的特出的成功就得力于他的语言,他的语言是真正从群众中来的,而又是经过加工洗炼的,所以那么平易自然,没有一点矫揉造作的痕迹。老舍也说:"大众的语言,在字汇、词汇方面并不简单,而是很丰富。大众口中有多少俏皮话、歇后语、成语呀,这都是宝贝。……再加上五行八作的术语、行话,大众的字汇、词汇就丰富得了不得。我们应当搜集这些术语、行话,去丰富自己的形容词、名词、动词等。这活的词汇要比我们常用的《辞源》不知多上多少倍。"就他许多作品中运用语言的技巧来看,他自己的确下过这样一番工夫。这些作家对语言的运用都可做我们学习的榜样。

斯大林发表《论马克思主义在语言学中的问题》已经快两周年了。他在那篇辉煌的论文中,一方面肯定"语言没有阶级性,是对社会所有组成员同样服务的",一方面指出:"语言是与人的生产行为直接联系着,并且是与人的工作的一切范围中的一切行为直接联系着。因此语言的词汇对于各种变化是最敏感的,它几乎处在经常变动中。"我们向工农兵学习语言,先得认识清楚那里并没有所谓"阶级语"的存在,却有很丰富的跟工农兵一切行为联系着的特殊词汇、习惯语和同行话,供我们采用、提炼。真正的文学语言是从劳动大众口头上采取来,而经过提炼加工的。纯粹的口头语在作家描写人物的对话中还依然存在着,那只是为了所描写的人物更造型化、浮雕化,并使人物显得更生动灵活罢了。

在毛泽东富有指导性的论文发表十周年的纪念日,文艺工作者和语言工作者更应该紧密地携起手来,为语言在文艺上的精切运用而奋斗!

（原刊《新民报》1952 年 5 月 23 日）

台词和语音学的关系

——看了话剧《非这样生活不可》以后

最近北京人民艺术剧院的领导同志们邀我看了一次苏联剧作家安·索佛洛诺夫《非这样生活不可》。这个剧本在艺术上的贡献和演员们表演技巧的成功是完全可以肯定的。其中格鲁培工程师和炼钢工人萧尔茨思想转变的经过,玛尔塔和卡尔因为亲子关系对于佛兰兹的警惕性不够,以致给人民事业造成灾害等等,尤其对于有保守思想、自己以为是"超政治"的专家,斤斤于个人利益和不能划清敌我界限的人们,有很深刻的教育意义。我对于戏剧本来是门外汉,不敢班门弄斧地多说话,现在只想对台词的语音方面提几点意见。

话剧是用语言和动作来塑造人物形象的。因此话剧的台词跟表演技巧在舞台上同样重要。斯坦尼斯拉夫斯基掌握了丰富的舞台经验之后,透彻地阐明了一个好像还简单的真理:就是演员应当善于在舞台上说话。我国戏剧界最近也有些同志提出迫切学习台词的要求。中央戏剧学院从今年起添设台词一课,欧阳予倩院长亲自领导教研组,并且写了一篇比较全面的、有系统的论文《演员必须念好台词》,还邀请了两位语言学家参加教学,商量语音学上的技术问题。这种发展对于加强台词的准确性和艺术性,有很重要的意义。

要想把台词念好,掌握语言的准确性,首先就得适当地经过语音学的训练。演员在练习台词的时候,不单要正确地分析每个字的声、韵、调,而且要知道全句话的语调和每个词在一句话里的高低轻重、抑扬顿挫。这当然不是在短时间内可以讲清楚的。我现在只就看了《非这样生活不可》以后的印象拿首都语的语音标准来衡量,提出下面五点意见:

一　ㄋㄌ不分的现象——ㄋ是鼻音,ㄌ是口音。发ㄋ音的时候要拿舌尖顶住上牙床,把软腭垂下来,让呼出来的气流从鼻腔泄出,捏着鼻子就发不出音来(参看图甲)。发ㄌ音的时候也拿舌尖顶住上牙床,但是要把软腭抬高,堵住口腔和鼻腔的通路,让气流从舌头两边儿泄出来,捏着鼻子还可以发出音来(参看图乙)。这两个音在北京话里分得很清楚,但是长江流域的上游和西南官话区域有好些地方分不清楚。就我在这次演出所听见的,有以下这些例子(在这一节凡是字下加。的起头儿的音都念ㄌ,加·的起头儿的音都念ㄋ):

佛兰兹:也像我一样,是个炼钢工人。("炼"读成"念")

不要这样责难我吧。("难"读成"烂")

看来是我的错误。("来"读成"乃"的阳平)

要矫正这个错误,头一步先试着连念英语 d、n 两个音,细细体验念 d 的时

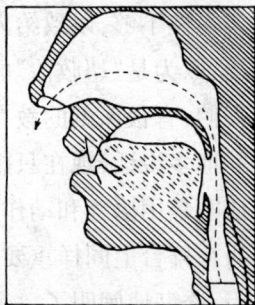

图甲　ㄋ[n]

候,软腭是抬起来,挡住口腔和鼻腔之间的通路的;念 n 的时候,软腭是垂下来,让气流可以从鼻腔出来的。等到把软腭升降运用自如以后,再练习把鼻腔堵住,让气流从舌头两边出来,就是ㄌ音;把软腭垂下来,让气流从鼻腔出来,就是ㄋ音。为帮助大家念准这两个声音,这里举出下面三个练习:

(一)牛郎年年恋刘娘　刘娘连连念牛郎

(二)帘拢兰露落　邻里柳林凉

(三)莲漏难留恋，　南楼辇路凉①。

　　年年来念汝，　两泪落牛郎。（刘厚坤《七夕诗》）

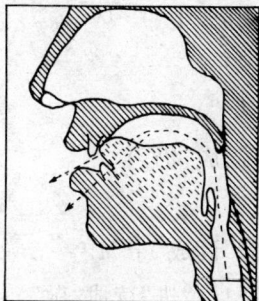 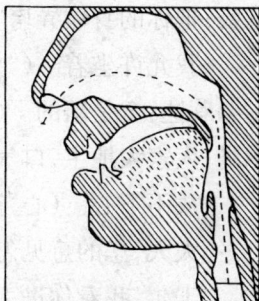

　　　　图乙　ㄌ[1]　　　　　　　　　图丙　ㄫ[G]

　　二　ㄣㄥ不分的现象——ㄣ是舌尖鼻音，ㄥ是舌根鼻音：发ㄣ音时舌头的部位跟ㄋ一样，只是ㄋ用在字头，ㄣ用在字尾，所以注音字母分作两个符号。在汉语方言里，苏州话的"你们"ㄋㄧㄣㄌㄜ、徽州话的"这里"ㄋㄧㄋㄚ的前一个音，都可以代表这个音的音值。中国旧来的词曲家，管它叫做"低腭韵"。发ㄥ音时，舌根抵住软腭，让气流从鼻腔出来；舌头在口腔里成阻的部位，跟ㄣ完全不同（参看图丙）。在汉语方言里苏州话的"鱼"（ㄫㄧ）、广州话的"五"（ㄫㄧ）都可以代表它的音值。中国旧来的词曲家管它叫做"穿鼻韵"。北京话和大部分方言差不多都能分辨这两个音，只在吴语区域、下江官话和西南官话区域的有些地方把它们混起来。在这次演出中有的把ㄣ念成ㄥ（在这一节里字下加·的都念ㄣ尾，加。的都念ㄥ尾）：

　　佛兰兹：休特尔你进来吧！（"进"读成"敬"）

　　　　　　你们这儿又盖了很多新房子。（"新"读成"星"）

_____

① "辇"本来是"力展切"，应念ㄌㄧㄢ，可是现在北京话念ㄋㄧㄢ。

我在您面前是有罪的。("您"读成"宁")

我没有什么心事。("心"读成"星")

爱丽莎:可以进来吗?("进"读成"敬")

高富曼:把你的身体弄垮了。("身"读成"生")

我允许坐着。("允"读成"永")

艾尔弗莉达:全是新的。("新"读成"星")

玛尔塔:人家大地主,口气大!("人"读成"仍")

放不下心。(心"读成"星")

大夫,您的意见怎么样?("您"读成"宁")

卡尔,我看你进去躺会儿去吧!("进"读成"敬")

还有些人把ㄥ读成ㄣ:

高富曼:更多的欢愉。("更"读成"艮")

青年。("青"读成"亲")

警察。("警"读成"谨")

请注意。("请"读成"寝")

克拉勒:你什么时候可以把我那位可敬的大哥管的紧点儿?
("敬"读成"近")

要想矫正这两个字音的错误,首先就得照图甲和图丙所表示的发音部位细细体验舌尖鼻音和舌根鼻音到底儿有什么不同,然后请能说地道北京话的人告诉你哪些个字应该怎么念,同时多查用北京音注音的字典,对你也有很大的帮助。

为了帮助大家练习这两个音,这里再举几个练习:

(一)天上七个星,树上七只鹰,梁上七只钉,台上七盏灯,地上七块冰。一脚踏了冰,拿扇熄了灯,用力拔了钉,举枪打了鹰,乌云盖了星。

(二)东洞庭,西洞庭,洞庭山上一根藤,藤上挂铜铃。

风吹藤动铜铃响,风息藤定铜铃静。

(三)真冷,真正冷,人人都说冷,猛的一阵风,更冷。

(四)东庄儿住着个殷英敏,西村儿住着个应尹铭。

应尹铭挖蚯蚓,殷英敏捕苍蝇。

不管天阴或天晴,二人工作不消停。

为比辛勤通了信,要看谁行谁不行。

不知殷英敏的苍蝇,多过应尹铭的蚯蚓,

还是应尹铭的蚯蚓,多过殷英敏的苍蝇。

三　轻重音不适当的现象——轻重音在汉语里虽然不像在印欧语里那样重要,但是有时候也可以影响到意义。就北京话来说,例如(。表示重音):

大姑娘第一个女儿。——大姑娘已成年的女孩子。

小人儿议婚中的男对象。——小人儿泥捏的小人儿,画的小人儿,广州话的"公仔"。

大爷老伯,伯父。——大爷资产阶级的大儿子,纨绔子弟。

老子著《道德经》的哲学家。——老子傲慢地称呼自己的或别人的父亲。

人家住人的家。——人家别人,旁人。

池塘有水的池塘。——池塘集体洗澡的大池子。

大意大概的意思。——大意粗心。

造化自然造化(文言)。——造化福气。

火烧着火,是两个词。——火烧用面烙的小饼。

画眉用笔画眉毛,是两个词。——画眉鸟名。

包头用布包起头来,是两个词。——包头包头的那块布。

这都是比较常见的。此外还有些词,轻重音念得不适当虽然不至于影响到意义,但是在语调上总觉得有点儿不顺耳。在这次演出中所碰见的例子属于后一个类型的比较多。有些是应轻读而重读的(在这一节里。表示重音）：

　　司台格尔：我跟你说过了。（"过"应轻读）

　　佛兰兹：要是你知道我吃了多少苦。（"道"应轻读）

　　　　三年以前我离开了你们。（"开"应轻读）

　　艾尔弗莉达：今天上午给我们送来了新家具。（"具"应轻读）

　　　　妈妈，别想这些个啦！（"个"应轻读）

　　玛尔塔：也该洗洗脸。（第二个"洗"字应轻读）

　　萧尔茨：这我全知道。（"道"应轻读）

　　爱丽莎：问起口供来了。（"供"应轻读）

　　鲍阿尔：我听你说过了，佛兰兹！（"过"应轻读）

　　克拉勒：你知道吗？妈妈？（"道"应轻读）

也有些是应重读而轻读的：

　　司台格尔：经过了战争。（"战争"二字应并重）

　　萧尔茨：我跟孩子们躲过了所有的空袭。（"空袭"二字应并重）

　　卡尔：您可不能粗心大意。（"大意"当不小心、不仔细讲，单用的
　　　　时候本来应该前重后轻；可是在这儿跟"粗心"连用，也应
　　　　念成二字并重）

　　　　一头把我顶到池塘里去了。（"池塘"二字应并重）

要是有人问：什么时候要读轻音呢？这倒是一个很要紧的问题，可也是一个很难答的问题，一般说起来，一半儿是有规律的，一半儿是还没找出规律来的。先把有规律的说一说，以下这些词都读轻音（在这一节里·表示轻音）：

　　（一）助词"阿""吧""的""得""着""了""吗"之类。

　　（二）词尾"个"（这个）、"么"（什么）、"头"（前头）、"里"（那里）、"们"（你们）之类。

　　（三）动词后头的"来"（回来）、"去"（拿去）、"上"（放上去）、"下"

(拿下来),或名词后头的"上"(嘴上)、"里"(心里)之类。

(四)做宾语的代词,在不特指的时候:"我要打他"。

(五)重叠词的第二个字:太太、妈妈、姐姐、妹妹、听听、看看、洗洗之类。

这些有规律的轻音字,在这次演出的台词中很少念错了的。前面所举的那些例子几乎都出在没规律的轻音字上边。有好些双音节或三音节的词,它们的第二个音节或第二、第三两个音节必得要念轻音,否则就不像北京话。这个也不是全没有道理的,大致说起来,资格老一点儿的词常常含有轻声字,资格浅一点儿的新名词就差不多总是照单字匀着念的。例如:"衣服""制服","忽略""战略","道理""真理","照应""响应","算计""统计","笑话""电话"……这是同一个字在个别词里轻重不同的。此外还有些词的第二音节习惯念轻音的:

地方	明白	事情	东西	打算
生活	先生	朋友	学生	丈夫
姑娘	规矩	正经	把戏	新鲜
行李	眼睛	愿意	菱角	莲蓬

也有些词是两个音节并重的:

理想	事实	劳动	模范	发生
转变	外套	交际	赞成	反对
战争	空袭	火车	电灯	生产
建设	国际	外交	社会	主义

此外还有一些复合词像"茶叶""茶壶""酒杯""饭碗"……之类,也是两个音节并重的。不过以上这些个原则也有很多例外,所以实际的办法还得靠大家留心听,或是多查注有轻重音的词典。必须勤学苦练才能够克服实际的困难。

四　联词变调还有不合规律的地方——一般说起来,在这次演出中声调的错误并不太多。咱们只能挑几个例子谈一谈:

玛尔塔:我已经有整整的五天没有看到他啦!(两"整"字都念成上声)

卡尔:你得好好地工作、劳动。(两"好"字都念成上声)

哪怕就是今天一天。("一"念"夷")

为什么炉子会炸?("为"念成"围")

此外,还有某演员把"跟前儿"的"前"仍念成阳平,没变上声(读若浅),也不合乎北京话的习惯。

把"为什么"的"为"不念"谓"而念"围",这是因为没弄准这个字在这一句话里应有的语义地位,毛病不算大,而且是一般人所常犯的;只要认清"为"字本来有阳平和去声两种念法,各自代表不同的意义,慢慢儿地也就改过来了。"跟前儿"念成"跟浅儿",这是北京话的特殊读音;它的变音条件跟"榆钱儿"念成"榆浅儿"、"一回儿"念成"一火儿"完全相同。此外,"隔壁儿"念成"借笔儿"(ㄐㄧㄝㄅㄧㄦ)是由去声变成上声的,也和以上这几个例子有点儿类似。咱们现在只把"整整的"、"好好的"和"一天"三个例子特别提出来分析一下。

"整整的""好好的",要是不加"儿"尾,把两个重叠字同样重读,本来也不算错,可是听起来,有点儿不像北京话。要是念成"整整儿的""好好儿的",那就得知道重叠词在"儿"音前的变音规律。咱们先看下边儿这四个例子:

高高儿　　黄黄(荒)儿　　好好(蒿)儿　　整整(征)儿

在这四个联词里,除了阴平的"高高儿"没变音以外,阳平相连的"黄黄儿",上上相连的"好好儿",去声相连的"整整儿",第二个字都变阴平。演员同志们掌握了这个规律,以后遇到这一类重叠词的时候,念起来才可以叫人听着像北京话。

　　"一""七""八"三个数目字,在北京话里也有一定的变音规律。"一"字单用或在词尾的时候都念"衣"(阴平),在阴平、阳平、上声的前边儿都念"意"(去声),只有在去声的前边儿,才念"夷"(阳平)。"七""八"两个字单念、在字尾或在阴平、阳平、上声的前边儿都念"妻""巴"(阴平),只有在去声前边儿才念"齐""拔"(阳平)。"不"字的变音也类似:在阴平、阳平、上声前都念"布"(去声),在去声前念阳平ㄅㄨ。咱们只要把下面举的这句话念熟了,就可以掌握这些字的变读规律了:

　　从七(齐)月十七(妻)到八(拔)月十八(巴),这一(夷)个多月的工夫(儿),一(意)天连一(意)回儿都不(布)得闲,真不(布)能不(ㄅㄨ)算是一(意)年里顶累的一(夷)个时期了。
这样说起来,卡尔把一天念成"夷天"那是不合规律的。

　　五　间歇的时间不够——在舞台上能够准确地运用台词的间歇,很能够增加效果,但是要掌握分寸相当困难,长短轻重差一点儿就会显得不真实。在这次演出的台词中大部分间歇的分寸还算是有节律的。这里只举出两个没把间歇分寸掌握好的例子:

　　佛兰兹:不,妈妈——"不"跟"妈妈"中间的间歇分寸不够,听起来像"不妈妈"。

　　卢狄:可是,妈妈——"可是"跟"妈妈"中间的间歇分寸不够,听起来像"可是妈妈"。

　　以上所说的几点,只靠场记赵玉昌先生帮我临时记录下的一点儿直觉的听感材料来分析的,当然有许多听得遗漏或不准确的地方。此外,还觉得有一两位个别演员,或者因为演戏经历较久,不知不觉地还残余一些所谓"舞台腔";或者因为自己不能掌握统一谐和的调门,以致有忽高忽低的毛病。这些细微的地方我当场没法儿记录,也就无从详细讨论了。至于每个角色的台词跟动作表情的结合,以及节奏、韵律、口气、语调等等,那非得把全剧录音反复研究,再多看几次表演,才能得到结果;在短期内我还提不出什么具体的意见来。

（原刊《戏剧报》1954 年第 4 期）

昆曲还有前途吗?

昆曲虽然是江南的地方戏曲,在北京也有它悠久的历史。恭维它的说是:"阳春白雪,古色古香。"不满意它的说:"内容是满纸的无病呻吟,腔调是满嘴的鸡鸭鱼肉!"现在站在人民大众的立场来看,昆曲究竟还有没有前途呢?

要解答这个问题,咱们应该先分析它所以从兴到衰的原因和背景。

中国的戏剧从金元以后才有长足的进步,当时分为南北两支:杂剧流行于北方,戏文流行于南方。元中叶以前北戏势力极大,南戏消沉不振。中叶以后,南戏才渐渐露出复兴的曙光来,到了明朝嘉靖年间更加活跃,万历以后作家辈出,降至明末清初可以说是南戏的黄金时代,居然压倒北剧取而代之。这么一转移间,为什么盛衰易势呢?这和"昆腔"的勃兴实在有很大关系。

在明朝南戏盛行的时候,因为发源的地点不同,各地土腔也各有它的特色。发源于海盐的叫海盐腔,流行于浙江的嘉兴、湖州、温州、台州一带。发源于余姚的叫余姚腔,流行于浙江的绍兴,江苏的常州、镇江、扬州、徐州,安徽的贵池、太平一带。发源于江西的叫弋阳腔,流行于南北两京、湖南、闽、广一带。这三种腔调在当时是很有名的。自从嘉靖年间昆山人魏良辅创立水磨调后,在音乐上得了一大进步,它不单压倒北曲,并且让其他三种腔调也相形见绌。因为良辅是昆山人，所以俗称做"昆腔"。昆腔改革最大的一点，还在音乐方面。因为别的腔只有板拍和锣鼓，它却加上了洞箫、月琴、笛、管、笙、琵琶、鼓，管弦俱备。因为伴奏音乐的复杂，格外使它凄婉动听，于是昆腔的势力遂一天比一天地扩张起来了。在嘉靖年间，它还只流行于苏州一带，后来渐渐蔓延到太仓、松江、常州和浙江的杭、嘉、湖等处，到了明末清初，甚至连北京也流行了。昆腔在北京扎下根儿以后，不单留在北京的南方人很欣赏它，连清朝的宫廷王府也时常演奏它。到乾隆朝，昆曲的盛行遂达极点。当时称昆腔为"雅部"，别种腔为"花部"。乾隆三十九年（1774）刊行《缀白裘》12 集网罗昆曲散段。四十二年（1777）巡盐御史伊龄阿奉敕设局扬州修改戏曲，编纂《曲海》，黄文旸、凌廷堪都参与，这件事经四年才完工。五十七年（1792）苏州叶堂撰《纳书楹曲谱》22 卷，这是昆曲谱里最正统的一种。这时昆腔真是"如日中天"一样。

　　乾隆末叶，昆曲盛极而衰，于是"花部"的西秦、南弋、皮黄等腔遂代"雅部"的昆腔而兴起。那时在北京只有保和一部死守住昆山孤城，后来有庆宁、迎福、金玉、彩华四部也想挽回它的颓势。这四部的艺人都是苏州人，势力虽赶不上徽班，却也赖他们保存一些"雅部"遗音。四大徽班里，只有四喜部支撑昆曲的危局，但比起其他三班来就显然露出不景气的现象。道光末年，太平军起义，南北隔绝，苏州的艺人没法子到北方来，昆曲更加一蹶不振。从此以后，它不单在北京主持不了剧坛，甚至在它发祥地的苏州也成了少数文人墨客的好尚了。到了抗日战争以前职业的昆曲班只剩下一个仙霓社轮流在苏州、上海演奏，可是，观众很不踊跃！在 1916 年左右，从前在清醇王府演奏的荣庆社曾在北京重登剧坛。这一班艺人以河北高阳籍居多，当时经吴瞿安、赵逸叟等昆曲名宿的提倡，也曾引起一般知识分子的爱好。可是它究竟不能和皮黄竞争，三十年来始终没能在广大群众中起了作用。有许多有名的艺人，像陶显庭、郝振基、侯益隆、王益友等，甚至穷困抑郁而死，这是很可惋惜的。

从昆曲发展的历史来看，我们知道它本来起源于江南的民间文艺，可是，一旦到了"文人墨客"的手里，不单在词藻上一天比一天的古典化，在内容一方面也充分表现个人哀乐、穷通、爱恋、迷信等等幻想，从语言来说，除了丑角口里的"苏白"以外，都是大众听不懂的。5月17日北京市文学艺术工作者代表大会发起人会议开会时，石景山钢铁厂工人作家林世良说："到城里来看戏，这里也演《红娘》，那里也演《红娘》，是不是要把人民都变成那个姓张的，好去跳人家的墙？"他这种话的确是站在工人阶级的立场来批评的。其实这出时髦皮黄戏——《红娘》，就是从昆曲《西厢记》"拷红"一折改编成的。"拷红"里"十二红"一支曲子是十二支名曲的集锦，从纯艺术的观点来讲是很难唱的，并且非是行家也听不出它的好处来。可是要把它的词句翻译成白话，那比皮黄戏的《红娘》还要肉麻到好多倍！徐文长说得最坦白："昆山腔……流丽悠远，出乎三腔之上，听之最足荡人，妓女尤妙此。"（《南词叙录》）那么，它所由兴盛的背景不很显然吗？再说，昆曲所以到清乾隆时最发达，那正由于弘历老儿下了几次江南，被盐商供奉得头昏了，才附庸风雅地提倡起来。但是皇帝和文人的好奇心并不能鼓励起人民大众的兴趣。昆曲在北方不能发达固然由于它的语言艰深，思想隔膜；就是在南方它也远不及《孟姜女》《祝英台》《钗头凤》《三笑》……等地方小调或戏曲，能在广大民众中发生作用。所以昆曲的衰微是有它先天性的缺点！

然而，昆曲在新时代的文艺工作上就没有前途了吗？这种想法也是错误的。

在文艺作品中音乐感人的力量比文学美术来得大，带有地方情调的音乐尤其可以打动当地人民大众的心弦。假如《白毛女》一类的歌剧不用秦腔为主，而用皮黄、川戏、滇戏乃至于用贝多芬或舒曼的交响乐的话，它绝对不会在广大的陕北老乡中发生很好的作用。从全面来看，我们将来新歌剧的音乐绝不能偏重一隅，同时也不能偏废一隅；它一定是广泛地从各地方集中起来，再融合交配，成功一种全国人民大众都能欣赏的产品。昆曲的音乐不单代表没有"一""凡"的五音阶的南曲，同时还保存有"一""凡"的七音阶的北曲。它所保存的一些杂剧散段，像赚布、女弹、卖花、摆阵、孙诈、擒庞、五台、离魂、刀会、训子、北诈、扫秦、北拜、回回、渔樵、逼休、寄信、撇子、认子、胖姑、伏虎、女还、借扇、送京、访普之类，虽然多少有点昆曲化，大体上还保留着元人的矩度。我们现在应该趁着老艺人还健在，许多非职业的昆曲名家还都没离开北京的时机，赶快把昆曲所保存的音乐，分别南北，仔细地记录下来，作为创造人民音乐的一个重要环节。千万别等到它失传了以后追悔不及！

昆曲的"身段"也保留着许多很美妙的舞术，这尤其要赶紧学习采用。唱腔和音乐还有法记录，身段比唱工更难，除去照相、拍电影以外，就得师傅当面亲传。当年有一些昆曲"清工"（就是票友儿）为学好身段，不惜到苏州鸦片烟馆里去跟老伶工研究揣摩。现在人民剧院既然聘请了不少老艺人，同时北京还有许多非职业的昆曲艺术家，那就应该团结起来，赶快对这种舞术设法保存和利用。

昆曲的内容既然是很封建的，要想利用它的音乐和舞术，使它对于人民艺术有所贡献，那就得对于写曲和谱曲都连带下工夫。说到写曲和谱曲那又和语言研究联系起来了。写曲是为唱的，要想不拗折唱曲人的嗓子那就非通音韵不可。同时在写曲时就得顾到谱曲。当年曲学全才吴瞿安先生，一人兼能作曲、打谱、扮演。别的专长幸而还都有所传，只有打谱一项，在他的弟子中是没有传人的。我想假如有老艺人或昆曲艺术家和语言工作者合作，把同宫调、同曲牌的曲子分别归纳若干支，仔细分析音乐和音韵的关系，研究哪一声调的字应谱哪些工尺？在行腔和曲情不同时有没有变化？照这样做一定会找出条理来的。等到音韵和音乐相关的条理找出来，谱曲应该不是什么难事。能够重新写曲、谱曲，昆曲语言和思想才能改成人民大众的，才能适应时代的需要。青年昆曲艺术家顾珠能曲很多，行腔吐字颇守南派规律。现在他很想沟通音韵和音乐的关系对谱曲上有所尽力。我们这种工作很值得文联的鼓励和帮助。

如果照这三个途径发展昆曲对于人民艺术上岂不是还能发挥它相当的作用吗？

（原刊《光明日报》1950 年 5 月 29 日）

"迤逗"辩

看到去年 12 月 18 日《新民报》萌芽栏所载宋云彬先生《谈迤逗》一文后,使我非常兴奋。昆曲到今天已是极度衰微了,虽然唱曲的人还不少,也还有曲社、曲会的存在,但真正讲求音韵的人实属罕见。宋先生希望依照原来的字音唱,不要失真,这是我极端赞同的,也是爱好昆曲者所应该做到的。因此我对于宋先生所提出的"迤逗"读音问题,很感兴趣。可是据我考证的结果,却和宋先生的意见不同。

照古音的系统来讲,凡从也声、厄声、它声的古韵同在歌部,所以古书往往互相通转,隋唐以后才有一部变入支韵。"迆逗""迤逗",实在就是一个词。"迆""迤"同属喻纽四等,古声与定纽相同。《集韵》拘泥古读,把"迆""迤""迱"都又读"唐何切"的"驼",这只是喻纽古读的蜕形。可是"驼"还是阳平,跟阴平的"拖"字并不相同。

再从宫谱来看,叶堂《纳书楹曲谱》,《游园》[仙吕入双调步步娇]"迤逗的彩云偏","迤"谱作四上,《寻梦》[仙吕入双调嘉庆子]"敢迤逗这香闺去沁园","迤"谱作工六,都是上升调的阳平,流行本也相同。自叶堂以下也只有王君久先生因为念作阴平的"拖",才把《集成曲谱》内的"迤"字谱成阴平,这是不足为法的。

元曲中马致远《破幽梦孤雁汉宫秋》第二折[南吕·一枝花]套中"乌夜啼"三煞"争忍教第一夜梦迤逗",臧晋叔《音释》注"迤音移",又乔梦符《李太白匹配金钱记》第三折[中吕·粉蝶儿]套中之"粉蝶儿":

"心绪悠悠,不明白这场迤逗",臧晋叔《音释》的注音也相同。至于石君宝《鲁大夫秋胡戏妻》第二折[正宫·端正好]套中煞尾之夹白"他道谁迤逗俺浑家来"和金董解元《西厢记诸宫调》"早晚时分迤逗得莺莺去"均无音注,也无从断定读"移"读"拖"。除了王德信《崔莺莺待月西厢记》第一本第二折[中吕·粉蝶儿]套中之"醉春风""迤逗得肠荒,断送得眼乱"句里的"迤逗"徐士范《字音》读作"拖透",此外没有人念成阴平"拖"音的。可见《集成曲谱》特别注明的"迤,《元曲音注》皆叶拖,阴平声",未免过于全称肯定了。(此段关于元曲各例,承吴晓铃先生提示,特此声谢!)

　　从历代韵书收字的异同来看,我们也很可窥见"迤"字读音的发展情况。《广韵》上平支韵"迆,弋支切,透迆,又移尔切","蛇,弋支切,螺蛇";下平歌韵"迱,徒河切;透迱,行皃"。两韵都没收"迤"字。《集韵》上平支韵"迤,余支切,委迤,委曲自得皃,或作迆、迤",下平戈韵"迱,迤,唐何切,透迱,行皃,或作迤"。这时的"迤"字才有了"移""驼"两读。到了元朝周德清的《中原音韵》(1324)把"迤"字收在齐微部的上声,而歌戈部的阳平却只有"迱"无"迤"。清朝沈乘麐的《韵学骊珠》(1792)更直截了当地把"迤"字收在齐微部的阳平,而注明"本上声";歌罗部的阳平索性连"迱"字都没收。《韵学骊珠》是南曲所根据的韵书,时代又跟《纳书楹曲谱》(1792)恰恰相同,足征"迤"字应读齐微部阳平是毫无疑问的。

　　昆曲现在已经到了"阳春白雪"的境界了。从内容方面说,非得经过一番改造,绝难适应现阶段的需要,配合新文艺政策;可是从音乐和技术来讲,它本身仍然有存在的价值。宋先生能够注意到一个字的读音,足征是昆曲的忠实爱好者,所以我愿意贡献一得之愚,以就正于宋先生,并希望当代昆曲专家和音韵学者的指教!听说梅兰芳先生对于"迤"字的读音已然经过三变:最初读"移",继而改读

"拖",后来又恢复了"移"音。经过现在这一番辩论,不知梅先生有何最后决定?

1951 年元旦试笔

相声的来源和今后努力的方向

　　相声是现代流行的一种民间文艺,不过它的起源很早。汉朝司马迁所作的《史记·滑稽列传》里已经举出了东方朔、淳于髡、优孟、优施、优旃几位幽默大家,他们都能用滑稽的语言来讽刺时事。由这儿一脉相传,后来就演变成参军戏的"参军",再变成院本的"副净"。唐明皇时候,黄幡绰、张野狐、李仙鹤等都会弄参军。参军戏的演法是一个戴着幞头,穿着绿衣服,叫做"参军";另外一个梳着鬅鬙(俗作抓角),穿着破衣服,像个僮仆的,叫做"苍鹘"(明于慎行《谷城山房笔尘》)。参军后来叫做"副净",苍鹘后来叫做"副末"。鹘能击禽鸟,末可以打副净(元陶宗仪《辍耕录》)。这种表演法就是对口相声里一个逗哏的,一个捧哏的。现在普通相声虽然不化装,可是像"影迷离婚记"一类的段子还是穿着怪行头扮演的。还有一点可以注意的,就是副末打副净的动作。现在表演相声的时候,捧哏的也常常拿扇子打逗哏的。问起相声艺人,都说是师傅传下来的,只知其当然而不知其所以然。其实这就是"副末打副净"的老办法。说到内容一方面,参军戏的对话法也很像现在的相声。让咱们举个例子看一看:

　　唐朝咸通年间(860—873)有个著名的艺人叫李可及,有一天在皇帝面前表演,可及穿着宽袍大袖的老夫子衣服,绷着脸儿坐在台上,自称是儒、释、道三教的通人。给他捧哏的问他:"您既然博通三教,请问释迦如来是什么人?"可及说:"是个娘儿们。"捧哏的大吃一惊说:"为什么呢?"可及答道:"《金刚经》上说'敷座而坐',如果不是娘儿们,为什么'夫'坐然后'儿'坐。"("敷""夫"音近,"而""儿"音近,古时妇人自称作"儿家",所以李可及利用它们作双关语。)捧哏的又问:"太上老君是什么人?"可及说:"也是娘儿们。"听众越发地不懂了。可及解释道:"《道德经》上说:'吾所以有大患者,为吾有身,及吾无身,吾有何患?'倘若不是娘儿们,为什么怕有娠呢?"(这是利用"身""娠"同音的双关语。)捧哏的又问:"孔圣人是什么人?"可及说:"还是娘儿们。"捧哏的问:"你怎么知道呢?"可及答道:"《论语》上说:'沽之哉,沽之哉,我待贾者也。'倘若不是娘儿们为什么要待嫁呢?"(这是利用"贾""嫁"同音的双关语。)皇帝听了这段笑话非常喜欢,当时赏了可及很多的东西,第二天并且封他做个环卫的员外(据高彦休《唐阙史》改译)。

　　李可及总算是靠着逗哏,得到皇帝老儿喜欢,而且升官发财的。可是,古时候也有多才多艺,滑稽有趣,结果落得一生潦倒,死后拿席头儿一卷的。让咱们举宋朝的张山人做例。

　　张山人名叫张寿,山东兖州人。据已故民间文艺专家戴望舒先生考证,他生在宋朝,大约在 1027—1032 年左右,死在 1104—1113 年左右,活了大约 80 岁上下。大概在宋朝嘉祐元年(1056)就来到汴梁,靠着在瓦舍"说诨话"(就等于现在的说相声)为生,会做十七字诗讥讽当时的人,好多人都怕他那一张嘴。从熙宁(1068)到崇宁(1103)年间,他仗着诙谐滑稽,当时在汴梁独享大名。到了老年,他厌倦了作艺的生活,想回家乡,走到半路上就死了。路旁有人认得他的,可怜他没儿子,买了一领席就把他埋在野地里,还把他的姓名写了一个木牌子。后来有一个轻薄少年听见这件事就在木牌子上写了一首十七字诗:"此是山人坟,过者尽惆怅,两片芦席包,敕葬!"这样一个享了四十多年盛名的民间艺人,居然落了这么个收殓结果,实在可叹得很！清朝末年的著名相声艺人朱少文自号"穷不怕"，20 年前死去的焦德海在逗哏时老爱说自己是"将糊口"（江湖口），说自己是"混吃等死，早晚喂狗！"这都是笑里含泪的诙谐！比起张山人的身后萧条来，真可为在封建社会被压迫的民间艺人同声一哭！

如今在正确的文艺政策领导之下，所有艺人都翻身了！相声艺人更应当努力学习，提高政治水平，发挥从东方朔、淳于髡传流下来的讽刺精神，在诙谐谈笑中能够符合新民主主义的政策，然后才对得起人民大众！

说到讽刺或批评，相声的确是很有力量的武器。从前在封建时代，人民受帝王和官僚的压迫都敢怒而不敢言，只有艺人们才能借着幽默诙谐的语言，发挥讽刺批评的作用。咱们再举两条这样的例子：

宋高宗的时候，因为厨子煮的馄饨没熟，把他下在大理寺问罪。有两个艺人扮作两个念书人的样子，互相问生年。一个说是"甲子生"，一个说是"丙子生"。在高宗旁边的另一个艺人说："这两个人都该送大理寺问罪！"高宗问："为什么呢？"他说："筷子饼子都生（甲和筷、丙和饼都同音），跟馄饨不熟的罪过一样！"高宗听明白了，不觉大笑，于是就把原来煮馄饨的那个厨子放了（据明刘绩《霏雪录》改译）。

又宋朝有个徐知训在宣州做官，横征暴敛，刮尽地皮，老百姓苦不可言。有一天进京见皇帝，皇帝让他吃饭看戏。戏台上一个艺人扮作穿绿衣的大花脸。旁边一个人问他是什么人。他回答说："我是宣州的土地神，因为我们的官儿进京，连地皮都挖来了，所以我也跟着到了这里。"（据宋郑文宝《江南余载》改译）

严格说起来，这两个故事都不完全是相声，可是在封建时代的讽刺精神是一致的。王国维的《优语录》里搜集这类故事很多，喜欢进一步研究的可以参考，这里不再多引。不过，现代的相声艺人得要知道：从前在封建时代讽刺的对象是压迫人民的统治者，现在批评的对象是帝国主义者、封建主义者和官僚资本家,咱们必须认清楚敌人或朋友才不至于出偏差。对于咱们的朋友犯点儿小错误,应当含而不露地讽劝,希望说服他们觉悟悔改;对于咱们的共同的敌人,那简直用不着讽刺,只有毫不客气的呵责。希望以后编新段子的时候,得多生产这类富于斗争性的玩艺儿。

侯宝林、孙玉奎两位先生跟我说他们要出版一本新相声集子,让我写点儿东西。我对于相声既不能说,又不能编,只是喜欢听。可是他俩既然有这番意思,我只好从历史上写点儿东西凑个趣儿。说到相声的源流,戴望舒先生的遗著《张山人考》和吴晓铃先生的《说三十六髻》《说丁仙现》,都是很有价值的文章。王国维的《优语录》、张笑侠《相声集》、杨荫深《中国俗文学史》第十七章、董每戡《说剧》中的"说'丑''相声'",也供给咱们很多好材料。根据他们所搜集的,再从老艺人刘德智、高德明、汤金澄、于俊波等人的嘴里多记录一点儿阿彦涛(阿老二)、沈长福、穷不怕、万人迷、张麻子、焦德海的轶闻旧事,再拿上海的王无能、秦哈哈等作比较,很可以编成一部相声发展史。我很希望留心民间文艺的同志们趁着老艺人还有些健在的时候,赶快完成这个工作,千万别错过了时机!

（原刊《人民日报》1950 年 12 月 10 日,又收入《北京相声改进小组特刊》,北京相声改进小组编印,1951 年,北京,略有删节）

盲艺人的过去与将来

——在北京市文艺处主办盲艺人讲习班的讲话

一

因为先天的和后天的种种原因以至于双目失明,这是人生顶悲惨的遭遇! 不过,因为这种不幸的缺陷,反倒使别种天才特别发展,这也可以算是一种补偿。平常我们常听见说,一个人聪明不聪明,所谓"聪"是指着耳朵灵敏,"明"是指着眼睛伶俐,从生理学上来讲,一般眼睛失明的人,智慧偏向听官发展,耳朵就特别的聪敏。因此从古时候到现在,双目失明的人出了不少的音乐家或歌曲家。

二

中国古代盲艺人是有相当地位的。咱们现在管双目失明的人叫"先生",这个称呼由来已久,从周朝的时候就管掌音乐的官叫做"师",用现代的话来翻译就等于"先生"。这种瞽目先生的地位跟太史平行。历史上所记载的师延、师涓、师旷、师襄、师慧、师经,照他们的职业说应该都是盲乐师。

这些个音乐家的流品是很不齐的。比方说,师延只会迎合封建皇帝的心理,作一些淫靡的音乐;师涓也只能把所听见的声音记录下来而不能辨别好坏。师旷的音乐天才是比较突出的,他能从音乐断定战争的胜败、时势的盛衰,还懂得音乐和教育的关系。师襄会打磬也会鼓琴,他还做过孔子学琴的老师。在这些人里最有骨气的要算师慧和师经两个人,我们现在特别把这两个人提出来说一说。

师慧是春秋时候郑国的乐师。郑国因为宋国容留他们三个逃犯就拿师慧和别的东西送给宋国作贿赂,想把逃犯换回来。宋国的子罕果然就照办了。师慧到了宋国,走到大街上就要小便。拉着他的人说:"这是大街!"师慧说:"没有人,怕甚么?"拉着他的人说:"大街上为甚么没人呢?"师慧说:"假若还有人,为甚么我们郑国宰相子产的杀父仇人逃到宋国,你们不因为子产的关系把这些逃犯送回郑国,必得等着把我这样懂得淫乐的瞽者送来,你们才把逃犯放回去呢?这岂不是把宰相看得反倒不如盲乐师重要了么?所以一定没有人。"子罕听见这件事,极力请求把他送回郑国(据《左传》襄公十五年所记事改译)。这是一个古代盲艺人不肯把自己供当时封建君主私相授受的好例子。

师经是战国时候魏文侯时代的乐师,善于鼓琴。一天文侯听他鼓完琴,手舞足蹈地说:"我希望老百姓不违背我的话。"师经听完文侯的话,一声不响地拿起琴来就向文侯撞,可是没撞着,只把文侯的冕旒撞坏了。文侯说:"做臣子的胆敢撞他的君主,应当立刻下油锅!"师经说:"您让我说一句话再死,成不成?从前尧舜惟恐怕他说了话人民都盲从,不知道违犯;可是桀纣惟恐人民违犯他的话。所以我现在不是撞您,是撞桀纣呢!"文侯听见他的话,自己承认了错误,不单把师经放了,而且还把琴挂在城门,又不修补冕旒,为的是时时警惕他自己(据刘向《说苑·君道篇》改译)。这又是一个古代盲艺人用行动谏诤封建君主尊重民意的好例子。

此外《太平广记》(卷二一六)记载,后魏时吴中有一个盲人听见人的声音，就能觉察出人品贵贱；周密《齐东野语》所记的盲人耿听声，拿鼻子闻东西就可以辨别吉凶贵贱。这虽然说明视觉有缺陷的时候，听觉或嗅觉就可以特别发达，不过所记的事情太玄虚，不足使我们相信的。

三

　　宋朝以后，盲艺人在说书和弹词方面渐渐地发展起来。爱国诗人陆放翁有一首《小舟游近村诗》：

　　　　斜阳古柳赵家庄，负鼓盲翁正作场。

　　　　身后是非谁管得，满村听唱蔡中郎。

从这首诗我们可以知道，那时的盲艺人可以讲说蔡中郎和赵五娘的故事，并且还不是空口说，至少有鼓可打。当时能说书的除了男的盲艺人以外还有失明的女艺人。明蒋一葵《尧山堂外纪》说："杭州瞽女唱古今小说评话，谓之'陶真'。""陶真"也写作"淘真"，现在不知当什么讲。明朝郎瑛《七修类稿》小说条说："闾阎淘真之本之起曰：'太祖太宗真宗帝，四祖仁宗有道君。'国初瞿存斋过汴之诗，有'陌头盲女无愁恨，能拨琵琶说赵家'，皆指宋也。"清人翟灏《通俗编》俳优条，也推定陶真起于宋代。田汝成《西湖游览志余》也说："杭州男女瞽者，多学琵琶唱古今小说评话，以觅衣食，此曰陶真，大抵说宋时事，盖汴宋之遗俗也。"从这些零星的记载，咱们可以知道当时盲艺人所说的书是有韵律的七字句，并且还有音乐伴奏的。

　　这种风气一直传到明清。清初有钱的人家都喜欢养着一班失明的人，教他们弹唱。到了清末还有这类的事情。瞽目先生唱书在南方也很盛行。李斗《扬州画舫录》（卷十一）说："评话盛于江南……如人参客王建明瞽后工弦词，成名师，顾翰章次之。紫痢痢弦词，蒋心畲为之作古乐府,皆其选也。"至于盲女唱书,苏州一向很多,沈朝初《忆江南》词云:"苏州好,盲女拨琵琶,纵少秋波横翠黛,也多春色照红霞,一样鬓堆鸦。"这种没有同情心的轻薄口吻充分表现旧式文人的阶级性!广东盲妹所唱的《摸鱼歌》,尤为盛行一时。这些盲妹有的是生来失明的,有的是被养母揉瞎了的。因为广东有钱的人往往愿意出很多的钱买盲妹做小老婆,因此才做成这种惨无人道的罪行。我觉得古时的师旷,为学算命和音乐,自己把眼睛熏瞎了(事见晋王嘉《拾遗记》),还可以说是他糊涂的自愿;秦始皇用马粪把善于击筑的高渐离熏瞎了,正可以表现封建皇帝的残忍万分(事见《史记·刺客列传》)。要是为了多卖钱把好好女孩子的眼睛揉瞎了,那真是旧社会里不可饶恕的罪恶行为,在人民的新中国绝对不容许这类事情再发生的!

清朝还有一个盲目的女艺人叫焦存儿,19岁时流落在北京讨饭,后来配了一个瞽目先生学唱"挂真儿"。夫妇沿街唱曲讨饭。她丈夫死后,不肯再嫁,一直唱曲讨饭到死为止(见昆山柴桑《京师偶记》)。这是一个不得志的盲目女艺人的下场,同时也可以表现劳苦人民的真挚爱情!

清朝末年也有一个由算卦变成用弦子弹戏的红艺人,发财以后,受到旧社会里种种罪恶的吸引,忘掉自己的阶级和艺术,以至于折寿死了的,那就是王玉峰。他从小儿学算命,可是成天流浪街头不得一饱,后来发愤用弦子摹仿各种声音,白天逛街听到各种声音,晚上就坐在一块破砖头上练习。他能用弦子弹出名伶的腔调,也能仿效各地方的俗曲和军乐等等,当时在北京大红特红,后来上海把他请去,又大发其财,没想到,名利双收以后,被一些妓女包围着,回到北京没多久就死了(见夏仁虎《啸盦文稿》卷二)。他不知爱惜自己,爱惜艺术,下场悲惨,和前面所提到的焦存儿竟然没有差别。我们应该记住这个教训,决不要走上他的覆辙;可是更要认识清楚旧社会是怎样的把人变成了鬼,把有天才的人引向堕落!

四

从上面所讲的来看,古代的盲艺人虽然有相当的地位,究竟还是给统治阶级服务的。统治者高兴的时候可以叫盲乐师演奏供自己享乐,不高兴的时候就可以把他们当做物品一样地私相授受。从宋朝以后,盲艺人慢慢儿地在农村、在民间发展起来。可是,究竟受社会经济条件的限制,有一部分还不得不叫有钱人养活着,供他们指使玩弄。不幸的沿街讨饭,穷苦终身;得意的又忘其所以,结果可怜! 这都是旧社会给盲艺人所造成的悲惨境遇!

现在人民的新中国一切都变样儿了。从前一向被人欺负、没人搭理的盲艺人也有学习改造的机会了,也能扔掉伺候有钱人的旧曲艺,改学新曲艺为人民歌唱了。这真是几千年来破天荒的事! 在今天的新中国,不单有眼睛的看见了太阳的光芒,没眼睛的也会从所感受的温暖想像出太阳的辉煌和伟大! 从多少年黑暗中翻了身的盲艺人实际上已经跟睁开眼睛一样了。吃水不要忘记淘井的,咱们应该时时刻刻地想着:这是谁给咱们造成的?

翻了身的盲艺人已经不是给有钱人服务的,而是给人民服务的了。你们应该继续不断地努力学习,并且把所学习的歌唱给广大的人民。大家必须从"御用艺人"或"帮闲艺人"变成"人民艺人",那才算是真正翻了身! 只要你们能够全心全意地为人民,跟人民站在一边,大家齐心努力地打倒封建残余、反动匪特和美帝国主义,人民自然不会辜负你们的。在未来的世界不要再愁无人养活我们了。只要我们能够向人民贡献我们的劳力,发展我们的长处,我们所需要的那点儿茶米油盐、粗布衣裳,是用不着发愁的。可是今日的社会不会再鼓励像王玉峰那样的人物了。

　　诸位总听说过《钢铁是怎样炼成的》里的保尔·柯察金的故事吧。保尔在眼睛失明之后,并不灰心,他还是坚持着学习,坚持着工作,坚持着做出一些对人民、对革命有好处的事。保尔是伟大的,他的许多方面咱们都不易赶上,但他那种精神咱们是可以学习的。希望诸位学习保尔不怕困难、克服困难的坚毅的精神,掌握住曲艺的武器,深入群众,宣传爱国主义,宣传抗美援朝保家卫国的意义,好好地为人民服务,完成咱们的伟大光荣的任务!

　　(原刊《北京文艺》第 2 卷第 2 期,1951 年 4 月 15 日,略有增删)

关于《吴王寿梦之戈》音理上的一点补充

《光明日报》编者按：郭沫若先生《吴王寿梦之戈》在本刊上期发表后，罗常培先生曾致函郭先生对音理上有些补充意见。现承郭先生将原函交由本刊发表，题目是编者加的。

沫若先生：

6月7日你在《光明日报》所发表的《吴王寿梦之戈》一文，我对于你的断定不单完全同意，而且从音理上找到一些佐证。为省略多说话，只把近人对于周秦古音的拟读标注出来，就自然一目了然了：

寿*dʲôg　梦*mi̯ᴇ̯uaŋ　祝*tʲôk　梦*mi̯ᴇ̯uaŋ

乘*dʲəŋ　乘*di̯əŋ　诸*tʲo　孰*dʲək

姑*ko　是*di̯eg　野*di̯ò

照音标看来，如"寿梦"之与"祝梦"、"乘诸"之与"是野"，所异的只是首尾清浊音的互换，或口鼻音的互换，其余是很相近的。至于先生说"乘"是"乘诸"的讹夺，我却有些不同的意见。"寿梦"是"乘"的反切语，正犹"勃鞮"为"披"，此点顾炎武早已指出。"乘"下的"诸"字或系吴人在名字下所加附着词，可资参证的还有"专诸"或"专设诸"。"是野"当是"乘诸"的转语。"孰姑"的下一字于音较远，也许是受上字尾

音-k 的影响而同化的,也许是所据方音微异,一时还不敢断定。读大文后偶有所见,拉杂抒臆,即希

指正,顺致

敬礼!

罗常培

1950 年 6 月 10 日

（原载《光明日报》1950 年 6 月 21 日）

附录

语文琐谈拟目

一、语文工作者怎样为国家在过渡时期的总路线服务(约四千字)

二、语言学的对象和任务(《中国语文》1952 年第 2 期,约四千字)

三、中国语言学(《科学通报》1953 年第 4 期,约七千字)

四、中国语言学的新方向(《新建设》1 卷 12 期,约四千五百字,用杜子劲集本抄)

五、语文研究应联系实际照顾全面(约二千六百字)

六、语文工作者应加紧学习先进的苏联语言学(约三千字)

七、1950 年苏联语言学界的辩论(《中国语文》1952 年 7 月创刊号,约五千字)

八、斯大林论语言学跟中国语言研究的联系(约一千字)

九、从斯大林的语言学说谈中国语言学上的几个问题(《科学通报》3 卷 7 期,约七千字)

十、一年来语言学的普及倾向(《进步日报》,约二千字)

十一、怎样学习大众的语言(《语文学习》1952 年第 9 期,约三千字)

十二、语言研究和文艺创作(《新建设》2 卷 9 期,约一千五百字)

十三、为语言在文艺上的精切运用而奋斗(《新民报》,约一千字)

十四、台词和语音学的关系(《戏剧报》1954 年第 4 期,约七千字)

十五、京剧中的几个音韵问题(《东方杂志》1936 年 33 卷 1 期,约六千字)

十六、昆曲还有前途吗?(《光明日报》,约三千字)

十七、相声的来源和今后努力的方向(《人民日报》人民文艺,约二千字)

十八、盲艺人的过去与将来(《北京文艺》第 2 卷第 2 期,约一千五百字)

共约六万五千字。

六篇请中国语文社同志剪或抄送我自校,其余均有剪贴或抄件。

汉语方言研究

汉语方音研究小史

一、音韵学研究的两个方面

明朝的陈第说："时有古今,地有南北,字有更革,音有转移,亦势所必至。"又说："一郡之内,声有不同,系乎地者也;百年之中,语有递变,系乎时者也。"可见人类的语音因为时间或空间的不同都是会发生变迁的。因此关于音韵学的研究也有两方面:一方面是研究声音之纵的、历史的、时间的变迁——这便是音韵沿革,一方面是研究声音之横的、地理的、空间的变迁——这便是方音研究。关于纵的方面,自从明朝焦竑、陈第等推阐古今音异之说,直到清朝的顾炎武、江永、戴震、段玉裁、孔广森、王念孙以及近人章炳麟、黄侃等相继根据《诗经》押韵跟《说文》谐声来分别部居,创通音转,他们对于周秦古音的贡献已经够作我们进一步研究的凭借了。况且自从几种关于《切韵》《唐韵》的写本发现以后,对于隋唐韵书的真相也比从前明了了许多。如果近人关于历代韵文的实际押韵状况、《切韵》以前的反切系统及《中原音韵》以后的韵书流别,都能分头次第整理出来,那么,关于全部汉语音韵沿革的完成,或者也就为期不远了。至于谈到横的方面,那可还差得多呢。

二、明清人对于方音研究的贡献

自然,关于汉语方言的研究,扬雄的《輶轩使者绝代语释别国方言》实在是一部很古的好书,然而《方言》所供给的,是关于词汇的零碎材料,而关于语音的材料及关于语法、句法构造的,差不多没有。后来沿袭扬雄这种体例来续补一些近似比较词汇式的东西,固然大有人在,可是能够注意到方音系统的,除去《颜氏家训·音辞篇》所举的那些南北音的异同以外,实在寥寥可数。明清以来,渐渐有几个人供给我们一些点点滴滴的方言材料,虽然从现在的观点跟方法上来看,还不能满足我们的需要,可是,披沙拣金,已然算是很可珍贵的了。其中能够分辨当代方音的有明张位《问奇集》所记的各地乡音:

> 大约江以北入声多作平声,常有音无字,不能具载;江南多患齿音不清;然此亦官话中乡音耳。若其各处土语,更未易通也。

燕赵

> 北为卑　绿为虑　六为溜　色为筛　饭为放　粥为周
> 霍为火　银为音　谷为孤

秦晋

> 红为魂　国为归　数为树　百为撒　东为敦　中为肫

梁宋

> 都为兜　席为西　墨为昧　识为时　于为俞　肱为公

齐鲁

> 北为彼　国为诡　或为回　狄为低　麦为卖　不为补

西蜀

> 怒为路　弩为鲁　主为诅　术为树　出为处　入为茹

吴越

打为党　　解为嫁　　上为让　　辰为人　　妇为务　　黄为王

范为万　　县为厌　　猪为知

三楚

之为知　　解为改　　永为允　　汝为尔　　介为盖　　山为三

士为四　　产为伞　　岁为细　　祖为走　　睹为斗　　信为心

闽粤

府为虎　　州为啾　　方为荒　　胜为性　　常为墙　　成为情

法为滑　　知为兹　　是为细　　川为筌　　书为须　　扇为线

(《问奇集》第 81～82 页)

清潘耒《类音》的南北音论:

五方之民,风土不同,气禀各异,其发于声也,不能无偏,偏则于本然之音必有所不尽。彼能尽与不能尽者遇,常相非笑,而无所取裁,则音学不明之故也。《淮南子》云:轻土多利,重土多迟,清水音小,浊水音大。陆法言谓:吴楚时伤轻浅,燕赵时伤重浊;秦陇去声为入,梁益平声似去。此方隅所囿无可如何者也。乃北人诋南为缺舌之音,南人诋北为荒伧之调;北人哂南人知之不分,王黄不别,南人笑北人屋乌同音,遇喻同读:是则然矣,亦知其各有所短各有所长乎? 南人非特缺照母开口一呼,混喻匣二母已也,凡审、禅、穿、床之开口合口二呼皆不能读。又以歌、戈混于敷、模,庚、青、蒸混于真、文,凡五韵之字无一字正读者。北人非特无入声缺疑母已也,竟以入声之字散入平、上、去三声,反谓平声有二,以稍重者为上平声,稍轻者为下平声,欲以配上去为四声,是四声芟其一添其一矣,疑母同喻,微母亦同喻,至群、定、床、从、並五母之上去二声,竟与见、端、照、精、帮五母相乱,非唯本母不能再分阴阳,并上去入三声而皆失之:此其所短也。若夫合口之字北人读之最真,撮口之字南人读之最朗,清母之阴阳北人天然自分,浊母之阴阳南人矢口能辨:此其所长也。倘能平心静气两相质正,舍己之短,从人之长,取人之长,益己之短,则讹者可正,缺者可完,而本有之音毕出矣。余自少留心音学,长游京师,寓卫尔锡先生所,适同此好,锐意讲求。先生晋人也,余吴人也,各执一见,初甚抵牾,发疑致难,日常数返,渐相许可,渐相融通,久而冰释理解,不特两人所素谙者交质互易,而昔人所未发者亦钩深探赜而得之。于是五十母、四呼、二十四类之说定,而图谱成焉。犹未敢自足,年来遍游名山,燕、齐、晋、豫、湖、湘、岭、海之间无不到,贤豪长者无不交,察其方音,辨其呼母,未有出乎二十四类之外者,亦未有能通二十四类之音者。遂将勒成一书,公之天下,欲使天下之人去其偏滞,观其会通,化异即同,归于大中至正而已矣。(《类音》卷一,第8~9页;又《遂初堂文集》卷三,第28~29页)

李汝珍《李氏音鉴》的南北方音论:

或曰:北无入声,此固方音而然。敢问南音亦有方音之异乎? 对曰:岂胜言哉! 即如江、岗之类,亦多未分者也。敢问可得闻乎? 对曰:按江字一音,《广韵》注云:古双切。以北音辨之,古双者音若光,而非江矣,不知者以为误也,而不明此盖南方之音耳。南有数郡,每呼江南曰光南,又或谓之岗南,江岗不分,故有此切,方音而然,非误也。或曰:江以北音切之,何也? 对曰:鸡双切也。敢问南音不分者,惟江、岗二母乎? 对曰:岂胜言哉! 兹以商、桑、长、藏、章、臧六母论之:即如商知切,诗也,双污切,书也;而南音或以诗为桑滋切,书为酸租切:是以诗书为思苏矣。又如:潮营切,城也,长时切,池也;而南音或以城为曹凝切,池为藏时切:是以城池为层慈矣。又张诗切,蜘也,中污切,蛛也;而南音或以蜘为臧丝切,蛛为宗苏切:是以蜘蛛而为资租矣。此商、桑，长、藏，章、臧六母北音辨之细，而南有数郡或合为三矣。敢问南音分而北音不分者有之乎？对曰：是亦多矣。以枪、羌、将、姜、厢、香六母论之：即如妻悠切，秋也，亲烟切，千也；而北音或以秋为欺悠切，千为钦烟切：是以秋千而为邱牵矣。又如箭艺切，祭也，挤有切，酒也；而北音或以祭为见艺切，酒为几有切：是以祭酒而为计九矣。又西妖切，潇也，星秧切，湘也；而北音或以潇为希妖切，湘为兴秧切：是以潇湘而为鸮香矣。此枪、羌、将、姜、厢、香六母南音辨之细，而北有数郡或合为三矣。此则窃就南北而言，至于九州之大，方音之殊，又岂能细为别之。任昉云：六辅殊风，五方异俗，则语音之异，更可知矣。（《李氏音鉴》卷四，第17~18页）

胡垣《古今中外音韵通例》中的方音分类谱略例：

垣孤陋寡闻，未尝远涉，于近则桑梓乡音，数十里内已得其所由分；远则闽粤数千里外，亦得其所由合。有异乡子弟就学，第任其自然之方音，不强以舍彼就我，而我自能知彼之误与不误，盖验之于音呼声韵，乃有以此例而会通也。即如金陵读甘韵官韵开口合口二呼，皆如扬州之读岗韵，口甚张也。至下关则官韵合口呼渐觉笼口，浦口隔江与下关同音，而东行二里则为六合乡，读冠韵愈笼口矣。盖金陵读“官、宽、欢、剜”如“光、筐、荒、汪”；六合读之，则与“公、空、烘、翁”相近，全属笼口；浦口下关介乎张笼之间，则甘、官两韵相接之音，所谓浊韵也。浦口城东自称“阿侬”，与金陵同音，至浦口西门则自称曰“丸”，又西至江浦县城，则自称曰“卬”；盖“翁”字笼口，“卬”字张口，“卬”“翁”之间，则如“丸”字也。金陵读基韵齐齿呼与孤韵撮口呼如“基、李、西、衣”“居、吕、须、迁”，至明晰也。下关则“西、衣”或读如“须、迁”，至浦口东二里六合乡，则“居、吕、须、迁”皆读为“基、李、西、衣"。以是谱衡之，则金陵较浦口缺一官韵笼口之音，六合乡较浦口缺一基韵撮口呼之音，数十里内按谱可辨也。至远如闽省言语难通，然尝就邑侯卢刺史馆，朝夕闻闽音。以谱衡之，则"根、冈"皆读于公韵，公韵多读为根之开撮，"甘、官"多读为冈韵，坚齐齿多读为根齐齿，根牙音又读为甘韵，读基韵为该韵，支韵为劫韵，歌钩为高韵，孤高为钩高韵：如"论"为"龙"，"门"为"蒙"，"讲"为"拱"，"汤"为"通"，"东"为"登"，"庸"为"荧"，"先"为"新"，"面"为"命"，"生"为"山"，"信"为"散"，"心"为"三"，"利"为"赖"，"西"为"腮"，"皮"为"陪"，"四"为"谢"，"纸"为"者"，"兜"为"倒"，"头"为"陶"，"鹅"为"敖"，"坐"为"造"，"露"为"漏"，"烛"为"昼"，"布"为"播"，"壶"为"何"，皆可以韵例推也。其不换韵者，每异呼：如"交"为"高"，"征"为"金"，"下"为"哈"，"鸭"为"额"，"眉"为"縻"，又可以呼例推也。其轻唇音悉为喉音第三位：如"分、风、方"为"训、烘、荒"。其齿音分属腭牙："知、彻、朝"为"低、铁、刁"，"照、之、窗、神"为"醮、赍、匆、星"。其腭尾音悉归第三位："肉"为"律"，"砚"为"念"，"日"为"立"，"耳"为"你"，"二、乳、人"皆为"乃"。其音之轻重易位者：如"台"为"代"，"钱"为"尖"，"笑"为"诮"，"左"为"锁"，"纬"为"遂"，"微"为"縻"，"换"为"望"，"房"为"本"，"饣"为"哮"，"被"为"陪"，"发"为"挖"，"盆"为"盏"，"螃"为"蒙"，"袍"为"保"。其牙音读为喉齐齿者："墙"为"穷"，"脊"为"极"，"酒"为"九"，"姐"为"假"。其平仄异者："雨"为"迁"，"语"为"鱼"，"瓦"为"蛙"，"伯"为"巴"，"炉"为"六"，"帖"为"太"，尤易解也。"食茶"为"撒他"，"茶""他"齿音通腭也；"食烟"为"撒烘"，"烟"为因声，读为"翁"，"翁"属喉第四位，上一位即"烘"也；"食饭"为"撒捧"，"饭"本音"饣"，"饣"属坚韵，近根以转公韵也。由是推之，则用金陵方音可识闽音，更何方音之难识乎？是编总谱携以远游，循例辨音，如泾县、长沙之读高韵，有似扬州之读钩韵，即知"高、考、蒿"皆读"钩、彄、吼"也；安庆、桐城、庐江读"都"为"兜"，即知"都、图、鲁"读为"兜、头、篓"也；镇江读"祖"为"左"，即知"祖、粗、数"读为"左、搓、锁"也；镇江、扬州、徐州北至北直，读高韵皆笼口，有似金陵之读歌韵者，则知"刀、叨、劳、遭、操、骚、包、抛、毛"皆笼口读也；徐州北至北直，读坚官韵皆张口，有似金陵之读"姜、羌、香"者，则知"坚、牵、掀、天、年、尖、千、先、鞭、偏、绵、官、宽、欢、端、团、栾、钻、攒、酸、潘、搬、瞒"皆为舌穿牙之张口也。此类不胜悉数，拟编方言分类谱详之。（《古今中外音韵通例》卷七，第1~2页）

胡氏于此谱以外，还想编《方音互易谱》、《方音补字谱》、《方音变易寻源谱》、《童音谱》及《方言入声谱》等，文繁不具录，可以参阅原书。

此外劳乃宣在《等韵一得》外篇杂论中也说：

诸方之音各异，而以南北为大界。陆法言《切韵》序曰："江东取韵与河北复殊，因论南北是非，古今通塞。"是分南北以论音，自六朝已然。以今时之音论之，大率以江以南为南音，江以北为北音，而南北互有短长。如喻、疑、微母，南分而北不分；舌上母，闭口韵，南有而北无；南有入声，北无入声；上、去、入之清浊，南有别而北无别：此南长于北者也。奉与微，床与禅，从与邪诸母，北分而南混；庚、青、蒸韵与真、文、元韵，北异而南同；南音读麻如歌，读歌如鱼、虞，读灰如佳，而北音不然：此北长于南者也。以南北大界而论，大概如是。而一郡一县，又各有不同。如山东有有微母之处，山西有有入声之处，又有庚、青、蒸与真、文、元不分之处，则北与北又不同。闽、广有舌上母，闭口韵，而江、浙无之；江浙、湖南、江西多能分仄声清浊，而他省不尽然；湖州等处有浊上声，而他郡无之；绍兴庚、青、蒸与真、文、元有别，而他郡不能：则南与南又不同。古人所定母韵，乃参考诸方之音而

为之,故讲求音韵者,必集南北之长,乃能完备;即口吻不能全得
其音,亦当心知其意,乃不为方言所囿也。(《外篇》第 36 页)

这几家当中,张位胪列了八处的方音转变,而没有表示自己的意见,
比较近于客观;胡垣拿江北方音跟别处比较,并且着眼到方音的分
类、变易等项,识见颇有可取;潘耒、劳乃宣所知道的方音固然不少,
然而他们的目的是在"观其会通,化异即同","集南北之长,乃能完
备",仍然脱不了切韵式"最小公倍数"的审音法。至于李汝珍所说,
不过就南北声纽的不同聊举一隅罢了。在我看,能够了解科学的方
音调查法的,清初的刘献廷实在可以算是一个。他说:

> 于途中思得谱土音之法,宇宙音韵之变迁,无不可记。其法
> 即用余新韵谱以诸方土音填之,各郡自为一本,逢人便可印证。
> 以此法授诸门人子弟,随地可谱,不三四年九州之音毕矣。思得
> 之不觉狂喜。(《畿辅丛书》本《广阳杂记》第 44 页)

他的著作虽然没有完成,而他的方法跟态度,直到现在还值得我们折
服的。因为方音变迁是自然的现象,只有异同而没有正伪,所以我们
只应该如实地记载客观的事实,不应该武断地妄下主观的评判,刘献
廷所谓"各郡自为一本,逢人便可印证",实在是研究方音的正当态
度。若像明陆资所谓"天下音韵多谬":

> 书之同文,有天下者力能同之;文之同音,虽圣人在天子之
> 位,势亦有所不能也。今天下音韵之谬者,除闽粤不足较已。如
> 吴语"黄""王"不辨,北人每笑之。殊不知北人音韵不正者尤多。
> 如京师人以"步"为"布",以"谢"为"卸",以"郑"为"正",以"道"
> 为"到",皆谬也。河南人以"河南"为"喝难",以"七弟"为"妻
> 弟";北直隶、山东人以"屋"为"乌",以"陆"为"路",以"阁"为
> "果",无入声韵;入韵内以"缉"为"妻",以"叶"为"夜",以"甲"为
> "贾",无合口字;山西人以"同"为"屯",以"聪"为"村",无东字

韵;江西、湖广、四川人以"情"为"秦",以"性"为"信",无清字韵;
歙、睦、婺三郡人,以"兰"为"郎",以"心"为"星",无寒、侵二字
韵。又如"去"字山西人为"库",山东人为"趣",陕西人为"气",
南京人为"可"去声,湖广人为"处"。此外如山西人以"坐"为
"锉",以"清"为"妻";陕西人以"盐"为"羊",以"咬"为"袅";台、
温人以"张、厂"为"浆、抢"之类:如此者不能细举,非聪明特达常
用心于韵书者,不能自拔于流俗也。(《菽园杂记》卷四)

袁子让所谓"方语呼音之谬":

> 各方乡语各溺其风气,故学《等子》为难。他乡不及详,如吾
> 乡(郴州)之讹有足议者。吾乡读"肉"为"辱"是也,而"欲"亦为
> "辱","玉"亦为"辱";读"于"为"余"是也,而"鱼"亦为"余","如"
> 亦为"余";读"污"为"侉"是也,而"无"亦为"侉","吾"亦为"侉",
> "屋"亦为"侉","物"亦为"侉":盖疑、微、喻、日交相讹也,讹在同
> 音之外者也。"僧"读心母平声是也,而合口之"孙"亦曰"僧",审
> 母之"生"亦曰"僧";"增"为精母平声是也,而合口之"尊"亦曰
> "增",照母之"争""臻"亦曰"增":盖精、照、心、审交相讹也,讹在
> 同音之内者也。由吾乡而推之,如吾楚音或呼"如"为"殊",而呼
> "辰"为"壬",此禅、日互相混也;闽音以"福"为"斛",而以"湖"为
> "符",此奉、晓互相混也;粤音以"人"为"寅",以"银"为"壬",此
> 喻、日互相混也;蜀音以"南"为"兰",以"囊"为"郎",以"能"为
> "伦",盖泥、来互相混也;吾楚黄音以"元"为"嬬",以"颧"为
> "戎",以"涓"为"专",以"君"为"迍",此疑、日、见、照互相混也:
> 此皆讹在同音之外者也。北音呼"辰"为"臣",而呼"殊"为"除",
> 盖误禅于床也;浙音呼"章"为"将",而呼"真"为"津",盖误照于
> 精也;江右音或以"朝"为"刁",以"昼"为"丢"去声,盖误知于端
> 也;吴音"黄"曰"王","行"曰"盈","和"曰"污","玄"曰"员",盖

误匣于喻也；闽音"潮"曰"迢"，"问"曰"闷"，盖误澄于定、误微于明也：此皆讹在同音之内者也。如此之类，殆难更数。然以此母误彼母者，未有不以彼母还误此母者也：此又于各方之误而益见元声之妙也。钟过谓"东方之音在齿舌，南方在唇舌，西方在喁舌，北方在喉舌。便于喉者不利于唇，便于齿者，不利于喁。繇是讹正牵乎僻论，是非乱乎曲说，孰从正之哉？学者即讹索真，可与正音论切矣。（《字学元元》卷八，第4页）

以及他所谓"方语呼声之讹"：

声原不谬，而方语不同互有彼此之讹。为各韵有东、江、支、真之列，而方语于韵外淆之；如同韵有平上去入之别，而方语或于韵内混之。尝即所耳闻者一概：秦晋读"通"如"吞"，读"东"如"敦"，读"龙"如"论"，读"红"如"魂"，盖谬东韵于真、文也；徽东读"堂"如"檀"，读"郎"如"兰"，读"阳"如"延"，读"冈"如"干"，盖谬阳韵于寒韵也；齐鲁读"萌"如"蒙"，读"荣"如"容"，读"琼"如"穷"，读"黉"如"红"，读"肱"如"公"，盖误庚韵于东韵也；闽人读"朱"如"支"，读"车"如"箕"，读"胥"如"西"，盖谬鱼、虞于支、微也；粤人读"谋"如"茅"，读"楼"如"劳"，读"头"如"逃"，读"愁"如"曹"，盖谬尤韵于宵、肴也：此皆韵外之淆也。他如燕东读浊平如清平；秦晋读清平如浊平；吾楚人亦读清平如浊平，而又读去声如清平；荆岳之间读入声如去声，读去又如平声，而读平声复如去声；齐人读入如平，鲁人读入如去；蜀人读入如平，而叙嘉之间读去亦如平：此皆韵内之混也。陆德明（案：此当为法言之讹）论声韵谓："吴楚则伤轻浅，燕赵则伤重浊；秦陇则去声为入，梁益则平声似去。"声之不同，各从其方，自古已然，正声者辨其所以异，即统其所以同矣。（《字学元元》卷八，第5页）

清毛先舒所谓因"土音所囿而讹"：

弋阳抵腭多穿鼻，如"关山"读作"光觥"之类；姑苏穿鼻多抵腭，如"京城"读"巾尘"之类：皆土音所囿而讹者也。（《昭代丛书》本《声韵丛说》第10页）

钱大昕所谓"声相近而讹"：

吴中方言"鬼"如"举"，"归"如"居"，"跪"如"巨"，"纬"如"喻"，"亏"如"去"平声，"逵"如"瞿"，"椅"读于据切，小儿毁齿之"毁"如"许"。

江西方言"雨"如"苇"。

苏州之葑门读"葑"如"富"。

桐城人读"命"如"慢"，"性"如"散"。

秦晋人读"风"如"分"，"东"如"敦"，"蓬"如"彭"。

广东人读"四"如"细"，"七"如"察"，"九"如"苟"。（《十驾斋养新录》卷五，第33页）

都不免拿正伪的意见来衡量异同，那就有点羼入主观的成见了。至于陈澧的《广州音说》跟陆、袁诸氏的意见适得其反。他说：

广州方音合于隋唐韵书切语，为他方所不及者，约有数端。余广州人也，请略言之：平上去入四声，各有一清一浊，他方之音，多不能分上去入之清浊。如平声"邕"（《广韵》於容切），"容"（馀封切），一清一浊，处处能分；上声"拥"（於陇切），"勇"（余陇切），去声"雍"（此雍州之"雍"，於用切），"用"（余颂切），入声"郁"（於六切），"育"（余六切），亦能一清一浊，则多不能分者（福建人能分去入清浊，而上声清浊则似不分）。而广音四声皆分清浊，截然不溷：其善一也。上声之浊音他方多误读为去声，惟广音不误。如"棒"（三讲），"似"、"市"、"恃"（六止），"伫"、"墅"、"拒"（八语），"柱"（九虞），"倍"、"殆"、"怠"（十五海），"旱"（二十三旱），"践"（二十八狝），"抱"（三十二皓），"妇"、"舅"（四十四

有),"敛"(五十琰)等字是也。又如"孝弟"之"弟"去声(十二
霁),"兄弟"之"弟"上声浊音(十二荠),"郑重"之"重"去声(三
用),"轻重"之"重"上声浊音(二肿);他方则"兄弟"之"弟","轻
重"之"重",亦皆去声,无所分别。惟广音不溷:其善二也。(李
登《书文音义便考私编》云:弟子之弟上声,孝弟之弟去声;轻重
之重上声,郑重之重去声。愚积疑有年,遇四方之人亦甚夥矣,
曾有呼弟重等字为上声者乎? 未有也。案,李登盖未遇广州之
人而审其音耳。)侵、覃、谈、盐、添、咸、衔、严、凡九韵皆合唇音
(上去入声仿此),他方多误读与真、谆、臻、文、殷、元、魂、痕、寒、
桓、删、山、先、仙十四韵无别:"侵"读若"亲","覃、谈"读若"坛",
"盐"读若"延","添"读若"天","咸、衔"读若"闲","严"读若"研"
(《御定曲谱》于侵、覃诸韵之字皆加圈于字旁以识之,正以此诸
韵字,人皆误读也)。广音则此诸韵皆合唇与真、谆诸韵不溷:其
善三也。(广音亦有数字误读者,如"凡、范、梵、乏"等字亦不合
唇;然但数字耳,不似他方字字皆误也。)庚、耕、清、青诸韵合口
呼之字,他方多误为东、冬韵,如"觥"读若"公","琼"读若"穷",
"荣、萦、荧"并读若"容","兄"读若"凶","薨"读若"烘";广音则
皆庚、青韵:其善四也。《广韵》每卷后,有"新添类隔,今更音和
切",如"眉,武悲切",改为"目悲切","绵,武延切",改为"名延
切":此因字母有明、微二母之不同,而陆法言《切韵》、孙愐《唐
韵》则不分,故改之耳。然字母出于唐季,而盛行于宋代,不合隋
及唐初之音也,广音则明、微二母不分,"武悲"正切"眉"字,"武
延"正切"绵"字:此直超越乎唐季、宋代之音,而上合乎《切韵》
《唐韵》:其善五也。五者之中,又以四声皆分清浊为最善。盖能
分四声清浊,然后能读古书切语而识其音也。切语古法,上一字
定清浊而不论四声,下一字定四声而不论清浊,若不能分上、去、

入之清浊,则遇切语上一字上、去、入声者,不知其为清音为浊音矣。(如"东,德红切",不知"德"字清音,必疑"德红切"未善矣。自明以来,韵书多改古切语者,以此故也。)广音四声皆分清浊,故读古书切语了然无疑也。余考古韵书切语有年,而知广州方音之善,故特举而论之,非自私其乡也,他方之人,宦游广州者甚多,能为广州语者亦不少,试取古韵书切语核之,则知余言之不谬也。朱子云:"四方声音多讹,却是广中人说得声音尚好。"(《语类》一百三十八)此论自朱子发之,又非余今日之创论也。至广中人声音之所以善者,旧千余年来,中原之人,徙居广中,今之广音,实隋唐时中原之音,故以隋唐韵书切语核之而密合如此也。请以质之海内审音者。(《东塾集》卷一,第27~29页)

他想拿一地方的方音来推证隋唐韵书切语,自然也不免囿于主观的成见,似乎有点儿觉得"广韵者广东人之韵也"的神气;然而他所据的材料跟所用的方法,却比较可靠得多了。所以据我看来,与其援古正今,还不如据今考古好呢。

以上所述,大体都拿当代的活语言做对象,此外也有从传记杂纂中钩稽方音材料的。如顾炎武《日知录·方音》条:

五方之语,虽各不同,然使友天下之士而操一乡之音,亦君子之所不取也。故仲由之喭,夫子病之;鴃舌之人,孟子所斥。而《宋书》谓:"高祖虽累叶江南,楚言未变,雅道风流,无闻焉尔。"又谓:"长沙王道怜,素无才能,言音甚楚,举止施为,多诸鄙拙。"《世说》言:"刘真长见王丞相,既出,人问见王公云何?答曰:未见他异,惟闻作吴语耳。"又言:"王大将军年少时,旧有田舍名,语音亦楚。"又言:"支道林入东,见王子猷兄弟还,人问见诸王如何?答曰:见一群白项乌,但闻唤哑哑声。"《北史》谓:"丹阳王刘昶呵骂僮仆,音杂夷夏,虽在公座,诸王每侮弄之。"夫以创业之君，中兴之相，不免时人之议，而况于士大夫乎？北齐杨愔称裴谳之曰："河东士族，京官不少，惟此家兄弟全无乡音。"其所贱可知矣。至于著书作文尤忌俚俗，《公羊》多齐言，《淮南》多楚语，若《易》《传》《论语》，何尝有一字哉？若乃讲经授学，弥重文言：是以孙详、蒋显曾习《周官》，而音乖楚夏（原注：左思《魏都赋》"盖音有楚夏者，土风之乖也"），则学徒不至（原注：《梁书·儒林传》陆倕云）；李业兴学问深博，而旧音不改，则为梁人所笑（原注：《北史》本传）；邺下人士，音辞鄙陋，风操蚩拙，则颜之推不愿以为儿师（原注：《家训》）：是则惟君子为能通天下之志，盖必自其发言始也。

《金史·金国语解》序曰："今文《尚书》辞多奇涩，盖亦当世之方言也。"

《荀子》每言"案"，《楚辞》每言"羌"，皆方音。刘勰《文心雕龙》云："张华论韵，谓士衡多楚，可谓衔灵均之声余，失黄钟之正响也。"（《日知录集释》卷二十九，第 24 页）

钱大昕《十驾斋养新录》"声相近而讹"条：

李匡乂《资暇集》：今人谓"帽"为"慕"，"保"为"补"（今北人读"堡"为"补"，唐时盖已然），"褒"为"逋"，"暴"为"步"：此由豪韵转入模韵也。黄州呼"醉"为"组"，呼"吟"为"垠"（逆斤切，《明道杂志》）。秦声谓"虫"为"程"（同上）。浙之东，言语"黄、王"不辨（《癸辛杂识》，"黄"匣母，"王"喻母）。（卷五，第 32 页）

又"元时方音"条：

《古今韵会举要》谓："恤"与"肃"同，"怵"与"祝"同，"出"与"烛"同，"黜"与"触"同，"术"与"逐"同，"律"与"六"同，"率"与"缩"同，"弗"与"福"同，"拂"与"愎"同，"佛"与"伏"同，"屈"与"曲"同，"郁"与"彧"同，"欻"与"旭"同，"骨"与"谷"同，"窟"与

"哭"同,"咄"与"笃"同,"突"与"毒"同,"朏"与"朴"同,"字"与"仆"同,"没"与"目"同,"窣"与"速"同,"忽"与"谷"同:皆不合于古音,证之今音,亦多龃龉,殆元时方音也。《辍耕录》云:"今中州之韵,入声似平,又可去声,所以蜀、术等字,皆与鱼、虞相近。(《十驾斋养新录》卷五,第33页)

李汝珍《李氏音鉴》古今方音论:

　　或曰:"江""岗"不分,此固南音而然;然如"岗"字一音,古人或为"居郎切"者,何也? 对曰:此母异粗细,故有是切。历观古人诸书,类如此者,不能枚举。然细推之,殆亦当时方音之异耳。敢问可得闻乎? 对曰:以古音考之:即如读"皮"为"婆",宋役人讴也;读"邱"为"欺",齐婴儿语也;读"户"为"甫",楚民间谣也;读"裘"为"基",鲁朱儒谑也;读"作"为"诅",蜀百姓辞也;读"口"为"苦",汉白渠诵也。又"家"读"姑"也,秦夫人之占;"怀"读"回"也,鲁声伯之梦;"旂"读"斤"也,晋灭虢之征;"瓜"读"孤"也,卫良夫之噪:彼其间巷赞毁之间,梦寐卜筮之顷,何暇屑屑摹拟,若后世吟诗者之限韵耶? 其为当时方音之异可知矣。他如郑康成《礼记注》云:齐人言"殷"声如"衣"。刘熙《释名》云:充冀言"歌"声如"柯"。贾公彦《周礼疏》云:"齐人'犹''摇'声相近。"孔颖达《尚书疏》云:"'其'齐鲁之间声如'姬'。"龚明之《中吴纪闻》云:"吴人谓'来'曰'厘'。"郭忠恕《佩觿》云:"河朔谓'无'曰'毛'。"都卬《三余赘笔》云:"吴人谓'须'为'苏'。"朱子《韩文考异》云:"建州谓'口'曰'苦'。"《嘉莲燕语》云:"吴人以'玉'为'虐'。"《颜氏家训》云:"南人以'钱'为'涎',吴人呼'绀'为'禁'。"苏佑《逌旄璅言》云:"吴人呼'生'为'丧',呼'行'为'杭'。"徐充《暖姝由笔》云:"晋人呼'风'为'分',谓'胸'为'熏',谓'弓'为'裈'。"刘攽《诗话》云:"闽人以'高'为'歌',关中以

‘青’为‘萋’，以‘虫’为‘尘’，以‘中’为‘蒸’。”此指方言大略而言。(《李氏音鉴》卷四，第 19 页)

李邺《切韵考》方言条：

　　《玉篇》载五音声论云：东方喉声，西方舌声，南方齿声，北方唇声，中央牙声。今之吴越“子、纸”“专、毡”不分；南康“匡”“腔”反用；麻城以“荒”为“方”；建昌“劝”“键”为一；江北“都”“兜”不分；齐秦“率”“帅”不分；山西“分”“风”反称；广中“头、桃”“留、楼”“元、完”不分，闽中尤缺。然古已有之：如《灌夫传》“首鼠两端”，《西羌传》《邓训传》皆作“首施两端”，则今之吴语也；康成“钼牙”即“龃龉”，景纯“迋牙”即“错互”，孟坚“规柂”即“规模”，则汉晋时犹有“牙”如“吾”、“无”如“母”之声；《罗敷行》“言可共载不？”“不”与“敷”叶，则“不”归尤韵矣；《紫玉歌》“双”叶“凰、光”，则已江阳合韵矣。方音不可不知，然不可为其所囿。《口知录》方音一条曰：“孙详、蒋显曾习《周官》，而音乖楚夏，则学徒不至(《梁书》)；李业兴学问深博，而旧音不改，则为梁人所笑(《北史》)；邺下人士，音辞鄙陋，风操蚩拙，则颜之推不愿以为儿师(《家训》)；夫言乡音尚所不取，顾可施之切响间乎？”(《切韵考》卷一，第 6~7 页)

诸如此类，散见于各地方志及诸家笔记里的，还有不少，这虽然没有实际调查的直接材料那么可贵，可是对于我们比较参证上也很有用处。至于清人考证周秦古韵，大体是以“雅言”为据的。然而对于古韵不能强合的地方，也不能不认为方音使然。所以顾炎武说：

　　古诗中间有一二与正音不合者：如“兴”，蒸之属也，而《小戎》末章，与“音”为韵，《大明》七章，与“林”“心”为韵；“戎”，东之属也，而《常棣》四章，与“务”为韵，《常武》首章，与“祖”“父”为韵。又如箕子《洪范》以“平”与“偏”为韵；孔子系《易》，于屯、于比、于恒,则以"禽"与"穷、中、容、凶、功"为韵,于蒙、于泰,则以"实"与"顺、巽、愿、乱"为韵:此或出于方音之同,今之读者不得不改其音而合之。(《音论》卷中,第 8 页)

侵韵字与东同用者三见,此章之"阴",《荡》首章之"谌",《云汉》二章之"临";《易》四见:屯、比、恒象传之"禽""深",艮象传之"心":若此者,盖出于方音耳。(《诗本音》卷四,第 15 页下)

江永说:

字固有定音,而方音唇吻稍转,不无微异,古今皆然。(《古韵标准》平声第一部中字下)

大抵古音今音之异,由唇吻有侈弇,声音有转纽,而其所以异者,水土风气为之,习俗渐染为之。(《古韵标准》平声第八部总论)

顾亭林云:孔子传易亦不能改方音……非具特识能为是言乎?(同上,例言)

《文王》以"躬"韵"天",《小戎》以"中"韵"骖",《七月》以"冲"韵"阴",其诗皆西周及秦、豳,岂非关中有此音诗偶假借用之乎?夫子传易于屯,于比,于恒,于艮,以"穷、中、终、容、凶、功"韵"禽、深、心"……岂非鲁地亦有此音假借用之乎?要之此方音偶借,不可为常。……审定正音乃能辨别方音,别出方音便能审定正音。(同上,第一部总论)

张行孚说:

顾、江二家谓古韵兼用方音,钱氏谓古韵兼用双声转音,皆知古韵有必不可强合者,其说固已十得八九矣。然必合顾、江、钱三家之说,知古韵之所以不能强合者皆方音为之,方音之所以不能尽合者皆双声为之,然后古韵之条理可得而言也。(《说文发疑》卷一,第 25 页)

胡垣说：

　　垣尝留心方音，知今世方音不能强同，即古人方音亦必不能画一也。作诗者既非一方之人，用韵者自非一方之音，《节南山》首章"岩、瞻、惔、谈、监"不杂东冬韵者，是诗人之方音合于今韵覃盐咸类也。《国风》中"骖、风、南、音、心"，则诗人之方言读侵、覃、盐、咸笼口，而得与东韵合也。《大雅》"仇方钩援，民人所瞻，考慎其相"，《商颂》"下民有严……不敢怠遑"，亦诗人之方音读盐、咸笼口微张，而得与阳韵合也。《螽斯》"诜、振"，《扬之水》"薪、申"，固诗人方音合于真韵也。《周颂》"禋、成"，《小雅》"冈、薪"，《大雅》"明、君"，《小戎》"群、镎、苑、膺、弓、滕、兴、人、音"，《抑》三章"今、政"，九章"人、言、行、僭、心"，亦诗人方音读真文元与阳庚青蒸侵韵合也。高邮王氏《经义述闻》以"临、崇"为韵，"明、长"为韵，"君、顺"为韵，而不以"君、明"为韵，则亦泥古而未能以今通古矣。今崇明读庚类阳而不类真，湖北读魂、痕类元而不类真，婺源读先类真而不类庚，金陵读覃、删类阳而不类侵，读真、文类庚、蒸、侵而不类元、阳，镇江读覃类删而不类江、阳；数百里内，今昔多异矣，岂古人独能一音哉？（《古今中外音韵通例》卷三，第4~5页）

他们的意见偏重在"别出方音便能审定正音"，可是由现在看，假如材料够我们下判断，必须考证出古代方音来，然后才能窥见周秦古音的真相；所以他们的观点尽管跟我们不同，而启发我们的地方实在不少。

　　就我上面所引的材料来看，可见前人对于方音研究，无论在古代的，或近代的，都算是有了"筚路蓝缕"的贡献，可惜因为工具的缺乏，方法的错误，眼光的短浅，材料的零散，始终没有组成系统的科学；这并不是古今人识见相去之远，不过是时代使然罢了。

除此之外，还有一种从前人认为"不登大雅之堂"而我们现在必得另眼看待的东西——就是流行于民间的方音韵书。这种书流传于各地的很多，然而搜集起来也颇不易。我所知道的，只有：福州的《戚林八音》及《正音通俗表》，漳州的《十五音》，泉州的《汇音妙悟》，汕头的《潮声十五音》，广州的《千字同音》，连阳的《拍掌知音》，云南的《韵略易通》，徐州一带的《十三韵》，徽州的《乡音字汇》，婺源的《新安乡音字义》，合肥的《同声韵学便览》，宣城的《音韵正讹》，湖北武昌的《字音汇集》，江西清江一带的《辨字摘要》，河北一带的《五方元音》，山东一带的《十五音》和《韵略汇通》等十几部，另外散在各处的一定还不少。这种书本来为一般平民就音识字用的，它们辨别声韵固然不见得精确，可是大体总以当地乡音为准，这实在是我们调查方言最好的间接材料。我尝以为，陆法言《切韵·序》所谓"吕静《韵集》，夏侯咏《韵界》，阳休之《韵略》，周思言《音韵》，李季节《音谱》，杜台卿《韵略》等各有乖互"，恐怕就是这一类的东西。因为自汉末有了反切，韵书因之蜂出，当时因为政治的不统一，难免"各有土风，递相非笑"。假使当时陆法言不想论定"南北是非，古今通塞"，仍然保存这些方音韵书的本来面目，那么六朝方音的概况或许就不待我们重新考证了。由此看来，我们对于现代的方音韵书实在是不应该轻视的。

三、西洋人研究汉语方言的成绩及其缺点

自从海禁大开以后，中西的交涉日渐频繁，一般外国的传教士跟外交家，因为实际上的需要，对于汉语方音的记音法，曾经做了好些爱美的（Amateur）工作。关于北平方言的著作跟字典，一时数也数不清，它们的价值也不相等；其中流行最广的要算是威妥玛（Thomas Wade）的《语言自迩集》，后来翟尔士（Giles）《汉英大字典》里所记的北平音就是根据它注的。至于其余的方音也有些特别好的字典，例

如:关于广州话有艾德尔(E.T.Eitel)的《广州方言字典》,客家话有雷氏(Ch.Rey)的《汉法客话字典》,陆丰话有商克(Schaank)的《陆丰方言》,福州话有麦克莱(R.S.Maclay)跟白尔德文(C.C.Baldwin)的《福州话字典》,厦门话有杜哥拉士(Douglas)的《厦门土话字典》,汕头话有季布孙(C.Gibson)的《卫三畏汉文字典的汕头话索引》,上海话有大维(D.H.Davis)跟奚尔斯比(Silsby)的《汉英上海土话字典》,南京话有何美龄(K.Hemeling)的《南京官话》,四川话有川北教会的《汉法中国西部官话字典》等。这些书都供给我们不少的材料。此外,关于山西、陕西、甘肃、河南的方言比较不大有人注意,而高本汉(B. Karlgren)却亲自调查了这些方言中的 17 种。关于山东、湖北、湖南、贵州、云南等处的单个方言,佛克(A.Forke)曾经发表了几个同北平话比较的音表,其结果是不甚可靠的。还有,马惕尔(C.W.Mateer)在《官话类编》里简略地讲了几种方言,穆麟德(P.G.von Möllendorf)在《汉语方言的分类》里举了些南部方言的例子。又关于华北跟扬子江流域一带,瑞典的教士也供给了六七种方言的记载。假若粗略地讲,我们固然不能说关于现代方音研究的材料过分的缺乏,可是还使我们不满足的,却有三点:

第一,拼音的不一致——各家拼法的参差跟错误都使我们应用上发生困难。例如,卫三畏(S.W.Williams)在他的《分音字典索引》里所注的上海音都是很可疑的。关于陕西、山西、河南、甘肃的方音,有一个叫做"标准罗马字社"的曾经发刊了一些拿北平音作根据的音表,那些音表简直错得一塌糊涂。但是一直到现在,在所有讲汉语方言的书中,最"像煞有介事"而结果最坏的,莫过于巴克尔(Parker)在《翟尔士大字典》里每个字底下所注的 12 种方言(广州、客家、福州、温州、宁波、北平、汉口、扬州、四川、高丽、日本、安南)了! 若拿它跟上面所举的几种字典比较,至少可以看出有四分之一是不对的。在他的字典里,他虽然想采取一致的拼法,可是他自己并不能严格地遵守。即以北平话读 yu 音的字而论,巴克尔有时候写作 yu,有时候写作 you,拼法非常的随便:

幽(平声)	北平 yu,you
攸(平声)	北平 yu
酉(上声)	北平 yu,you
诱(上声或去声)	北平 you,you
右(去声)	北平 yu,you
幼(去声)	北平 yu

还有软化的 n',他也随便用 ny、ñy、ñi、ni'等好几个记号:这岂不是自乱其例么?所以关于汉语方言研究,这些"爱美的"传教士跟外交家虽然给了我们不少瑕瑜互见的材料,然而单以北平话而论,大家尚且不能用一致的拼法,再讲到不大很知道的方言,那就乱得更可想见了。

第二,语音学知识的缺乏——在上面所述的各家,除去高本汉自己调查的 17 种方言是用龙德尔(J. A. Lundell)所作的瑞典方音字母记音,其余都用极粗略的罗马字母来写。这些个拼法不单像上面所说的那样的参差不齐,而且从语音学的观点看,往往是空疏无意义的。举例来说,北平的"t"音事实上不过是德文的"ichlaut"用来作声母的;威妥玛把它写作 hs(i),并且说 h 是在 s 的前头而不能掉转过来的!卫三畏(S. W. Williams)的《分音字典》为解决这个困难的注音问题曾经说:"把指头放在牙齿当中再说 hing 或 hü。"从这儿发生出来的讨论,我们还有什么话可说呢!还有季布孙在《汕头话索引》里告诉我们说:他用 ü 写的那一个音,"是在 turn 里的 u 跟 learn 里的 ea 的中间的声音。"不过他已经觉得"有点古怪"了。此外像马悌尔的《官话类编》、巴克尔的《语言学论文》,还有许多类似的书,大部分都是缺乏语音学的知识的。

　　第三,出发点的错误——从前西洋人研究汉语现代方言的大缺陷,就是没有历史的出发点。像巴克尔的《语言学论文》不见得会有历史的根据,那可以不必提了;就是像穆麟德在 1899 年所作的一本书拿难懂易懂作汉语方言分类的出发点,佛克跟"标准罗马字社"所刊布的几个音表拿北平话作出发点,也是一样不中用的。因为不能互通的两种方音,未见得没有历史的关系;例如,北平话的 tṣan 跟上海话的 tse,声音虽然差得很远,可是一推溯它的来源,可以说同是从古音"展"tĭan 并行地演变下来的。因此我们就可以得到一个简单的方式:北平的 tṣ＝上海的 ts,北平的 an＝上海的 e。同时广州的 tsæ 跟上海的 tse 音很相近,其实它跟上海的 tsia 同出于古音的"借"tsĭa。所以如果没有历史的出发点,我们哪能知道它们彼此的关系呢? 再说,无论拿哪一种现代方音作研究别的方音的出发点,事实上往往都走不通:例如,古音的 ei(微)、ie(支)、i(脂)、iː(之)四韵在北平话都变成 i,其余好些种方言也照着它这样变,那么,北平话固然可以当做很好的根据了;可是在福州话 ei、i、iː 变 i,ie 还保存 ie 的古读,那就不能再拿北平话作研究的出发点了。其实研究现代方音惟一有效的出发点就是古音。马伯乐的《安南语音史研究》跟高本汉的《汉语音韵学研究》,都因为抓到了这个出发点,才能对于汉语音韵学有相当的贡献,其余的人恐怕大多数都走错路了!

　　因为有这三个缺点,所以在西洋人对于中国现代方言作的那么多的书里,除去少数学者的作品,大部分只能作为参考的材料,不能作为研究的根据。它们在语音学上的价值是很有限的。

四、汉语方言研究之最近的进展

　　最近国内学者研究现代方言的兴趣,是由征集歌谣引起的。自从 1918 年 2 月北京大学发起征集歌谣以来,经过五六年的工夫,歌谣收到的日渐增加。后来因为歌谣里有许多俗语都是有音无字的,除了华北及特别制有俗字的广东等几省以外,要用汉字记录俗歌实在是不可能的事,即使勉强写出来,也不能正确,而且容易误解。单用汉字既然不行,注音字母那时也没有制定闰音符号,那么,要想记录一首方音的俗歌,只有用罗马字标音的一法。这种意见,周作人先生在一篇短文《歌谣与方音调查》(《北大歌谣周刊》第31期)里首先提出,逐渐引起了各方面的注意跟讨论。钱玄同先生并草拟了一种歌谣音标(《北大歌谣周刊》增刊)。到了1924年1月26日北大研究所国学门里附设的方言调查会遂宣言成立。是年5月复由林语堂先生拟定了一种方音字母,并由林先生自己跟董彦堂先生标注了北平、苏州、绍兴、福州、绩溪、南阳、黄冈、湘潭、昆明、广州、潮州、厦门、成都、蕉岭14种方音作为实例(《北大歌谣周刊》第35期):这实在是国人用新方法研究现代方音的“椎轮大辂”。同年3月刘复先生在巴黎用实验语音学方法研究汉语声调的报告《四声实验录》也出版了。他返国即在北大成立语音乐律实验室。于是方音研究的进展更得了科学上的助力。后来1925年10月18日北大研究所国学门在北海濠濮间开第三次恳亲会,魏建功先生就把“到底怎么样”一句话用国际音标记录了33种方音,作为余兴(《北大研究所国学门周刊》第3号)。那时对于方言调查兴趣之浓厚,由此也就可见一斑了。可是用语音学的方法大规模调查一个语群的方音而作成专书的,赵元任先生的《现代的吴语研究》实在要算是第一部。这部书是1928年6月由清华研究院刊行的,他所调查的区域包括江苏的东南部跟浙江东北大部分,一共有33种方言。他所用的工具只是两只天赋的聪敏耳朵,不单对于声母、韵母的音值完全凭着听觉所得,用严式的国际音标记注下来,就是审辨声调的音值也不过用一个渐变的音高管稍微帮一点忙,并不需要任何复杂的仪器,这的确是很难能可贵的。所以这部书的出版跟刘复先生的《四声实验录》价值相等，实在是近十年来语音学上的两大贡献！

及中央研究院历史语言研究所成立，赵元任先生复于1928年11月至1929年2月，在两广作初次的方言调查，其范围东至潮汕，西至南宁，北至乐昌，南至中山。计在当地记音及就近觅人记音者，有潮安、东莞、恩阳、广州、桂林、贵县、揭阳、中山、乐昌、廉州、南宁、三水、韶州、新会、始兴、台山、文昌、梧州、桂平、江口、抚县、五华等22处。次年8月李方桂先生又在海南调查了琼州、海口、文昌、乐会、万宁、崖县6处方音；1933年3月到8月，白涤洲先生又调查了陕西旧关中道所属的42县方音；1934年6月到8月我自己调查了旧徽州府属的歙、黟、绩溪、休宁、祁门、婺源6县的方音；1935年5月赵元任和李方桂两先生又调查了江西许多县的方音。这些个报告正在整理中。此外，研究一地方音者，有我自己的《厦门音系》和《临川音系》，周辨明的《厦语的语音构造及声调变化》，陶燠民的《闽音研究》，王力的《博白方音研究》（法文本），刘文锦的《记咸阳方音》，严效复的《记分宜方音》等；兼及非汉语的方音研究者，有赵元任的《广西瑶歌记音》《西藏仓洋嘉错情歌记音》，李方桂的《广西凌云瑶语》等。因为国内方音研究的进步，于是外国人一方面也改变了旧的方法，像卜志一（Von Theodor Bröring）的《山东声音》（ *Laut und Ton in Südschantung* ），卓古诺夫（E. N. & A. A. Dragunov）夫妇的《湘乡跟湘潭的方音》（ *Les Dialectes Siangt' an et Siangxiang* ），比起从前传教士所作的，已然不可同日语了。

至于用近代的眼光、科学的方法去考证中国古代音的，像林语堂先生的《西汉方言区域考》（《贡献》第2、3期）及《左传真伪与上古方音》（《语丝》四卷第27、28期）两篇，实在是近来不可多得的文章。他所以有这种贡献，正是十余年来方音研究演进的结果。若想把音韵史每个时期的方音系统都弄清楚了,尤其非彻底地弄明白现代的方音的系统不可。不过近三十年来方音研究虽然有一些进步,可是已经调查过的方言还不及全国汉语区域的一半。像河南、河北、山西、山东、甘肃、福建的大部分,江苏北部,东北各省及安徽的大部分,贵州的全部,都是未经垦辟的荒田,正待我们去披除榛莽。然而,调查方音的人才是要经过相当训练的,这种大规模的调查事业既然不是少数人所能完成,那就要扩大组织队伍,才可能希望发展。我们所以要提倡汉语现代方音研究,无非想引起多数同志的兴趣,组织起来,共同参加这个大规模的调查研究事业罢了。

总结过去的经验,我们可以说:中国从前许多学者早就注意到汉语方音的研究;只是受标音工具的限制,所作成果还有许多不精确的地方。近三十年来,有了语音学的帮助,在这一方面的成就自然比前人进步了许多,但有一个缺点我们必须指出来:方音研究固然是方言学的基础,却不是方言学的全部。扬雄《方言》一类的书重视词汇,忽略语音,近年来的调查重视语音,忽视词汇,却不免各有偏差。今后必须把这两个方面结合起来,才能算是汉语方言学的全面的研究。

(原载《东方杂志》第 31 卷第 7 号,1934 年。1954 年 3 月重订于北京)

现代方言中的古音遗迹

　　从前讲音韵学的人常说"不明今韵即不能通古韵",这句话诚然不错,不过他们所谓"今韵"是名不副实的。据《四库全书总目·经部·小学类》韵书之属的按语说:"韵书为小学之一类,而一类之中又自分三类:曰今韵,曰古韵,曰等韵也。"莫友芝的《韵学源流》也说:"音韵之道有三:曰古韵,曰今韵,曰反切……今韵者,隋唐以来历代诗家承用之谱也。""隋唐以来历代诗家承用之谱"可以叫做"今韵",这实在是不逻辑的很! 顾名思义地来讲,所谓"今音",只应以现在的人口里发得出、耳朵听得到的声音为限;非但隋唐以来的《切韵》《唐韵》《广韵》《平水韵》《五音集韵》之类不能算是今音,就是元明以来的《中原音韵》《中州音韵》《洪武正韵》《韵略易通》《五方元音》之类也不能算是今音。所以我们所谓今音的范围实际上只有"标准今音"(国音)和"比较今音"(现代方音)两项。标准今音现在已经到了约定俗成的地步,别有专书讨论;本书的内容偏重在比较今音一项。

　　为什么不通今音便不能通古音? 因为从前人研究汉语古音的凭借,在上古音一方面只靠着《诗经》《楚辞》的押韵和《说文》谐声字的声符,在中古音一方面只靠着韵书的反切和等韵的图表。他们对于音类的划分虽然也有很大的贡献,可是对于音值的拟测可以说很少办法。例如,段玉裁尽管把支、脂、之三部的分析认为是自己颠扑不破的创获,但是他对于这三部究竟应该怎样读,直到老年还希望江有诰替他偿此未竟之愿！至于《广韵》为什么分成二百零六韵,各韵的读音有什么分别,也很少能解答的。对于这个问题在唐朝早就有人怀疑过了,李涪的《刊误》说:

> 《切韵》又有字同一声分为两韵:……平声以东、农非韵,以东、崇为切;上声以董、勇非韵,以董、动为切;去声以送、种非韵,以送、众为切;入声以屋、烛非韵,以屋、宿为切……何须东、冬、中、终妄别声律?

到了清朝,就是深于韵学的戴震、江有诰两君,对于《广韵》分韵的原故也都不大了解。戴氏说:

> 呼等同者,音必无别,盖定韵时有意求密,用意太过,强生轻重。(《声类表》卷首)

江氏说:

> 陆韵部分至繁,然同类或荡析离居,异类或马牛莫别。(《等韵丛说》)

戴、江两君的批评尚且如此,其余的误解更用不着细说了。

所以要想拟测古音读法,非得求助于现在人口里发得出、耳朵听得到的活方音不可。我们且从现代方音中找出一些实例来证明汉语音韵学上几个普通问题:

一、全浊声母

《切韵》的反切和宋元的韵表都指示我们古代汉语是有全浊声母的。它们在现在的多数方言里虽然变成全清或次清,可是吴语和两种域外方言还保存它的遗迹。例如:

声纽:	並	奉	定	澄	群	匣	从	床	邪	禅
例字:	爬	吠	驼	绽	狂	孩	自	示	随	视

切韵音:	bʰa	bʰjiwɐi	dʰa	dʰan	gʰjiwaŋ	ɣai	dẓi	dʑʰi	zwiɛ	ẓi
温　州:	bʻo	vi	dʻu	dzʻo	dzʻyɒ	ʔe	zʅ	zʅ	zy	zʅ
宁　波:	bʻo	vi	dʻau	dzʻɛ	gʻuɔ̃	ɦe	dzʻʅ	zʅ	zuɛi	zʅ
绍　兴:	bʻo	vi	dʻo	dzʻæ	gʻuɒŋ	ɦe	dzʻʅ	zʅ	zue	zʅ
上　海:	bʻo	vi	dʻu	dzʻæ	gʻuɒŋ	ʔe	zʅ	zʅ	dzʻœ	zʅ
苏　州:	bʻo	vi	dʻou	dzʻɛ	gʻuãᵘ	ɦɛ	zʅ	zʅ	dzʻuɛ	zʅ
吴　音:	ba	fe	ḍa	ḍan	kuoŋ	hai	tʻi	tʻi	tui	tʻi
安　南:	ba	dai	da	den	go	gai	dẓi	dẓi	zui	dẓi

其中除去"吠"字大多数变[v]，"孩"字在温州、上海变[ʔ]，吴音变[h]，"狂"字在吴音变[k]，还有吴音"自""随"两字变[t]，"示""视"两字变[tʻ]以外，其余都保持浊音的读法。

二、闭口韵尾

《切韵》的侵、覃、谈、咸、衔、盐、添、严、凡九韵词曲家叫做闭口韵，因为它们是有-m韵尾的。这种-m尾的读音在吴语和官话两系方言里已然都消失了，但在闽、粤、客家三系方言和高丽、安南两种域外方言里却还好好地保存着。例如：

韵　部:	侵	覃	谈	咸	衔	盐	添	严	凡
例　字:	今	男	三	斩	衫	俭	念	欠	泛
切韵音:	kjiɘm	nam	sam	tʂam	ʂam	gʰjiæm	niem	kʻjiɐm	bʰjiwɐm
广　州:	kɐm	nam	sam	tɕam	ʂam	kim	nim	him	fan
客　家:	kim	nam	sam	tsam	sam	kʻiam	ɲiam	kʻiam	fam
厦　门:	kim	lam	sam	tsam	sam	kiam	liam	kʻiam	huam
汕　头:	kim	lam	sam	tsam	sam	kʻiam	liam	kʻiam	huam
高　丽:	kʻïm	nam	sam	tɕam	sam	kɘm	iɘm	kɘm	pɘm
安　南:	kɐm	ŋam	tam	ṭam	sam	kiem	ŋiem	kʻiem	fiem

看了这几个实例，我们就可以了然等韵摄图的咸、深两摄为什么和

山、臻两摄不同了。

三、入声的收势

入声随着它所配的阳韵-m、-n、-ŋ 三种韵尾也有-p、-t、-k 三种收势。但是官话系的方言大部分连入声都变没有了，更提不到什么收势了；吴语虽然有入声，却也只有一种喉门塞声[ʔ]的声势，和《切韵》的系统也不相称。要想拟测古代入声的收势还得向闽、粤、客家和高丽、安南等方言里去寻觅证据。例如：

（1）与阳韵-m 类相配的：

韵 部：	缉	合	盍	洽	狎	叶	怗	业	乏
例 字：	十	答	腊	夹	鸭	猎	协	法	劫
切韵音：	ʑiəp	tap	lap	kap	ʔap	ljiæp	ɣiep	kjiɐp	pjiwɐp
广 州：	ʂɐp	tap	lap	kap	ap	lip	hip	kip	fat
客 家：	šip	tap	lap	kap	ap	liap	hip	kiap	fap
厦 门：	sip	tap	liap	kiap	ap	liap	hiap	kiap	huap
汕 头：	sip	tap	nap	kiap	ap	liap	hiap	hiap	huat
福 州：	sæik	tak	lak	kak	ak	—	hiek	kiek	huak
高 丽：	sip	tap	nap	kiəp	ap	iəp	hiep	kəp	pəp
安 南：	tʻɐp	ɖɐp	lap	zap	ap	liəp	hiəp	kiep	fap

（2）与阳韵-n 类相配的：

韵 部：	曷	末	黠	鎋	薛	屑	月	栉	质	迄	没	术	物
例 字：	渴	钵	杀	瞎	舌	铁	歇	瑟	一	乞	骨	橘	佛
切韵音：	kʻat	puat	ʂat	xat	dʑiæt	tʻiet	xjiɐt	ʂiĕt	ʔiĕt	kjiət	kuət	kjiuĕt	pʻiuɐt
广 州：	hot	put	sat	hat	ʂit	tʻit	hit	ʂɐt	iɐt	hɐt	kuɐt	kuɐt	fɐt
客 家：	kʻot	pat	sat	hat	šet	tʻiet	hiet	sit	it	kʻiet	kut	kit	fut
厦 门：	kʻat	puat	sat	hat	siet	tʻiet	hiet	siɐk	it	kʻit	kiet	kiet	put
汕 头：	kʻat	pua	sua	hat	siet	tʻiet	hia	sæk	it	kʻït	kut	kit	hut
福 州：	kʻak	puak	sak	hak	siek	tʻiek	hiok	sæik	æik	kʻœyk	kauk	kæik	huk

高 丽	：kal	pal	sal	hal	səl	tɕ'el	həl	sǐl	il	kəl	kol	kiul	pul
安 南	：k'at	bat	sat	hat	t'iet	t'iet	iet	sat	ɐt	k'ɐt	kot	kuit	fɐt
汉 音	：katsu	hatsu	satsu	katsu	setsu	tetsu	kotsu	ɕitsu	itsu		kitsu	kotsu	kitsu	futsu
吴 音	：katɕi	hatɕi	satɕi	ketɕi	zetɕi	tetɕi	kotɕi	ɕitɕi	itɕi		kotɕi	kotɕi	kitɕi	hotɕi

(3) 与阳韵-ŋ 类相配的：

韵 部：	德	职	陌	麦	昔	锡	铎	药	觉	屋	沃	烛
例 字：	黑	色	百	革	尺	溺	鹤	脚	学	禄	毒	叔
切韵音	xək	ʂiək	pɐk	kak	tɕ'iɐk	niek	ɣak	kjiak	ɣɔk	luk	d'uok	ɕiuk
广 州	：hɐk	ʂik	pak	kak	tɕ'ik	nik	hok	kæk	hok	luk	tuk	ʂuk
客 家	：het	set	pak	kak	š'ak	nit	hok	kiok	hok	luk	t'uk	šuk
厦 门	：hiək	siək	piək	kiək	tɕ'iək	liək	hok	kiok	hok	liok	tok	siok
汕 头	：hæk	sæk	pæk	kæk	tɕ'æk	næk	hok	—	hak	lok	tok	sok
福 州	：haik	saik	paik	kaik	tɕ'aik	naik	houk	kiok	houk	lyk	tuk	sœyk
高 丽	：hǐk	sæk	pæk	kiek	tɕ'ək	ik	hak	kak	hak	nok	tok	suk
安 南	：hak	sak	baʈ	kaʈ	siʈ	ɲiʈ	hak	kǐɐk	hɐk	lok	ɖok	t'uk
汉 音	：koku	ɕoku	haku	kaku	seki	deki	haku	kiaku	gaku	roku	toku	ɕuku
吴 音	：koku	ɕiki	hiaku	kiaku	ɕaku	niaku	gaku	kaku	goku	roku	doku	soku

在这些例里，福州"阳韵"的韵尾-m、-n 都变成-ŋ，所以它的入声也只有一种-k 收势；广州凡韵的-m 韵尾受唇声母和合口介音的异化作用（Dissimilation）而变成-n，于是它的入声乏韵也从-p 收势变成-t 收势：可见阳韵的韵尾和入声的收势是对应的。

四、鱼、虞的差别

鱼、虞两韵的混淆，从陆法言那时候已经发生了。《切韵·序》评论诸家取舍不同，曾经指出鱼、虞共为一韵的现象；颜之推在《家训·音辞篇》也曾经说"以庶（御韵）为戍（遇韵），以如（鱼韵）为儒（虞韵）"是北人轻微的谬失。可见隋时方音对于这两韵已然有些地方分辨不清楚了。我曾经推演颜氏所说，并归纳六朝时候的诗文押韵为证，假定"《切韵》鱼、虞两韵在六朝时候沿着太湖周围的吴音有分别,在大多数的北音没有分别"。① 至于这两韵的读法,虽然现在多数方言在见组、精组和娘、来两组的后面都读作[y]音,在知组、照组、非组和日纽的后面都读作[u]音,可是在汕头、厦门两种方言和高丽、安南、吴音、汉音四种译音里还可以看出它们的分别来。例如:

韵部:	鱼韵二等		鱼韵三等		虞韵二等		虞韵三等	
例字:	阻	初	居	猪	雏	数	拘	诛
汕头:	tso	ts'o	kɯ	tsu	ts'u	su	ku	tu
厦门:	tso	ts'o	ku	tsu	t'iu	su	ku	tu
高丽:	ʨo	ʨ'o	kə	ʨo	ʨ'u	ku	kʉ	ʨu
汉音:	ɕo	ɕo	kio	ʨo	ɕu	ɕu	ku	ʨu
吴音:	so	so	ko	ʨo	su	su	ko	ʨu
安南:	tə	sə	kï	kï	so	so	ku	tu

在这些例里,除去汕头、厦门的鱼韵三等字和虞韵微混,安南的虞韵二等读作-o韵,还有吴音的"居""拘"两字同音以外,其余都分得很清楚。我所以说:"鱼韵属开口呼应当读作 io 音,虞韵属合口呼应当读作 iu 音;后代[y]音的来源是经过 io > iu > y 这样一个历程的。"

五、"古无轻唇音"和"舌音类隔之说不可信"

钱大昕作《古无轻唇音》,谓:"凡轻唇之音古读为重唇。"又作《舌音类隔之说不可信》,谓:"古无舌头、舌上之分,知、彻、澄三母以今音读之与照、穿、床无别也,求之古音则与端、透、定无异。"他在每篇文章里都罗列了许多书本上的证据②,我们因为重唇音在合口三等韵

---

① 参看《中央研究院史语所集刊》第二本第三分第 358～385 页。
② 参看《十驾斋养新录》卷五叶十四至三十二。

母以前分化为轻唇,舌头音在二、三等韵母以前分为舌上,在语音演变律上是合理的,所以认为钱氏的考证可以成立。不过在他所举的纸面证据以外有没有口头证据呢? 于是,我们又得求助于现代方言了。

关于这两种现象的实证在闽语系统的口语里还可找到许多,不过读书的时候就大部分变读了。例如:

声纽:	非		敷		奉		微	
例字:	飞文	飞白	蜂文	蜂白	饭文	饭白	蚊文	蚊白
福州:	hi	puei	huŋ	puŋ	huaŋ	puoŋ		
厦门:	hui	pe	hoŋ	pàn	huan	pəŋ	bun	baŋ

这是重唇、轻唇不分的例。又如:

声纽:	知		彻		澄	
例字:	猪文	猪白	抽文	抽白	茶文	茶白
福州:	ty		t'iu		tɕ'a	
厦门:	tsu	ti	t'iu	liu	tsa	te

这是舌头、舌上不分的例。此外,高丽浊音轻唇多读重唇,江西方言舌上、正齿多读舌头,也可作为参证。假使钱氏当时于纸面证据之外再加上这些口头证据,他的结果岂不更完满了么?

六、匣、喻两纽的关系

等韵家有所谓"匣喻双飞"门法,就是说这两纽的反切有时候是相通的。近人曾运乾作《切韵五声五十一纽考》和《喻母古读考》也拿喻纽三等当做匣纽之"细声"。最近中央研究院历史语言研究所的同事葛毅卿发现敦煌唐写本《切韵》残卷中"云"作"户分反","于"作"明(胡)俱反";我又替他找到《切韵》残卷"越"作"户伐反"和《尚书释文》残卷"滑"作"于八反"两条证据:那么,喻纽三等(即于纽)应同匣母合

并,恐怕不成问题了。况且我们在厦门方言里找到下面好几条证
据:

园 həŋ　　　远 həŋ　　　雨 hɔ　　　云 hun　　　（以上四字为话音）

晕 hun　　　雄 hioŋ　　　熊 hioŋ　　　域 kiək　　　（以上四字为字音）

这更可以证成曾、葛两君的说法了。

七、支、脂、之的古读

支、脂、之三部应当分立,从段玉裁已经考定了。他说:

> 五支、六脂、七之三韵,自唐人功令同用,鲜有知其当分者
> 矣。今试取《诗经》韵表第一部、第十五部、第十六部观之,其分
> 用乃截然。且自三百篇外,凡群经有韵之文及楚骚诸子、秦汉六
> 朝词章所用,皆分别谨严,随举一章,数句无不可证。……三部
> 自唐以前分别最严,盖如真、文之与庚,青与侵,稍知韵理者,皆
> 知其不合用也。自唐初功令不察,支、脂、之同用,佳、皆同用,
> 灰、咍同用,而古之画为三部始湮没不传,迄今千一百余年,言韵
> 者莫有见及此者矣!(《六书音均表》一,第 8 页)

不过段氏虽然知道这三部当分,却还不知道它们的所以分。他在《与
江晋三论韵书》里说:

> 足下能确知所以支、脂、之分为三之本源乎? 何以陈、隋
> 以前支韵必独用,千万中不一误乎? 足下沉潜好学,当必能
> 窥其机倪。仆老耄,傥得闻而死,岂非大幸也!(《经韵楼集》
> 卷六)

后来他《与戴东原书》也只能把各部音转的痕迹当做"韵理分劈之大
端",所以说:

> 之、咍音与萧、尤近,亦与蒸近;脂、微、齐、皆、灰音与谆、文、
> 元、寒近;支、佳与歌、戈近:实韵理分劈之大端。

段氏除去纸上的材料以外不能求证于当时的方言,这实在是很可惜的事! 我们现在从方音里去找实证,发现福州、厦门还有支部古读的痕迹。例如:

例字:	奇	骑	寄	崎	蚁	倚	知	弥	雌
厦门:	kia	k'ia	kia	kia	hia	ua	ti	bi	ts'u
福州:	kie	k'ie	kie	k'ie	ŋi	ie	ti	mi	tɕ'i

林语堂在《支、脂、之三部古读考》里也说:

> 厦门音"柯"读 oa,"小可"之"可"念为 khoa,而"奇偶"之"奇"念为 khia,"寄"读 kia,"埼、崎"读 kia。"我"读 goa,而"蚁"读 hia,"鹅"读 gia(泉州音),"蜘蛛"谓之 la-gia(当系与"蚁"同语根)。自然厦门音不一定便是古音,但是因为它能帮助我们解释那些不易解释的谐声现象,又与三百篇用韵分合相同,所以断定这个 ia 音是古音。更有趣的是,支韵中字古不与歌、戈、麻合韵的,厦门音中也没有 ia 音的痕迹。(《语言学论丛》第 80 页)

这些例子虽然限于同歌、戈、麻合韵的一部分,可是我们假定这一部分的古读以后,对于同佳合韵和同脂、微、齐、皆、灰合韵的那两部分就可以有方法拟测了。

像上面这些例证,我们随时随地在方音中可以遇到类似的现象。不过,方言和方言间只是兄弟的关系而不是父子的关系。要是随便拿这种方言的一个音素,再添上别种方言的另一个音素,连一点儿证据的影儿都没有,就拟测出一套"古音"来;或者拿现在方言的音,算是古代语言的直接代表:这用不着说是不能成立的方法。要想拟测古音的结果可以成立,当然先得费好多功夫,使它和这个语言历史上的旧材料相合;其次还要能够把中国全部方言解释到一种可信的程度,必须使每一个方言都能找得通一套声音演变的历程,从语音学的观点看都是可能的变化。(参看 Bernhard Karlgren's *Etudes sur la Phonologie Chinoise* p.6.)

附录

由方音变化看古音的通转

古音学里所谓"通转"或"合韵"实际上就是那个时候方音歧异的表现,要想明了古音的通转必得先观察清楚现代方音里所有的音变,然后才能知道哪些解释是对的,哪些解释是不对的。通转的规则大致不出声转和韵转两途;细分起来,声转有"同位异势"和"同势异位"的分别,韵转也有"旁转"和"对转"的差异。现在按照这个条埋逐项列举一些方言中的实例,然后再拿古音中的现象来对照说明:

一、声转例

甲、同位异势

浊 > 清:

"牌"切韵 b'ɑːi——
- 上海 b'ɑ　温州 b'ɑ　日译吴音 be
- 广州 p'ai
- 客家 p'ai
- 汕头 p'ai　福州 p'æ
- 北平 p'ai　南京 p'ai　西安 p'æ

"题"切韵 d'iei—
- 上海 di 温州 di 日译吴音 dai
- 广州 t'ai
- 客家 t'i
- 汕头 t'i 福州 tæ
- 北平 t'i 南京 t'i 西安 t'i

"权"切韵 g'ji wæn—
- 广州 k'yn
- 客家 k'ien
- 汕头 k'uan 福州 kuoŋ
- 日译吴音 gon

"换"切韵 ɣuan—
- 上海 ɦue 温州 ɦye
- 汕头 huan 福州 huaŋ
- 北平 xuan 南京 xuaŋ 西安 xuæ

清 > 浊：

"多"切韵 ta—
- 安南 ɖa
- 上海 tu 温州 tu
- 广州 to
- 客家 to
- 汕头 to 福州 tɔ
- 北平 to 南京 to 西安 to

"贝"切韵 puaːi—
- 上海 pe 温州 pai
- 广州 pui
- 客家 pui
- 汕头 pui 福州 puoi
- 北平 pei 南京 pəi 西安 pei
- 安南 boi 日译吴音 bai

送气 > 不送气：

"泰"切韵 tʻaːi ──┬─ 上海 tʻa   温州 tʻa
　　　　　　　　├─ 广州 tʻai
　　　　　　　　├─ 客家 tʻai
　　　　　　　　├─ 汕头 tʻai   福州 tʻai
　　　　　　　　├─ 北平 tʻai   南京 tʻai   西安 tʻæ
　　　　　　　　└─ 日译汉音 tai   日译吴音 tai

"愆"切韵 kʻjiæn ──┬─ 客家 kʻien
　　　　　　　　　├─ 汕头 kʻien   福州 kʻieŋ
　　　　　　　　　└─ 日译汉音 ken   日译吴音 ken   高丽 kən

"谭"切韵 dʻom ──┬─ 上海 dʻe   温州 dʻœ
　　　　　　　　├─ 日译吴音 don
　　　　　　　　└─ 安南 ɖam

不送气 > 送气：

"箴"切韵 tɕiəm ──┬─ 广州 tɕæm
　　　　　　　　├─ 客家 im
　　　　　　　　├─ 安南 tɐm
　　　　　　　　├─ 汕头 tɕim   福州 tɕiŋ
　　　　　　　　└─ 高丽 tɕʻim

"朵"切韵 tua ──┬─ 广州 to
　　　　　　　├─ 客家 to
　　　　　　　├─ 上海 tu   温州 to
　　　　　　　├─ 北平 to   南京 to   西安 to
　　　　　　　├─ 高丽 tʻa
　　　　　　　└─ 福州 tʻio   汕头 to

塞 > 擦：

"可"切韵 k'a ―
┌ 客家 k'o
├ 汕头 k'o　福州 k'ɔ
├ 上海 k'u
├ 北平 k'ɤ　南京 k'o　西安 k'o
└ 广州 ho

"器"切韵 k'ji ―
┌ 汕头 k'i　福州 k'æi
├ 广州 hei
└ 客家 hi

"披"切韵 p'jie ―
┌ 广州 p'ei
├ 客家 p'i
├ 汕头 p'i　福州 p'ie
├ 北平 p'i　南京 p'i　西安 p'i
└ 安南 fi

擦 > 塞：

"喜"切韵 xji ―
┌ 高丽 hïi
├ 安南 hi
├ 广州 hei
├ 客家 hi
├ 汕头 hi　福州 hi
└ 日译吴音 ki　日译汉音 ki

"猴"切韵 ɣəu ―
┌ 广州 hau
├ 客家 heu
├ 北平 xou　南京 xəu　西安 xou
├ 日译吴音 gu　日译汉音 ko:
├ 厦门 kau(话音)，hɔ(字音)
└ 福州 kau(话音)，heu(字音)

$$
\text{“酸”切韵 suan} \begin{cases} \text{广州 syn} \\ \text{客家 son} \\ \text{汕头 suan　福州 soŋ} \\ \text{上海 sœ　温州 sœ} \\ \text{北平 suan　南京 suaŋ　西安 suæ} \\ \text{安南 tuan} \end{cases}
$$

（以上两篇文章为作者在北京大学方音调查实习班讲课的讲义。其中第一章《汉语方音研究小史》曾以《明清学者对于方音研究的贡献——北京大学方音研究引论之一》《西洋人研究中国方音的成绩及其缺点——北京大学方音研究引论之二》《方音研究之最近的进展——北京大学方音研究引论之三》等题连载于《国语周刊》第 69～73 期。以上第一章后又刊于《东方杂志》第 31 卷 7 号,1934 年;1954 年 3 月重订于北京;后收入《罗常培语言学论文集》。另外,该讲义的第二章原题为"研究中国现代方音的旨趣",第一节至第三节原讲义缺;第四节"由方音实例以拟测古音的读法",曾以罗莘田的名义,以《现代方言中的古音遗迹》为题,刊于《文史杂志》第 1 卷第 2 期,1941 年;第五节原题"由方音变化以解释古音的通转",讲义不全,姑且按原讲义附录于此。本文为作者未完成的书稿的一部分,原名《中国现代方音研究举例》。）

绩溪方音述略[*]

一、调查徽州方言的经过

从 1934 年 6 月 19 日到 8 月 16 日,我曾到安徽省南部归徽州府的歙县、绩溪、休宁、黟县、祁门、婺源 6 县调查方言。出发以前我曾经在上海邀请当地可以得到的徽州发音人做了相当时期的准备工夫:记录了歙县西乡、绩溪城内、仁里、休宁、屯溪、长塘、黟县渔亭、祁门石坑、婺源凤山各点的音系,并灌制了音档。到达徽州以后的工作可以分为四个段落:

第一段落工作站在屯溪。当时因为祁门、婺源地方不请,交通不便,我们决定在屯溪物色祁门、婺源、黟县的发音人就地记音。计从6 月 21 日到 7 月 8 日一共记有祁门东乡石坑、西乡渚口、南乡查湾、北乡六都、婺源东乡晓起、上坦、西乡仁洪、黟县城内和八都、休宁东乡长榜、绩溪岭北旺川等 11 个点的方言。

第二段落工作站在休宁万安街。那时正赶上安徽第十区小学教员讲习会开会,各县都有代表。我们趁着这个机会进行调查,从 7 月

---

[*] 本文为作者讲论会发言提纲,于 1936 年 4 月 24 日在历史语言研究所第三次讲论会上宣读。其中第二部分曾以《徽州方言的几个要点》为题发表在 1934 年 8 月 25 日《国语周刊》152 期,署名罗莘田。

24 日到 8 月 1 日一共记录了祁门城内、婺源矛下、黟县渔亭、休宁城内、北乡蓝田、西乡上溪口和三十三都、绩溪荆州和第三、四、十五各都、歙县水南黄备、旱南新庄、大洲源、上西乡坑上、北乡丰口等 16 个点的方言，并灌制了音档 80 多面。

第三段落工作站在歙县城内。从 8 月 5 日到 12 日补记了歙县城内、西乡潜口、东乡考坑、北乡许村和绩溪临溪的方音，并灌制了一些音档。

第四段落工作站在绩溪城内。从 8 月 13 日到 16 日核对以前所记绩溪各点的材料，补灌了一些音档，并进一步地了解绩溪中段、东源、岭北三处方言的异同。

综计这次调查一共经过 59 天；所调查的单位虽有详略繁简的不同——有的记了三千单字和词汇、故事，有的只记了音系大概作为比较的依据，有的只记录了声调曲线或灌制了个别的音档——但连在上海准备的阶段计算一共掌握了 6 县 50 个点的材料，在我们所调查过的方言里算是比较详细的了。

二、徽州方言的几个要点

在我已经研究过的几种方言里，徽州话可算是够复杂的了。所以我这次费了将近两个月的时间，虽然仅仅研究了六县的方言，然而所费的精力真比调查官话区域的一省还要多得多。单以歙县而论，我所记录的就有城区、里东乡、外东乡、水南、旱南、上西乡、下西乡、里北乡、外北乡九个单位，合起六县来算，至少要有四十几个单位。在我没到徽州以前，我总觉得各县各乡的差别不过是声调的高低罢了，但是实际的现象，非但县与县之间是截然两个方音，就是一县里各乡的音也有时候非分成两个系统不可。所以我这次调查所得的材料，至少在一年之后，才能整理就绪；现在只能提出几个要点，向关心我这次工作的人们谈谈。

第一,阴阳调的区分。

我来屯溪以后,就听见金慰农先生对我说:从前周赟有一副自况的对联云:"一品教官天下少,六声韵学古来稀。"他并且有一块"始分六声人"的图章,可见他对于分别徽州的六声是很得意的了。其实这并不是什么希奇的事!照音韵演变的历史来看,自从声母的清浊不明,结果就变成声调的阴阳两类。按规律说,平、上、去、入各应分为阴阳二类,共计有八声。现在的广州话不但八声俱备,而且还多出中入一类,共计有九声;此外在闽语、吴语中保持八声、七声或六声的实多得很。据我这次调查的结果,徽州六县也不一致,为醒目起见可以列成一个表。

古调类	歙县	绩岭南	绩岭北	休宁城	休蓝田	黟县	祁门	婺源
阴平	有	有	有	有	有	有	有	有
阳平	有	有	有	有	有	有	有	有
阴上	有	有	有	有	有	有	有	有
阳上	话音变阴上 字音变阳去	变阴上	变阴上及阳去	有	变阳平及阴上	变阴上	变阴上	有
阴去	有	有	有	变阳平	有	有	有	有

阳去	有	有	有	有	有	变阴入	有	有
阴入	有	有	有	有	有	有	有	变阳去
阳入	变阳入	变阴去	变阴入	有	有	变阴平	变阳去	变阳去

由上面的表我们可以看出来,徽州不但有六声,而且休宁还有七声,不过各县的分类略有出入罢了。如果周赟觉得始分六声算是希奇,那么我也可以继"始分六声人"之后,附庸风雅地刻一方"始分七声人"的图章了!

第二,韵尾鼻音的消失。

照《切韵》的系统讲,附带鼻音韵尾的字应该有三类:(一)闭口鼻音-m,(二)抵腭鼻音-n,(三)穿鼻音-ng。在徽州话里不但没有完全保持这三类的鼻音,甚至于有几处把鼻音完全丢掉,或者变成法文式的半鼻音。例如"大"字《切韵》音读 da,"但"字《切韵》音读 d'an,"淡"字《切韵》音读 d'am,而在歙县西乡音就变成同音字。这种由附鼻音韵尾变成没有鼻音韵尾的现象,在音韵学上叫做"阴阳对转"。我们在方音上既然可以得到这些新的材料,那么对于古人所谓"对转"就可以知道是怎么一回事了。

第三,古闭口韵尾的保存。

在《诗经》上往往有拿闭口韵同穿鼻韵相押的现象,例如:

《秦风·小戎》:骐駵是中,骓骊是骖。

《豳风·七月》:二之日凿冰冲冲,三之日纳于凌阴。

《大雅·荡》:天生烝民,其命匪谌,靡不有初,鲜克有终。

《大雅·云汉》:旱既大甚,蕴隆虫虫,不殄禋祀,自郊徂宫,上下奠瘵,靡神不宗,后稷不克,上帝不临,耗斁下土,宁丁我躬。

这些例里,中、冲、终、虫、宫、宗等字,照《切韵》讲都是收-ng 的;骖、阴、谌、临等字照《切韵》讲都是收-m 的。这个现象从前江永、张行孚等都注意过,不过究竟是怎样一回事,还没有人弄清楚。但我这回调查婺源方音,发现城内及岑下、仁洪、汪口、江湾、荷田等乡村都把东、冬两韵读成附-m 的闭口韵。这一定是上古音的遗留,决不是偶然的现象。关于这个问题我还有专文讨论,现在姑且发其凡于此。

第四,上声特别短促并附有喉部塞声。

休宁和婺源两县上声特别短促并附有喉部塞声,这本来是入声的特征。但是休宁东乡的入声还保留短促的性质,其余各乡及城内已经把尾音拖长了。至于婺源根本就没有入声,阴入、阳入都变阳去(乡音字汇拿阳去当入声是不对的)。入声何以失掉短促的性质,上声反倒短促呢?我觉得这也是同上古音有关的问题。段玉裁的《六书音均表》把上声五部独立为一类是很有见地的。这个问题也容我慢慢再谈。

第五,n-,l-有别,但分类跟《切韵》不一致。

例如绩溪"老""脑"的声母同念 l-,"鸟""了"的声母同念 n-;婺源"南""蓝"的声母同念 n-,"卢""奴"的声母同念 l-之类。

第六,除祁门外,[tʂ,tʂʻ,ʂ]跟[ts,tsʻ,s]不分。

祁门的[tʂ,tʂʻ,ʂ]音值比北京的还靠后,舌尖也比较卷。由此可见,从前有人说北京的[tʂ,tʂʻ,ʂ]音是受蒙古和满洲语音的影响,那简直是对于汉语方言没有全面了解的无稽之谈!

第七,有舌尖元音[ɿ]。

在许多现代方言里,[tʂ,tʂʻ,ʂ]后面的[i]元音往往变为[ɿ],但是绩溪方言连唇音跟舌尖音后边也有舌尖元音[ɿ]。外省人听见"皮"念[pʻɿ],"地"念[tʻɿ],"里"念[mɿ]一定觉得比桐城念"鸡"做[tʂɿ]更特别一点儿。这是比较突出的现象。

第八,复元音有单音化的趋势。

例如:休宁的"带"念[ta],"太"念[t'a],"牌"念[p'a](＜ai),
"沛"念[pe](＜ai),"肺"念[fe](＜ɹwei),祁门的"袍"念[p'ɔ],"毛"念
[mɔ](＜au),"标"念[pia](＜-iau),"头"念[t'ɵ](＜əu)之类,都可说
明这一项的音变。

以上各点不过是偶尔检出几条例子概括地说明徽州方言的一些
特点。要想系统地、科学地分析,非得等全部调查报告整理完了才能
做得到。

我不久就离开徽州了,现在姑且把一时感想所得向知音的人谈
一谈。详细的报告且待来年。

三、绩溪方音的内部差异

绩溪旧来划分作 15 个"都",在地理上一向分做中段、岭北和东
源三个区域。方音的分布情形大致可分 5 组:(1)城区、一都、上九
都、上十都为一组。(2)跟宁国、旌德交界的二都、三都、外四都为一
组。(3)毗连歙县的下九都、下十都,语言有些地方跟歙县相似,可以
算做一组。以上三组在地域上都属于中段。(4)里四都和五、六、七、
八都属于岭北组;其中里四都、五都、六都跟七、八都的语音又稍有不
同。(5)十一、十二、十三、十四、十五各都属于东源组;其中十一、十
二、十三都跟十四、十五都的语音也有些细微的差别。在这几组里岭
北跟东源、中段相差较多;中段的下九都、下十都跟别组也有显著的
不同。至于东北角上从浙江昌化县境划来的荆州方音跟别组也有许
多差异。

我这次一共调查了绩溪方音的 10 个点:

1. 城内 2. 仁里 3. 梧村 4. 油坑口 5. 胡村 6. 竹里 7.

岭坦　8.旺川　9.上胡家　10.临溪

其中城内和旺川两个点记录得比较详细。跟上面所分的区域比较：1可以代表第一组，10可以代表第三组，7、8可以代表第四组，2、3、4、5、6可以代表第五组。上胡家可以代表由昌化县划来的荆州语音。临溪的声调跟歙县全同，但词汇仍属于绩溪系统。东北角上的上胡家有些音韵变化跟岭北的岭坦、旺川接近。至于毗连宁国、旌德县界的第二组，在这次调查中还没找到代表的发音人。

四、城内的音类

1. 声母20类

p 波杯	p'婆蒲	m 马米	f 凡飞	v 文武
t 带低	t'头梯	n 尼女里吕日 l 老脑卢奴		
ts 走租	ts'凑粗			s 娑西
tɕ 浸兼专	tɕ'寻谦川			ɕ 心嫌宣
k 歌古	k'可苦	ŋ 我安	x 何后	
ø 阿儿夜乌远				

2. 韵母42类

ɿ 皮低鸡私泥			
ɤ 包闹	i 其(白)去(白)	u 铺土	y 女如
ɒ 谭排	iɒ 车夜	uɒ 快宽	yɒ 瘸靴
ө 波多	iɯ 忧幼		
o 马茶	io 家亚		
æ 贝再		uæ 魁灰	
ɛ 嫂扫逃	iɛ 标朝有		
ei 头末		uei 醉吹	
ɚ 儿耳二			

eĩ粘言

ẽĩ边天   uẽĩ弘横   yeĩ涓犬

ãĩ门登东   iã宾津   uã坤薨工   yã春兄

õ邦唐方   iõ腔降将匡

aʔ拔答   iaʔ叶贴   uaʔ滑惑   yaʔ舌绝缺决

oʔ博桌   ioʔ约   uoʔ泼   yoʔ削

ɤʔ勃出   uɤʔ骨哭

               iʔ笔立

               ieʔ默特   yeʔ局欲

3. 声调 6 类

阴平˩ 31,阳平˥ 55,上˨˩˦ 214,阴去˧˥ 35,阳去˨ 22,入˧˨ 32。

五、城内音的几个音韵特点

1. 声母

全浊变次清,例如:"庸步"同变[pʻ-];"徒杜"同变[tʻ-]。

泥、娘、来音分类混,例如:"奴卢"同念[l–];"女吕"同念[n-]。

庄、知、章三组在[ʅ]前和精组在[ʅ]前同类,例如:"淄知之兹"同念[ts-],精、知、章三组在[i][y]前和见组在[i][y]前同类("尖团不分"),例如:"章张将姜"四字的声母同念[tɕ-]。

见、晓组在[ʅ]前变[ts][tsʻ][s],例如:"鸡起喜"变[tsʅ][tsʻʅ][sʅ]。

2. 韵母

止、蟹两摄的开口三、四等在一切声母后都读[ʅ],所以只有[ĩ][iʔ]而没有单纯的[i]。

咸、山两摄不分,它的一、二等失落韵尾鼻音,和蟹摄的一部分"对转",例如:"带旦"同音,"乃报"同音。

侯、尤的韵母和废、微的唇音相同,例如:"头酒废未"的韵母是[ei]。

尤、幽的晓、影组和别组不同韵,例如:"休油幼"的韵母是[-iəu],"修抽纠"的韵母是[ei]。

效摄的一、二等和三、四等的主要元音不同,例如:"老闹"的元音是[ə],"小鸟"的元音是[-ie]。

深、臻、通三摄大部分混合,例如:"森门登东"同韵,"坤薨工"同韵。

[-m][-n][-ŋ]除咸、山摄的一、二等全变半鼻音外,其余都变半鼻音,例如:"盐烟"同念[ĩ],"英"念[iã]。

入声不分[-p][-t][-k],只有一个[-ʔ]尾,例如:"邑噎"同念[ieʔ],"益"念[iʔ]。

3. 声调

全浊上声变阳去,例如:"件健"同调;次浊上声读同阴上,例如:"比米"同调;入声不分阴阳,例如:"识食"不分。

六、城内音和各乡音的显著差异

1. 声母

晓、匣两母在合口前的"灰虎"等字城内、仁里、临溪读[x],梧村、油坑口、胡村、竹里、上胡家、岭坦、旺川读[f];[t][tʻ]两母在[ʅ]韵前的"低梯"等字城内不变,仁里、梧村、油坑口、胡村、竹里、上胡家均变[ts][tsʻ];日母的"人、仁、认、忍、任、润、入"等字城内系和东源系都没有声母,岭北系有[z]母。

2. 韵母

[ʅ]韵的"皮泥兹知史诗鸡希"等字,仁里、梧村、油坑口、胡村、竹里、上胡家均同;岭坦、旺川、临溪在精、庄、章三组后读[ʅ],其余的

"皮知鸡希"等读[i]。

[ɒ]韵"带担旦乃览赧"等仁里同,梧村、油坑口、胡村、竹里读[ɑ],临溪读[a],上胡家、岭坦、旺川分作两个音位:从蟹摄变来的"带乃"读[ɑ],从咸、山摄变来的"担旦览赧"读[õ]。

[uɒ]韵的"快宽怪惯"等字仁里同,梧村、油坑口、胡村、竹里读[uɑ],但在晓、匣两母后声母变[f],韵母变[ɑ],例如:"槐还"临溪读[ua],上胡家、岭坦、旺川分作两个音位:从蟹摄变来的"快怪槐"等字读[uɑ],从咸、山摄变来的"宽惯还"等字读[uã]。

[ɵ]的"波"等字和[o]韵的"巴"等临溪读[o]和[ɑ],岭坦、旺川合成一个[o]音位,其余都和城内相同。

[ɚ]韵的"儿耳二"等字仁里、岭坦、旺川、临溪均同,梧村读[ə],油坑口读[ẽ],胡村、竹里、上胡家读[n̩]。

[eī]韵的"粘言"等字和[ēī]韵的"边天"等字,仁里、梧村、油坑口、胡村、竹里音位相同,但[eī]韵梧村变[e],油坑口、胡村、竹里变[ẽ],上胡家、岭坦、旺川合成[ẽ],临溪合成[e]。

[õ]韵的"邦唐方"等字和[iõ]韵的"腔降将匡"等字,临溪变[o][ia],其余的都和城内相同。

3. 声调

阴平˩:岭坦、旺川变˥。

阳平˧:岭坦、旺川变˩。

上˩:岭坦、旺川变˧,临溪变˥。

阴去˥:临溪变˩。

阳去˦:仁里、梧村、油坑口、竹里变˩,临溪加入古全浊入声一类。

入˩:除临溪古全浊入声变阳去外,余均相同。

七、绩溪城内音档示例

(一)乱次单字调

倚　盖　岸　说　助　唱　蟹　鹅　开　刚　移　古　汉　怒　药　物　丁　君　衣　飞　各

异　穷　人　世　意　急　共　醉　五　文　益　寒　市　妇　助　陈

(二)成词两字声调

	(阴平)	(阳平)	(上)	(阴去)	(阳去)	(入)
(阴平)	新鲜	花盆	身体	生意	兄弟	亲戚
(阳平)	黄蜂	完全	凉爽	牙痛	图画	油漆
(上)	火车	老婆	雨点	肚痛	姊妹	首饰
(阴去)	信封	爱情	报纸	细雨(?)	费事	气息
(阳去)	认真	自然	地板	右眼(?)	地洞	利益
(入)	一千	竹林	七巧	白马(?)	失望	屈膝

(三)不成词两字声调

(阴平)	多山	多人	多酒	多货	多路	多竹
(阳平)	黄山	黄人	黄酒	黄货	黄路	黄竹
(上)	好山	好人	好酒	好货	好路	好竹
(阴去)	爱山	爱人	爱酒	爱货	爱路	爱竹
(阳去)	卖山	卖人	卖酒	卖货	卖路	卖竹
(入)	识山	识人	识酒	识货	识路	识竹

(四)故事

——绩溪城内汪乃刚先生读音——

狐　假　虎　威（白话）
xu˥　tɕo˩　xu˥　uei˥

有　一①　回，│楚　宣　王　问　＊其②　家　那　些
iɛ˩　i(ʔ)˩　xuæ˩│tsʻu˩　ɕyei˥　uõ˩　uã˩　ki˩　ko˩　lɒ˩　ɕiã˩

大　臣　＊　＊③　讲："北　边　人　都（多）那　的
tʻɒ˩　tɕʻiã˥　m̩˩　ti˩.　kõ˩│pɤ(ʔ)˩　pẽ˩　iã˥　tø˩　lɒ˩　ti˩.

怕　了　昭　奚　恤，│到　底　是　为　伪④　件
pʻo˥　li˩　tɕiɛ˩　tsʻ˥　ɕiə˩│tɤ˩　tsi˩　tsʻ˥　uei˩　lɛ˩　tɕʻi˩

没　伪　事　哇?"││＊其　人　大　家　都（多）回　答　不
mɤ˩　lɛ˩　sɿ˥　ne˩│ki˩　iã˥　tʻɒ˩　ko˩　tø˩　xuæ˥　taʔ˩　pɤ˩

出　来。││有　个　叫　＊作（出）江　一　伪
tsɤʔ˩　læ˥│iɛ˩　kɤ˩.　tɕiɛ˩　tsʻɤʔ˩　kõ˩　iʔ˩　le˩.

讲："从　前　有　一　只　老　虎，＊其　想
kõ˩　tsʻã˩　tsʻei˥　iɛ˩　i(ʔ)˩　tɕiʔ˩　lɤ˥　xu˩　ki˩　ɕiõ˩

寻　各　种　伪　野　兽　来　吃，│
tɕʻiã˥　ko(ʔ)˩　tsã˩　lɛ˩　iɒ˩　sei˥　læ˥　tɕʻiʔ˩│

忽　然　碰　＊着（却）一　只　狐（乌）
xuɤ(ʔ)˩　ĩ˥　pʻã˩　tɕʻioʔ˩　i(ʔ)˩　tɕiʔ˩　u˥

狸，│那　只　狐（乌）狸　讲：＊你　不　敢
m̩˥│lɒ˩　tɕi(ʔ)˩　u˥│m̩˥　kõ˩│nʔ˩　pɤ(ʔ)˩　kɒ˩

---

① 连读时丢掉入声[ʔ]尾的，外加括弧。

② 发音人未拟文字或所拟文字意义不合的在字旁加＊号，或将原拟文字注在括弧内。

③ 有音无字的以＊号表示。

④ 助词"伪"le˩，"哇"le˩，"的"li˩，"了"li˩，"啊"ɒ˩ 等都因为轻读变音，不列入韵母表内。

吃　　＊俺　伢！｜天　老　爷　叫　俺　来
tɕʻi(ʔ)˩　ɒ˩　leʔ˧｜tʻẽ˩　ɤ˧　iɤ˨　tɕiɛ˦˧　ɒ˩　læˑ

做　所　有　伢　野　兽　伢　头　儿，现
tsɒ˦　sɔ˦˧　iɛ˨　leʔ˧　iɒ˨　sei˥　leʔ˧　tʻei˥　ɤˑ｜ɕĩ˩

在　你　要　把　俺　吃　脱，｜那　真　正
tsʻæ˦　n̩˩　iɛ˦　pɔ˦　ɒ˩　tɕʻi(ʔ)˩　tʻɤʔ˥｜lɒ˩　tɕiã˨　tɕiã˨

是　违　背　了　天　老　爷　伢　命　令
tsʻʅ˦˩　uei˥　pʻæ˥　liʔ˧　tʻẽ˩　ɤ˨　iɒ˨　leʔ˧　miã˦ˑ　liã˦

了，｜你　要　是　以　为　俺　伢　＊话　靠
liʔˑ｜n̩˩　iɛ˦˩　tsʻʅ˦　ʅ˩　uei˥　ɒ˩　leʔ˧　leʔ˦ˑ　ɒu˩　kʻɤ˥

不　住，｜那　哇，｜你　就　＊让　俺　在
pɤʔ˩　tɕʻy˦｜lɒ˩　leʔˑ｜n̩˩　tsʻiɯ˦˧　niã˦　ɒ˩　tsʻæ˦

前　头　行，｜你　跟　在　俺　后　头，｜你
tsʻeĩ˥　tʻei˥　xeĩ˥｜n̩˩　kã˩　tsʻæ˦　ɒ˩　xi˩　tʻeiˑ｜n̩˩

看　那　些　野　兽　看　＊着　(却)　俺
kʻɒ˨　lɒ˨　ɕiã˦˧　iɒ˨　sei˥　kʻɒ˨　tɕʻioʔ˦　　ɒ˩

到　底　逃　走　不　逃　走？｜｜老　虎
tɤ˨　tsʅ˨　tʻɛ˨　tsei˨　pɤ(ʔ)˨　tʻɛ˥　tsei˨｜｜lɤ˨　xu˨

倒　当　是　真　伢，｜＊其　就　跟　着
tɤ˨　tã˩　tsʻʅ˨　tɕiã˨　leʔ˦ˑ｜ki˥　tsʻiɯ˦　kã˨　tɕʻioʔ˦

(却)　其　人　一　起　行。｜那　些　野　兽
　　ki˥　iã˥　i(ʔ)˨　tsʻʅ˨　xeĩ˥｜lɒ˨　ɕiã˦　iɒ˨　sei˥

一　看　＊着　(却)　其　人　真　致　＊都
i(ʔ)˨　kʻɒ˨　tɕʻioʔ˦　　ki˥　iã˥　tɕiã˨　tsʅ˩　tɤ˨

(多)　吓　伢　走　脱　了。｜｜老　虎　不
　　xaʔ˨　leʔ˦ˑ　tsei˨　tʻɤʔ˥　liʔˑ｜｜lɤ˨　xu˨　pɤ(ʔ)˨

晓　得　那　些　野　兽　是　因　为　怕
ɕiɛ˨　ti(ʔ)˩　lɒ˨　ɕiã˦　iɒ˨　sei˥　tsʻʅ˨　iã˦　uei˥　pʻo˥

了　其　自　家　才　走　脱　伢，｜＊还　当
liʔ˦　ki˥　tsʻʅ˦　ko˨　tsʻæ˥　tsei˨tʻɤʔ˥　leʔ˦｜uɒ˥　tã˥

是　　＊其　　人　　是　　怕　　了　　那　　只　　狐　（乌）
tsʻɿ┤　ki˥　iã˥　tsʻɿ┤　pʻoˊ　liˑ　lɒˇ　tɕi(ʔ)ˇ　uˑ

狸。‖　如　　今　　大　　王　　把　　五　　千　　里　　见
mˑ　yˑ　tɕiãˇ　tʻɒˊ　uõˑ　poˇ　vuˇ　tsʻeiˇ　mˇ　tɕĩ˥

方　伪　地　皮，‖　一　百　万　带　甲　伪
fõˇ　leˑ　tʻɿ┤　pʻɿˑ　i(ʔ)ˇ　pɤʔˇ　uɒˇ　tɒˊ　kaʔˑ　leˑ

兵，　＊都　（多）　交　＊给（亨）　昭　奚　恤　去
piãˇ　tɵˇ　tɕiɛˇ　xeĩˇ　tɕiɵˇ　tsʻɿˇ　ɕiʔˇ　kʻiˊ

管　去，　那　哒，‖　北　边　人　所　以　那　的
kuɒˇ　kiˑ　lɒˇ　liˑ　pɤ(ʔ)ˇ　pẽĩˇ　iã˥　sɵˇ　iˇ　lɒˇ　tiˑ

怕　了　昭　奚　恤，‖　＊还　不　＊是　（此）
pʻoˊ　liˑ　tɕiɵˇ　tsʻɿˇ　ɕiʔˇ　uɒˑ　pɤ(ʔ)ˇ　tsʻɿ┤

怕　了　你　大　王　伪　兵，‖　那　还　不
pʻoˊ　liˑ　nˇ　tʻɒˊ　uõˑ　leˑ　piãˇ　nˇ　uɒˑ　pɤʔˇ

是　＊同　（搭）　那　些　野　兽　怕　了　老
tsʻɿ┤　taʔˇ　lɒˇ　ɕiãˇ　iɒˇ　seiˊ　pʻoˊ　liˑ　lɤˇ

虎　一　样　＊罢？"‖
xuˇ　i(ʔ)ˇ　iõ┤　pɒˇ

（五）歌谣

——绩溪城内胡裕沄女士读音——

1. 喜鹊哥哥　sɿ˥ʌ　tɕʻioʔˇ　kɵˇ　kɵˇ

喜鹊哥哥尾巴长，　　　sɿ˥ʌ　tɕʻioʔˇ　kɵˇ　kɵˇ　ueiˇ　poˇ　tɕʻiõ˥

打锣打鼓接小娘。　　　tɒˇ　leˑ　tɒˇ　kuˇ　tɕieˇ　ɕiɵˇ　ȵiõ˥

小娘接不来，　　　　　ɕiɵˇ　ȵiõ˥　tɕieʔˇ　pɤʔˇ　læ˥

官人家里哭哀哀。　　　kuɒˇ　iã˥　koˇ　nˇ　kʻuɤʔˇ　æˇ　ŋæˇ

别哭，别哭，　　　　　pʻieˇ　kʻuɤʔˇ　pʻieˇ　kʻuɤʔˇ

明朝后朝送担来。　　miã˥ tɕie˩ xei˦ tɕie˩ sã˥ tɑ˥ læ˥|

么仇送?　　my˩ le˧ sã˥|

三担包,两担粽。　　sɒ˩ tɑ˥ py˩|niõ˩ tɑ˥ tsã˥|

拴起房门吃粿粽,　　ɕye ĩ˩ tsʻ˻˩ fõ˥ mã˥ tɕʻiʔ˩ kθ˦ tsã˥|

开开房门肚里痛。　　kʻæ˩ kʻæ˩ fõ˥ mã˥ tʻu˧ m̩˩ tʻã˥‖

2. 做春梦 tso˥ tɕʻyã˩ mã˧

今年望到明年好,　　tɕiã˩ n̠ĩ˩ uõ˧ tɤ˥ miã˥ n̠ĩ˥ xɤ˩|

明年望到后年好,　　miã˥ n̠ĩ˥ uõ˧ tɤ˥ xei˧ n̠ĩ˥ xɤ˩|

到了后年,　　tɤ˥ nio˩ xei˧ n̠ĩ˥|

还是穿件破棉袄。　　un˥ sʅ˧ tɕʻye ĩ˩ tɕʻĩ˧ pʻθ˥ mei˥ n̠ɤ˩‖

3. 青菜 tɕʻiã˩ tsʻæ˥

一棵青菜四叶黄,　　iʔ˩ kθ˥ tɕʻiã˩ tsʻæ˥ sʅ˥ iaʔ˩ xõ˥|

朝见露水夜见霜,　　tɕie˩ tɕĩ˥ lu˧ ɕy˩ tɕĩ˥ sõ˩|

人人说我无结实,　　iã˥ iã˥ ɕye ʔ˩ ŋθ˩ vu˥ tɕie˧ ɕieʔ˩|

正二三月满田黄。　　tɕiã˩ ɚ˧ sɒ˩ yɤ ʔ˩ mã˩ tʻe ĩ˥ xõ˥‖

4. 白米饭 pʻa ʔ˩ m̩˩ fɑ˧

白米饭,扑鼻香,　　pʻa ʔ˩ m̩˩ fɑ˧|pʻɤ ʔ˩ pʰ˩ ɕiõ˩|

吃完白饭下西乡,　　tɕʻiʔ˩ uɒ˥ pʻa ʔ˩ fɑ˧ xo˥ sʅ˩ ɕiõ˩|

我下西乡无别事,　　ŋθ˩ xo˧ sʅ˩ ɕiõ˩ vu˥ pʻieʔ˩ sʅ˩|

替我哥哥栽小秧,　　tʻ˩ ŋθ˩ kθ˩ kθ˩ tsæ˩ ɕie˩ iõ˩|

自家吃饭自家赚,　　tsʻ˩ tɕio˩ tɕʻiʔ˩ fɑ˧ tsʻ˩ tɕio˩ tsʻu˩|

不借旁人半点光。　　pɤ ʔ˩ tɕio˥ pʻõ˥ iã˥ pɒ˥ te ĩ˩ kõ˩‖

5. 油菜花 iɯ˥ ts'æ˥˩ xo˩

油菜花,四开心,	iɯ˥ ts'æ˥˩ xo˩｜sʐ˥˩ k'æ˩ ɕiã˩｜
不和娘亲和谁亲,	pɤʔ˩ xo˥ niõ˥ tɕ'iã˩ xo˥ suei˥ tɕ'iã˩｜
没有娘来养不大,	mɤʔ˩ iɛ˩ niõ˥ læ˥˩· iõ˩ pɤʔ˩ t'ɒ˥｜
没有爷来成不了人。	mɤʔ˩ iɛ˩ iɒ˥ læ˥˩· tɕ'iã˥ pɤʔ˩ nie˩ iã˥｜‖

6. 石榴花 ɕiʔ˩ liɯ˥ xo˩

石榴花,头对头,	ɕiʔ˩ liɯ˥ xo˩ t'ei˥ tæ˥˩ t'ei˥｜
爹爹给我一只牛,	tiɒ˩ tiɒ˩ tɕieʔ˩ ŋɒ˩ iʔ˩ tɕiʔ˩ ŋei˥｜
妈妈给我一匹绸,	mɒ˩ mɒ˩ tɕieʔ˩ ŋɒ˩ iʔ˩ p'iʔ˩ tsʻei˥｜
哥哥给我白纸扇,	kɤ˩ kɤ˩ tɕieʔ˩ ŋɒ˩ p'aʔ˩ tsʐ˩ ɕye ĩ˥｜
嫂嫂给我一个小丫头,	sɤ˥˩ sɛ˩ tɕieʔ˩ ŋɒ˩ iʔ˩ kɤ˥˩· ɕiɛ˩ o˩
	t'ei˥｜
骑着牛,披着绸,	tsʐ˥ tɕioʔ˩ ŋei˥｜p'ʐ˩ tɕioʔ˩ tsʻei˥｜
白纸扇,遮日头,	p'aʔ˩ tsʐ˩ ɕye ĩ˥｜tɕiɒ˩ ȵieʔ˩ t'ei˥｜
后头跟着一个小丫头。	xei˥ t'ei˥ kã˩ tɕ'ioʔ˩ iʔ˩ kɤ˥˩· ɕiɛ˩
	o˩ t'ei˥｜‖

7. 乡下老妪 ɕiõ˩ xo˥ lɤ˥˩ y˩

乡下老妪,	ɕiõ˩ xo˥ lɤ˥˩ y˩｜
上街看菩萨。	ɕõ˩ kɒ˩ k'ɒ˥˩ p'u˥ saʔ˩｜
朱青鞋,红滚口,	tɕy˩ tɕ'iã˩ xɒ˥｜xuã˥ kuã˩ k'ei˩｜
好看煞。	xɤ˩ k'ɒ˥˩ saʔ˩｜
艳山红,满头插;	ĩ˦ sɒ˩ xuã˥｜mã˩ t'ei˥ tsʻɤʔ˩｜
瓜子豆,满路剥。	kɒ˩ tsʐ˩ tei˥｜mã˩ lu˩ pɤʔ˩｜

一走走到天王寺，　i?˨ tsei˧˥∧ tsei˧˥ tɤ˦∧ t'ẽĩ˨˩ uõ˥ ts'ɿ˧｜
脚痛煞；　tɕio?˨ t'ã˦ sa?˨｜
裹脚一抽快活煞！　kɵ˧˥∧ tɕio?˨ i?˨ ts'ei˨˩ k'uɒ˦ xuɤ?˨ sa?˨｜
快活煞！　k'uɒ˦ xuɤ?˨ sa?˨‖

8. 青菜花 tɕ'iã˨˩ ts'æ˦∧ xo˨˩

青菜花，荬菜花，　tɕ'iã˨˩ ts'æ˦∧ xo˨˩｜mɒ˧˥ ts'æ˦∧ xo˨˩｜
打扮姑娘许人家。　tɒ˧˥ pɒ˦ ku˨˩ niõ˥ ɕy˧˥ iã˥ ko˨˩｜
俺家姑娘不曾十八岁，ɒ˧˥ ko˨˩ ku˨˩ niõ˥ pɤ?˨ ts'ã˥ ɕie?˨ pa?˨ ɕy˦｜
梳不得新人头，　su˨˩ pɤ?˨ tɤ?˨ ɕiã˨˩ iã˥ t'ei˥｜
戴不得新人花，　tæ˧ pɤ?˨ tɤ?˨ ɕiã˨˩ iã˥ xo˨˩｜
捏不得笤帚，管不得家。nie?˨ pɤ?˨ tɤ?˨ t'iɛ˥ tsei˧˥｜kuɒ˧˥ pɤ?˨ tɤ?˨ ko˨˩‖

9. 金锁匙 tɕiã˨˩ sɵ˧˥ sɿ˥

金锁匙，银锁匙，　tɕiã˨˩ sɵ˧˥ sɿ˥｜niã˥ sɵ˧˥ sɿ˥｜
嫁给官家做小姨；　ko˦∧ xeĩ˧˥ kuɒ˨˩ ko˨˩ tsɵ˦∧ ɕiɛ˧˥ ɿ˥｜
官家不要，嫁给刀鞘；kuɒ˨˩ ko˨˩ pɤ?˧ iɛ˦｜ko˦∧ xeĩ˧˥ tɤ˨˩ tɕ'iɛ˦｜
刀鞘无绳，嫁给油瓶；　tɤ˨˩ tɕ'iɛ˦ vu˥ ɕiã˥｜ko˦∧ xeĩ˧˥ iʉ˥ p'iã˥｜
油瓶没嘴，嫁给老鼠；iʉ˥ p'iã˥ miɛ˨ tɕy˧˥｜ko˦∧ xeĩ˦ lɤ˧˥∧ tɕ'y˧˥｜
老鼠撒尿，嫁给蜘蛛；lɤ˧˥∧ tɕ'y˧˥ sa?˨ ɕy˨˩｜ko˦∧ xeĩ˧˥ tsɿ˨˩ tɕy˨˩｜
蜘蛛没膜，嫁给麻雀；tsɿ˨˩ tɕy˨˩ miɛ˨ mo?˨｜ko˦∧ xeĩ˧˥ mo˥ tɕ'io?˨｜

麻雀没毛,嫁给毛桃; mo˥ tɕʻioʔ˩ miɛ˩ mɣ˥｜ko˥˩ xeĩ˩ mɣ˥ tʻɣ˥｜

毛桃没核,嫁给萝卜; mɣ˥ tʻɣ˥ miɛ˩ uɣʔ˩｜ko˥˩ xeĩ˩ lə pɣʔ˩｜

萝卜没根,嫁给菜心; lə pɣʔ˩ miɛ˩ kã˩｜ko˥˩ xeĩ˩ tsʻæ˥˩ ɕiã˩｜

菜心没花,嫁给南瓜; tsʻæ˥˩ ɕiã˩ miɛ˩ xo˩｜ko˥˩ xeĩ˩ lɒ˥ ko˩｜

南瓜没子,嫁给鸡子; lɒ˥ ko˩ miɛ˩ tsʅ˩｜ko˥˩ xeĩ˩ tsʅ˩ tsʅ˩｜

鸡子没黄,嫁给沙糖; tsʅ˩ tsʅ˩ miɛ˩ xõ˥｜ko˥˩ xeĩ˩ so˩ tʻõ˥｜

沙糖不甜,嫁给黄连; so˩ tʻõ˥ pɣʔ˩ tʻeĩ˥｜ko˥˩ xeĩ˩ xõ˥ n̩ĩ˥｜

黄连不苦,嫁给猪肚; xõ˥ n̩ĩ˥ pɣʔ˩ kʻu˩｜ko˥˩ xeĩ˩ tɕy˩ tʻu˩｜

猪肚不烂, tɕy˩ tʻu˩ pɣʔ˩ lɑ˦｜

骨碌骨碌滚到石碡。kuɣʔ˩ lɣʔ˩ kuɣʔ˩ lɣʔ˩ kuã˩ tɣ˥ ɕi˩ tʻɒ˥‖

10. 艳山红 ĩ˦ sɒ˩ xuã˥

艳山红,红艳艳, ĩ˦ sɒ˩ xuã˥｜xuã˥ ĩ˥˩ ĩ˦｜

打扮姑娘像锦绣, tɒ˥˩ pɒ˥ ku˩ niõ˥ tɕʻiõ˦ tɕʻiã˩ sei˥｜

买条绣花裙, mɒ˩ tʻiɛ˥ sei˥˩ xo˩ tɕʻyã˥｜

交给姐姐妹妹做新人,kɣ˩ xeĩ˩ tɕiɒ˥˥ tɕiɒ˩ mæ˦ mæ˦ tsə˥˩ ɕiã˩ iã˥｜

哪一个驮上轿, lɒ˩˩ iʔ˩ kə˥˩ tʻə˦ ɕõ˥˩ tɕʻiɜ˦｜

哥哥驮上轿, kə˩ kə˩ tʻə˦ ɕõ˥˩ tɕʻiɜ˦｜

哪一个端油瓶, lɒ˩˩ iʔ˩ kə˥˩ tɒ˩ iɯ˥ pʻiã˩｜

弟弟端油瓶, tʻi˩˥ tʻi˦ tɒ˩ iɯ˥ pʻiã˩｜

一端端到十里亭, iʔ˩ tɒ˩ tɒ˩ tɣ˥˩ ɕiɜ˩ m̩˩ tʻiã˥｜

背后葫芦蜂，　　　　　pæ˧˩꜖ xei˦ u˥˩· lu˥ fã˩꜖|

飞来咬一口，　　　　　fei˩꜖ læ˥ ŋɤ˥꜖ i˧꜖ kʻei˩꜖|

爬起来就走，　　　　　pʻo˥ tsŋ˩꜖ læ˥˩· tɕ iɯ˦ tsei˩꜖|

走到外婆家门口，　　　tsei˩꜖ tɤ˧˩· uɒ˦˥ pʻθ˥ ko˩꜖ mã˥ kʻei˩꜖|

外婆说:别号别号，　　uɒ˦˥ pʻθ˥ ɕyeʔ˩꜖|pʻieʔ˩꜖ xɤ˥ pʻieʔ˩꜖ xɤ˥|

给你一个好红桃，　　　xeī˩꜖nʌ˩꜖ i˧꜖ kθ˧˩· xɤ˥ xuã˥ tʻɤ˥|

别哭别哭，　　　　　　pʻieʔ˩꜖ kʻuɤʔ˩꜖ pʻieʔ˩꜖ kʻuɤʔ˩꜖|

给你一个甜萝卜。　　　xeī˩꜖nʌ˩꜖ i˧꜖ kθ˧˩· tʻeī˥ lθ˥ pɤʔ˩꜖‖

11. 柏枝树 paʔ˩꜖ tsŋ˩꜖ ɕy˦

柏枝树，柏枝桠，　　　paʔ˩꜖ tsŋ˩꜖ ɕy˦|paʔ˩꜖ tsŋ˩꜖ ŋo˩꜖|

柏枝树下一个好人家,paʔ˩꜖ tsŋ˩꜖ ɕy˦ xo˦ i˧꜖ kθ˧˩· xɤ˥ iã˥

　　　　　　　　　　　ko˩꜖|

生个男，会管家，　　　sã˩꜖ kθ˧˩· lɑ˥|uæ˦˩꜖ kuɒ˩꜖ ko˩꜖|

生个女，会挑花，　　　sã˩꜖ kθ˧˩· ny˥|uæ˦˩꜖ tʻiε˩꜖ xo˩꜖|

一挑挑到三十日夜下, i˧꜖ tʻiε˩꜖ tʻiε˩꜖ tɤ˧˩· sɒ˩꜖ ɕieʔ˩꜖ nieʔ˩꜖ iɑ˩꜖

　　　　　　　　　　　xo˦|

称称半斤四两花，　　　tɕ iã˩꜖ tɕ iã˩꜖ pɒ˧˩꜖ tɕiã˩꜖ sŋ˥꜖ niõ˩꜖ xo˩꜖|

爬上树，采朵梅，　　　pʻo˥ ɕõ˩꜖ ɕy˦|tsʻæ˩꜖ tθ˩꜖ mæ˥|

看着婆家送轿来　　　　kʻɒ˧˩꜖ tɕioʔ˩꜖ pʻθ˥ ko˩꜖ sã˧˩꜖ tɕ iε˦ læ˥|

一脚两脚跳下来。　　　i˧꜖ tɕioʔ˩꜖ niõ˩꜖ tɕioʔ˩꜖ tʻīε˧˩꜖ ɕio˦ læ˥‖

12. 游火虫 iɯ˥ xθ˩꜖ tsʻã˥

游火虫,游火虫，　　　iɯ˥ xθ˩꜖ tsʻã˥|iɯ˥ xθ˩꜖ tsʻã˥|

飞到西来飞到东，　　　fei˩꜖ tɤ˧˩· sŋ˩꜖ læ˥˩· fei˩꜖ tɤ˧˩· tã˩꜖|

想必肚里有蜡烛，　　　ɕiõ˩꜖ pieʔ˩꜖ tʻu˦ m̩˩꜖ iε˩꜖ laʔ˩꜖ tsʻɤʔ˩꜖|

夜夜点灯笼， io˦ ˥˩ io˦ te˥˩ tã˦ lã˥˩

请你飞来照着我， tɕʻiã˦ n̩˥ fei˦ læ˥˩. tɕie˦˥ tɕioˀ˥ ŋɐ˥˩

翻书好用功。 fɒ˦ su˦ xɤ˦ yã˦˥ kuã˦ ‖

13. 扫地 sɛ˦˥ tʻʅ˦

堂前扫地众家分， tʻõ˥ tsʻeī˥ sɛ˦˥ tʻʅ˦ tsã˦˥ ko˦ fã˦

灶下扫地姑嫂分； tsɤ˦˥ xo˦ sɛ˦˥ tʻʅ˦ ku˦ sɛ˦ fã˦

嫂啊嫂，别顶真， sɛ˥ ɒ˦ sɛ˦ pʻieˀ˦ tiã˦˥ tɕiã˦

姑啊姑，别认真， ku˦ ɒ˦ ku˦ pʻieˀ˦ niã˦ tɕiã˦

耽搁三年别人家仇人， tɒ˦ ko˦ sɒ˦ nĩ˥ pʻieˀ˦ iã˥ ko˦ le˩. iã˥

哥哥驮上轿， ke˦ ke˦ tʻɵ˦ ɕõ˦˥ tɕʻiɛ˦

嫂嫂送到龙王庙， sɛ˦˥ sɛ˦ sã˦˥ tɤ˦ lã˥ uõ˥ miɛ˦

龙王庙下一条蛇， lã˥ uõ˥ miɛ˦ xo˦ iˀ˦ tʻiɛ˦ so˥

绕来绕去捉虾蟆， nie˦ læ˥ nie˦ tɕʻy˦ tsɤˀ˦ kʻo˥ moˀ˦

虾蟆捉得叽叽叫， kʻo˥ moˀ˦ tsɤˀ˦ tɤˀ˦ tsʅ˦ tsʅ˦ tɕie˦

龙王菩萨眯眯笑。 lã˥ uõ˥ pʻu˥ saˀ˦ m̩˥ m̩˥ ɕie˦ ‖

14. 打五更 tɒ˦ vu˦ keĩ˦

一只鸟，打五更， iˀ˦ tɕiˀ˦ nie˦ tɒ˦ vu˦ keĩ˦

打锣打鼓进茶园。 tɒ˦˥ le˥ tɒ˦˥ ku˦ tɕiã˦˥ tsʻo˥ yeĩ˥

茶叶尖尖，茶子圆圆。 tsʻo˥ iaˀ˦ tseī˦ tseī˥ tsʻo˥ tsʅ˦ yeĩ˥ yeĩ˥

做茶辛苦，卖茶赚钱。 tse˦˥ tsʻo˥ ɕiã˦ ku˦ mɒ˦ tsʻo˥ tsʻɒ˦ tsʻeī˥

一赚赚着一只芙蓉带， iˀ˦ tsʻɒ˦˥ tsʻɒ˦ tɕioˀ˦ iˀ˦ tɕiˀ˦ fu˥ yã˥

tæ˥｜

一赚赚着一个螺蛳圈。iʔ˨ tsʻɒ˦˥ tsʻɒ˦ tɕioʔ˨ iʔ˨ kθ˥˩ lθ˥ sʂ˨
tɕʻye ĩ˨｜

摆手摆脚,摆到公面前。pɒ˦˥ sei˨ pɒ˦˥ tɕioʔ˨｜pɒ˨ tɣ˦˥ kuã˨
me ĩ˦ tsʻeĩ˥｜

叫公不要打, tɕiɛ˥˦ kuã˨ pɣʔ˨ iɛ˥˦ tɒ˦｜

叫婆不要嫌, tɕiɛ˥˦ pʻθ˦ pɣʔ˨ iɛ˥˦ ɕi˥｜

各人家仍男女都值钱。koʔ˨ iã˥ ko˨ lθ˥˩ lɒ˥ ny˨ tθ˨ tɕʻiʔ˨
tsʻeĩ˥｜

一根头发一根金, iʔ˨ kã˨ tʻeĩ˥ faʔ˨ iʔ˨ kã˨ tɕiã˨｜

各人家仍男女痛肝心,koʔ˨ iã˥ ko˨ lel˥˩ lɒ˥ ny˨ tʻã˦˥ kɒ˨
ɕiã˨｜

一根头发一根杪, iʔ˨ kã˨ tʻeĩ˥ faʔ˨ kã˨ miɛ˨｜

各人家仍男女痛不了。koʔ˨ iã˥ ko˨ lθ˥˩ lɒ˥ ny˨ tʻã˦˥ pɣʔ˨
niɛ˨‖

15. 世上事 sʂ˦˥ ɕõ˦˥ sʂ˦

世上事来颠倒颠, sʂ˦˥ ɕõ˦˥ sʂ˦ læ˥˩ teĩ˨ tɣ˦˥ teĩ˨｜

媳妇骑马公来牵, ɕiʔ˨ fu˦ tsʻʂ˦ mo˨ kuã˨ læ˥˩ tɕʻeĩ˨｜

叔叔伯伯撑雨伞, sɣʔ˨ sɣʔ˨ pɣʔ˨ pɣʔ˨ tsʻeĩ˨ y˨ sɒ˨｜

无用男人捏马鞭, vu˥ yã˦ lɒ˥ iã˥ nieʔ˨ mo˨ peĩ˨｜

捏得好,打三鞭, nieʔ˨ tɣʔ˨ xɣ˨｜tɒ˨ sɒ˨ peĩ˨｜

捏不好,双脚颠。 nieʔ˨ pɣʔ˨ xɣ˨｜sõ˨ tɕioʔ˨ teĩ˨‖

16. 喜鹊叫 sʂ˦˥ tɕʻioʔ˨ tɕiɛ˥

喜鹊叫,客人来, sʂ˦˥ tɕʻioʔ˨ tɕiɛ˥｜kʻɣʔ˨ iã˥ læ˥｜

有得担,哈哈笑,　　　　　　iɛ˩ tɤˀ˩ tɒ˩ læ˥| xɒ˩ xɒ˩ ɕiɛ˥|

没得担来嘴尖翘。　　　　　mɤˀ˩ tɤˀ˩ tɒ˩ læ˥. tsuei˦ tseī˩ tɕˈiɛ˥‖

17. 喜鹊叫得好 sʅ˩ tɕˈioˀ˩ tɕiɛ˦ tɤˀ˩ xɤ˩

喜鹊叫得好,　　　　　　　sʅ˩ tɕˈioˀ˩ tɕiɛ˦ tɤˀ˩ xɤ˩|

爸爸进财宝,　　　　　　　pɒ˩ pɒ˩ tɕiã˦ tsˈæ˥ pɤ˩|

妈妈生弟弟,　　　　　　　mɒ˩ mɒ˩ sã˩ tˈʅ˦ tˈɭ˩|

哥哥娶嫂嫂,　　　　　　　kɵ˩ kɵ˩ tɕˈy˩ sɛ˦ ʒɛ˩|

新嫂嫂,好嫂嫂,　　　　　ɕiã˩ sɛ˦ sɛ˩| xɤ˩ ʒɛ˦ sɛ˩|

给我一个扳不倒。　　　　 tɕieˀ˩ ŋɵ˩ iˀ˩ kɵ˦. pɒ˩ pɤˀ˩ tɤ˩‖

18. 一个姑娘 iˀ˩ kɵ˦. ku˩ niõ˥

一个姑娘洗菜心,　　　　　iˀ˩ kɵ˦. ku˩ niõ˥ ɕi˩ tsˈæ˦ ɕiã˩|

失掉个金戒无处寻,　　　　ɕiˀ˩ tie˦. kɵ˦. tɕiã˩ kæ˥ vu˥ tɕˈy˦

　　　　　　　　　　　　ɕiã˥|

哪个哥哥拾着还了我, lɒ˩ kɵ˦. kɵ˩ kɵ˩ ɕieˀ˩ tɕioˀ˩ xɑu˥

　　　　　　　　　　　　niɛ˦ ŋɵ˩|

加子又加孙。　　　　　　 kɒ˩ tsʅ˩ iɯ˦ kɒ˩ sã˩‖

19. 斑鸠叫 pɒ˩ tɕiɯ˩ tɕiɛ˥

斑鸠叫,树头青,　　　　　pɒ˩ tɕiɯ˩ tɕiɛ˥| ɕy˩ tˈei˥ tɕˈiã˩|

姐妹两个共盏灯,　　　　　tɕiɒ˩ mæ˩ niõ˩ kɵ˦. kˈuã˩ tsɒ˩ tã˩|

姐做鞋,妹穿针,　　　　　tɕiɒ˩ tsɵ˦ ɦɒ˥| mæ˩ tɕˈye ī˩ tɕiã˩|

做双花鞋送母亲,　　　　　tsɵ˦ sõ˩ xo˩ xɒ˥ sã˦ mu˦ tɕˈiã˩|

母亲怀我十个月,　　　　　mu˦ tɕˈiã˩ xɑu˥ ŋɵ˩ ɕieˀ˩ kɵ˦. yeˀ˩|

月月都担心。　　　　　　 yeˀ˩ yeˀ˩ tɵ˩ tɒ˩ ɕiã˩‖

20. 亲家 tɕʻiã˩ ko˩

亲家亲家你请坐，	tɕʻiã˩ ko˩ tɕʻiã˩ ko˩ n̩˥ tɕʻiã˩ tsʻə˦ǀ
你家女儿不是货。	n̩˥ tɕio˩ ny˥ ɚ˥ pɤʔ˥ sɿ˥ xə˥ǀ
叫她扫扫地，	tɕie˥ tʻɒ˩ sɜ˥ sɜ˥ tʻɿ˦ǀ
拿个筶篓舞把戏；	lɒ˥ kə˥ tʻiɛ˥ tsei˥ vu˥ po˥ sɿ˥ǀ
叫她抹抹桌，	tɕie˥ tʻɒ˩ mɤʔ˩ mɤʔ˩ tsoʔ˩ǀ
爬到桌上裹小脚；	pʻo˥ tɤ˥ tsoʔ˥ ɕiõ˦ kə˩ ɕie˥ tɕioʔ˩ǀ
叫她烧烧锅，	tɕie˥ tʻɒ˩ ɕie˩ ɕie˩ kə˩ǀ
拿个火叉望着我；	lɒ˥ kə˦ xə˩ tsʻo˩ uõ˦ tɕio˩ ŋə˩ǀ
叫她煮煮饭，	tɕie˥ tʻɒ˩ tɕy˥ tɕy˩ fɒ˦ǀ
一半生，一半烂，	iʔ˩ pɒ˥ sã˩ǀ iʔ˩ pɒ˥ lɒ˦ǀ
叫她挑挑水，	tɕie˥ tʻɒ˩ tʻiɛ˩ tʻiɛ˩ ɕy˩ǀ
拿个扁担舞小鬼；	lɒ˥ kə˥ peĩ˥ tɒ˩ vu˥ ɕie˥ kuei˩ǀ
叫她关关门，	tɕie˥ tʻɒ˩ kuɒ˩ kuɒ˩ mã˥ǀ
拿起门闩乱打人；	lɒ˥ tsʻɿ˥ mã˥ sɒ˩ lã˦ tɒ˩ iã˥ǀ
叫她拔拔葱，	tɕie˥ tʻɒ˩ pʻaʔ˩ pʻaʔ˩ tsʻã˩ǀ
站在田里哭公公；	tsɒ˩ tsʻæ˦ tʻeĩ˥ m̩˥ kʻuɤʔ˩ kuã˩ kuã˩ǀ
叫她抹苞萝，	tɕie˥ tʻɒ˩ mɤʔ˩ po˩ lə˥ǀ
坐在田里哭婆婆。	tsʻə˦ tsʻæ˦ tʻeĩ˥ m̩˥ kuɤʔ˩ pʻə˥ pʻə˥‖

——绩溪城内周懋蘅读音——

21. 游火虫 iɯ˥ xə˩ tsʻã˥

游火虫，夜夜红。	iɯ˥ xə˩ tsʻã˥ǀ iɒ˥ iɒ˥ xuɒ˥ǀ
公公挑菜卖胡葱，	kuã˩ kuã˩ tʻiɛ˩ tsʻæ˥ mɒ˥ xu˥ tsʻã˩ǀ
婆婆绩麻糊灯笼，	pʻə˥ pʻə˥ tɕiʔ˩ mo˥ xu˥ tã˩ lã˥ǀ

哥哥开店做郎中，　　ko↘ ko↘ kʻæ↘ tei˥ tso˦ lo˥ tsã↘|

嫂嫂抽牌捉牙虫，　　se↙ se↙ tsʻei↘ pʻæ˥ tsɤʔ↘ io˥ tsʻã˥|

小叔读书提鸟笼。　　ɕie↙ sɤˀ↘ tʻɤˀ↘ su↘ tsʻ˩˥ nie↙ lã˥‖

22. 巧姐姐 tɕʻiɛ↘ tɕiɒ↘ tɕiɒ↙

巧姐姐，巧打扮：　　tɕʻiɛ↘ tɕiɒ↘ tɕiɒ↙| tɕʻiɛ↘ tɒ↙ pɒ˥|

梳油头，擦粉面，　　su↘ iɯ˥ tʻei˥| tsʻaʔ↘ fã↙ mei˥|

金子打的金项圈，　　tɕiã↙ ts˩˙ tɒ↙ ti˙ tɕiã↙ xõ˦ tɕʻyei↘|

银子打的包头簪，　　niã˥ ts˩˙ tɒ↙ ti˙ pɤ˥ tʻei˥ tsɒ↘|

葱白衫，挂金边，　　tsʻã↘ pɤ⁽ˀ⁾↘ sɒ↘| kuɒ˥ tɕiã↘ pẽ˥|

红绸裤，纽下边，　　xuã˥ tsʻei˥ kʻu˥| nie↙ ɕo˦ pẽ˥|

高底鞋，叮当响，　　kɤ↘ ts˩↘ xɒ˥| tiã↘ tõ↘ ɕiõ↙|

走一步，扇一扇，　　tsei↙ i⁽ˀ⁾↘ pu˦| sei˥ i⁽ˀ⁾↘ sei˥|

咕叽咕叽真好看。　　ku↘ ts˩↘ ku↘ ts˩↘ tɕiã↘ xɤ↙ kʻɒ˥‖

23. 小皮球 ɕiɛ↙ pʻ˩˥ kʻei˥

小皮球，滴滴圆，　　ɕiɛ↙ pʻ˩˥ kʻei˥| ti⁽ˀ⁾↘ ti⁽ˀ⁾↘ ye˥|

受屈自还原，　　sei↙↙ tɕʻye↘ tsʻ˩˦ xuɒ˥ ye˥|

一生碰硬不碰软，　　i⁽ˀ⁾↘ sã↘ pʻã↙↙ ŋei˦ pɤʔ↘ pʻã↙↙ nyeı↙|

气力强时跳上天。　　tsʻ˩↙↙ li↘ tɕʻõ˥ s˩˥ tʻiɛ↘ ɕõ˦ tʻeı˥‖

24. 吉祥草 tɕi⁽ˀ⁾↘ ɕõ˥ tsʻei↙

吉祥草，万年青，　　tɕi⁽ˀ⁾↘ ɕõ˥ tsʻei↘| uɒ˦↙ neı˥ tɕʻiã↘|

爷爷婆婆老寿星，　　tiɒ↘ tiɒ↘ pʻɵ˥ pʻɵ˥ ɤl↙ sei˦ ɕiã↙|

妈妈在家生弟弟，　　mɒ↘ mɒ↘ tsʻæ˦ ko↘ sã↘ t˩˥↙ tʻ˩˦|

爸爸在外发万金。　　pɒ↘ pɒ↘ tsæ˦ uɒ˦ faʔ↘ uɒ˦↙ tɕiã↘‖

25. 吃点奶再来 tɕiʔ˩ teĩ˩ nɒ˥ tsæ˥˩ læ˥

三岁小孩子,穿着红鞋,　　　sɒ˩ suei˥ ɕiɛ˩ xæ˥˩ tɕʻyeĩ˩ tɕiɒ˩ xuã˥ xɒ˥˩

摇摇摆摆,到学堂里来;　　　iɛ˥ iɛ˥ pɒ˩ pɒ˩ tɤ˥˩ ɕiɒʔ˩ tʻõ˥ m̩˩ læ˥˩

先生别笑我,　　　　　　　　seĩ˩ sã˩ pʻieʔ˩ ɕiɛ˥ ŋɒ˩

我要回家去,吃点奶再来。　　ŋɒ˩ iɛ˩ xuæ˥ tɕiɒ˩ tɕʻi˥˩ tɕʻiʔ˩ teĩ˩ nɒ˥

　　　　　　　　　　　　　　tsæ˥˩ læ˥ ‖

26. 小大姐 ɕiɛ˩ tɒ˥ tɕiɒ˩

小大姐,过河来,　　　　ɕiɛ˩ tɒ˥ tɕiɒ˩ kɒ˥˩ xɒ˥ læ˥

买绒线,做花鞋,　　　　mɒ˩ yã˥ seĩ˩ tsɒ˥ xuɒ˥ xɒ˥

公一双,婆一双,　　　　kuã˩ i⁽ʔ⁾˩ sõ˩ pʻɵ˥ i⁽ʔ⁾˩ sõ˩

小姑娘没有再想方。　　ɕiɛ˩ ku˩ niõ˥ mɤʔ˩ iɛ˩ tsæ˥˩ ɕiõ˩ fõ˩ ‖

27. 新打茶壶 ɕiã˩ tɒ˩ tsʻo˥ xu˥

新打茶壶光亮亮,　　ɕiã˩ tɒ˩ tsʻo˥ xu˥ kõ˩ niõ˥ niõ˩

新买小猪不吃糠,　　ɕiã˩ mɒ˩ ɕiɛ˩ tɕy˥ pɤʔ˩ tɕʻiʔ˩ kʻõ˩

新娶媳妇不吃饭,　　ɕiã˩ tɕʻy˩ ɕiʔ˩ fu˩ pɤʔ˩ tɕʻiʔ˩ fɒ˩

眼泪汪汪想亲娘。　　ŋɒ˩ m̩˩ uõ˩ uõ˩ ɕiõ˩ tɕʻiã˩ niõ˥ ‖

走一里,过两关,　　　tsei˩ iʔ˩ m̩˩ kɒ˥˩ niõ˩ kuɒ˩

看见哥哥嫂嫂插黄秧;　kʻɒ˥˩ tɕeĩ˥ kɒ˩ kɒ˩ sɒ˩ sɒ˩ tsʻɤʔ˩ xõ˥ iɤ˩

哥哥洗手接妹子,　　kɒ˩ kɒ˩ sɿ˩ sei˩ tɕieʔ˩ mæ˩ tsɿ˩

嫂嫂洗手接姑娘。　　sɒ˩ sɒ˩ sɿ˩ sei˩ tɕieʔ˩ ku˩ niõ˥ ‖

姑娘接到堂前坐,　　ku˩ niõ˥ tɕieʔ˩ tɤ˥ tʻõ˥ tsʻeĩ˥ tsʻɵ˩

问问姑爷有多长？　　　uã˦ uã˦ ku˥˩ iɑ˥ iɜ˩ tɵ˥˩ tɕʻiõ˥˩|

不提起姑爷也罢了，　　pɤʔ˥˩ tʻl̩˥ tsʻl̩˩ ku˥˩ iɑ˥˩ iɑ˩ pɒ˦ niɜin˩˥||

提起姑爷恼断肠！　　　tʻl̩˥ tsʻl̩˩ ku˥˩ iɑ˥ nɤ˩ tʻɑ˦ tɕʻiõ˥||

三尺红布做夹袄，　　　sɑ˥˩ tɕʻiʔ˥˩ xuã˥ pu˥ tsɵ˦ kaʔ˦ ɤ˩|

剪剪断断还说长；　　　tse ĩ˩ tse ĩ˩ tʻɑ˦ tʻɑ˦ xuɤ˥ ɕye˥˩ tɕʻiõ˥˩|

灯盏里头洗个澡，　　　tã˩ tsɒ˩ m̩˩ tʻei˥ sl̩˩ kɵ˥ tsɤ˩|

踏板底下换衣裳；　　　tʻɒʔ˦ pɒ˩ tl̩˩ xo˦ xuɤ˦ i˩ ɕiõ˥|

茄树底下看跑马，　　　tɕʻyɒ˥ ɕy˦ tl̩˩ xo˦ kʻɒ˩˥ pʻɤ˥ mo˩|

苋菜底下来乘凉。　　　ɕĩ˩ tsʻæ˥ tl̩˩ xo˦ læ˥ tɕʻiã˥ niõ˥||

28. 鸡冠花 tsl̩˥˩ kuɑ˦˥ xo˥˩

我叫鸡冠我姓花，　　　ŋɵ˩ tɕie˥˩ tsl̩˩ kuɒ˥˩ ŋɵ˩ ɕiã˥˩ xo˩|

鸡母爱我我爱他，　　　tsl̩˩ mu˩ æ˥˩ ŋɵ˩ ŋɵ˩ æ˥˩ tʻɒ˩|

鸡母爱我好像鸡公样，　tsl̩˩ mu˩ æ˥˩ ŋɵ˩ xɤ˥ tɕʻiõ˦ tsl̩˩ kuã˥˩ iõ˦|

我爱鸡母好像一枝花。　ŋɵ˩ æ˥˩ tsl̩˩ mu˩ xɤ˥ tɕʻiõ˦ iʔ˥˩ tsl̩˩ xo˥˩||

29. 张三姐 tɕiõ˥˩ sɒ˥˩ tɕiɒ˩

张三姐，到婆家，　　　tɕiõ˥˩ sɒ˥˩ tɕiɒ˩| tɤ˥˩ pʻɵ˥ tɕɒ˥˩|

一跤跌倒门槛下，　　　iʔ˩ tɕiɜ˩ tieʔ˩ tɤ˩ mã˥ tsa˥˩ xo˩|

呼声爷，叫声妈，　　　xu˩ sã˩ iɑ˥| tɕiɜ˥˩ sã˩ mɒ˩|

快把你的女儿拉，　　　kʻɑ˥ pɒ˥ m̩˩ tiʔ˩ ny˩ ɤ˥ lɒ˩|

呼爷叫妈都不答，　　　xu˩ iɑ˥ tɕiɜ˥˩ mɒ˩ tɵ˥˩ pɤʔ˥˩ taʔ˥˩|

望着家门眼巴巴，　　　uõ˦ tɕiɒ˥˩ tɕiɒ˩ mã˥ ŋɑ˦ po˥˩ po˥˩|

自古道靠人都是假，　　tsʻl̩˦ ku˥˩ tʻei˦ kʻɤ˥˩ iã˥ tɵ˦ sl̩˦ tɕio˩|

跌倒自己爬。　　　　　tieʔ˥˩ tɤ˥˩ tsʻl̩˦ tsl̩˩ pʻɵ˥||

30．小板凳 ɕiɛ˩ pɒ˩ tã˥

小板凳，四脚叉，	ɕiɛ˩ pɒ˩ tã˥ ┤ sʅ˥˩ tɕioʔ˩ tsʻo˩ ┤
我在南京卖翠花。	ŋɵ˩ tsʻæ˩ lɒ˥ tɕiã˩ mɒ┤ tsʻuei˥˩ xo˩ ┤
顶头遇着小舅子，	tiã˩ tʻei˥ y┤ tɕʻioʔ˩ ɕiɛ˩ kei┤ tsʅ˥ ┤
拜上岳母拜上他，	pɒ˥˩ ɕõ┤ ŋoʔ˩ mu˩ pɒ˥˩ ɕiõ┤ tʻɒ˩ ┤
今年来下定，	tɕiã˩ nĩ˥ læ˥ ɕo┤ tʻiã┤ ┤
明年来娶他，	miã˥ nĩ˥ læ˥ tɕʻy˩ tʻɒ˩ ┤
后年养个肥娃娃。	xei┤ nĩ˥ iõ˩ kɤ˥ fei˥ uɒ˩ uɒ˩ ‖

31．花花轿 xo˩ xo˩ tɕʻiɛ┤

花花轿，八人抬，	xo˩ xo˩ tɕʻiɛ┤ paʔ˩ iã˥ tʻæ˥ ┤
抬进府门来。	tʻæ˩ tɕiã˩ fu˩ ma˥ læ˥ ┤
哥哥背我上花轿，	kɤ˩ kɤ˩ pæ˥˩ ŋɵ˩ ɕiõ┤ xo˩ tɕʻiɛ┤
嫂嫂送我龙王庙，	sɛ˥ sɛ˩ sã˥˩ ŋɵ˩ lã˥ uõ˥ mie┤
扯红旗，放大炮，	tɕʻiɒ˩ xuã˥ tsʅ˥ fõ˥ tʻɒ┤ pɤ˥
呜呜打打好热闹。	u˩ u˩ tɒ˩ tɒ˩ xɤ˥ nieʔ˩ lɤ┤ ‖

32．弹粮鸟 tʻɒ˥ niõ˥ niɛ˩

弹粮鸟，滴滴音，	tʻɒ˥ niõ˥ niɛ˩ tiʔ˩ tiʔ˩ iã˩
买花线，穿花针，	mɒ˩ xo˩ seĩ˥ tɕʻyeĩ˩ xo˩ tɕiã˩
做花鞋，送母亲，	tsɤ˥ xo˩ xɒ˥ sã˥˩ mu˩ tɕʻiã˩
母亲会打铁，	mu˩ tɕʻiã˩ xuæ┤ tɒ┤ tʻieʔ˩
打把剪刀送姐姐，	tɒ˩ po˩ tseĩ˥ tɤ˩ sã˥˩ tɕiɒ˩ tɕiɒ˩
姐姐会铰花，	tɕiɒ˩ tɕiɒ˩ xuæ┤ tɕiɒ˩ xo˩
打把叉来送亲家，	tɒ˩ po˩ tsʻo˩ læ˥ sã˥ tɕʻiã˩ ko˩

亲家会叉鱼，　　　　　tɕ'iã˩ ko˩ xuæ˧ ts'o˩ ny˥|

叉着一个大塘鱼，　　　ts'o˩ tɕioʔ˩ iʔ˩ kɵ˧˩· t'ɒ˧ t'õ˥ ny˥|

公吃头，婆吃尾，　　　kuã˧ tɕ'iʔ˩ t'ei˥| p'ɵ˥ tɕ'iʔ˩ vei˩|

中间段，放上楼，　　　tsã˩ kɒ˩ tɒ˧| fõ˥ ɕiõ˧ lei˥|

猫儿拖上屋，　　　　　mɤ˩ ɚ˧ ·‖· t'ɵ˩ ɕiõ˧ uɤʔ˩|

鸟儿拖上天，　　　　　nie˩ ɚ˥ ·‖· t'ɵ˩ ɕiõ˧ t'ẽ˩˩|

公问卦，婆抽签，　　　kuã˩ uã˩ ko˥| p'ɵ˥ ts'ei˩ ts'ĩ˩|

儿子媳妇叫皇天。　　　ɚ˥ tsʅ˩˩· ɕiʔ˩ fu˧ tɕiɛ˩ʌ õ˥ t'ẽ˩ ‖

33. 夹苋菜 kaʔ˩ ɕī˥ ts'æ˥

夹苋菜，夹蟋蟀，　　　kaʔ˩ ɕī˥ ts'æ˥| kaʔ˩ ɕiʔ˩ ɕyeʔ˩|

只望讨个好令媳，　　　tsʅ˩ uõ˩ t'ɤ˩ kɵ˧˩· xɤ˩ niã˧ ɕiʔ˩|

哪晓讨个古古怪，　　　læ˩ ɕiɛ˩ t'ɤ˩ kɵ˧˩· ku˩ ku˩ kuɒ˥|

怪怪古，　　　　　　　kuɒ˩ʌ kuɒ˥ ku˩|

日朝日夜挑丈夫，　　　nieʔ˩ tɕiɛ˧ nieʔ˩ iɒ˧ t'iɜ˩ tɕiõ˩ʌ fu˩|

挑得丈夫狠心肠，　　　t'iɜ˩ ti˩ tɕiõ˩ʌ fu˩ xã˧ ɕiã˩ tɕ'iõ˥|

日打爷，夜骂娘，　　　nieʔ˩ tɒ˩ʌ iɒ˥| iɒ˧ mo˩ niõ˥|

不曾讨亲真孝子，　　　pɤ˩ sã˥ t'ɤ˩ʌ tɕ'iã˩ ɕiɛ˥ tsʅ˩|

讨了亲来真该死。　　　t'ɤ˩ nio˩ tɕ'iã˩ læ˥ tɕiã˩ kæ˩ sʅ˩ ‖

34. 千竹叶 ts'e ī˩ tsɤʔ˩ iaʔ˩

千竹叶，从头尖，　　　ts'e ī˩ tsɤʔ˩ iaʔ˩| ts'ã˥ t'ei˥ tse ī˩|

写封信，上徽州，　　　ɕiɒ˩ fã˩ ɕiã˥| ɕiõ˧ xuei˩ tsei˩|

俺在严州做火头，　　　ɒ˩ ts'æ˧ nī˥ tsei˩ tsɵ˩ʌ xɵ˩ t'ei˥|

一日三餐锅巴饭，　　　iʔ˩ nieʔ˩ sɒ˩ʌ ts'ɒ˩ kɵ˧˩· po˩ fɒ˩|

一夜两个咸鱼头，　　　iʔ˩ iɒ˧ niõ˩ ko˧˩· xɒ˥ ny˥ t'ei˥|

手喂乌鸡爪，　　　　sei˩ uei˦ u˩ tsʅ˩ tɕiɛ˩‖

脚喂炭柴头，　　　　tɕioʔ˩ uei˦ tʻɒ˥ sɒ˥ tʻei˥

面喂铁火钳，　　　　me ī˦ uei˦ tʻieʔ˩ xɵ˩ tɕʻe ī˥

嘴喂铁梨尖。　　　　tɕy˩ uei˦ tʻieʔ˩ ŋ̍˥ tse ī˩‖

35. 痢痢 laʔ˩ ŋ̍˦

痢痢新人,痢痢郎，　laʔ˩ ŋ̍˦ ɕiã˩ iã˥‖ laʔ˩ ŋ̍˦ lõ˥

痢痢叔伯送珠房，　　laʔ˩ ŋ̍˦ sɤ˩ pɤʔ˩ sã˥⸜ tɕy˩ fõ˥

痢痢公婆来受拜，　　laʔ˩ ŋ̍˦ kuã˩ pʻɵ˥ læ˥ sei˦ pɒ˥⸜

痢痢小姑两边张，　　laʔ˩ ŋ̍˦ ɕiɛ˩ ku˩ niõ˩ pẽ ī˩ tɕiõ˩

一堂痢痢放毫光。　　iʔ˩ tʻõ˥ laʔ˩ ŋ̍˦ fõ˥⸜ xɤ˥ kõ˩‖

36. 白眼 pʻaʔ˩ ŋɒ˩

白眼白过桥，　　　　pʻaʔ˩ ŋɒ˩ pʻaʔ˩ kɵ˥⸜ tɕʻiɛ˥

必力八拉爆胡椒。　　piʔ˩ niʔ˩ paʔ˩ laʔ˩ pɤ˥ xu˥ tɕiɛ˩

胡椒爆得高，　　　　xu˥ tɕiɛ˩ pʻɤʔ˩ tiʔ˩ kɤ˩

白眼娘娘吃块糕；　　pʻaʔ˩ ŋɒ˩ niõ˥ niõ˥ tɕʻiʔ˩ kʻuæ˥ kɤ˩

胡椒爆得低，　　　　xu˥ tɕiɛ˩ pʻɤʔ˩ tiʔ˩ tʅ˩

白眼娘娘吃只鸡。　　pʻaʔ˩ ŋɒ˩ niõ˥ niõ˥ tɕʻiʔ˩ tɕiʔ˩ tsʅ˩‖

37. 一只鸟 iʔ˩ tɕiʔ˩ niɛ˩

一只鸟,蹲啊蹲，　　iʔ˩ tɕiʔ˩ niɛ˩‖ tsã˩ ɒ˩ tsã˩

讲是官人不买粉，　　kõ˩ sʅ˦ kuɒ˩ iã˥ pɤʔ˩ mɒ˩ fã˩

买起粉来又不搽；　　mɒ˩ tsʻʅ˩ fã˩ læ˥· iɛ˦ pɤʔ˩ tsʻo˩

讲是官人不买花，　　kõ˩ sʅ˦ kuɒ˩ iã˥ pɤʔ˩ mɒ˩ xo˩

买起花来又不戴；　　mɒ˩ tsʻʅ˩ xo˩ læ˥· iɛ˦ pɤʔ˩ tɒ˥

讲是官人不挑担， kõ˩ sๅ˦ kuɒ˩ iã˥ pɤʔ˩ tʻiɜ˩ tɒ˥|

挑起担来又无钱； tʻiɜ˩ tsʻๅ˩ tɒ˥ læ˥˥ iɜ˦ vu˥ tsʻe˥˦|

讲是官人不种田， kõ˩ sๅ˦ kuɒ˩ iã˥ pɤʔ˩ tsã˥˥ tʻe˥|

种起田来又无谷； tsã˥˥ tsʻๅ˩ tʻe˥ læ˥˥ iɜ˦ vu˥ kuɤʔ˩|

讲是官人不做屋， kõ˩ sๅ˦ kuɒ˩ iã˥ pɤʔ˩ tsθ˥˥ uɤʔ˩|

做起屋来又不歇； tsθ˥˥ tsʻๅ˩ uɤʔ˩ læ˥˥ iɜ˦ pɤʔ˩ ɕia˩|

讲是官人不落雪， kõ˩ sๅ˦ kuɒ˩ iã˥ pɤʔ˩ tɤʔ˩ ɕia˩|

落起雪来又不畚； lɤʔ˩ tsʻๅ˩ ɕia˩ læ˥˥ iɜ˦ pɤʔ˩ pã˩|

讲是官人不点灯， kõ˩ sๅ˦ kuɒ˩ iã˥ pɤʔ˩ leĩ˩ lã˦|

点起灯来又不亮； teĩ˩ tsʻๅ˩ tã˩ læ˥˥˙ iɜ˦ pɤʔ˩ niõ˦|

官人房里困着一个 kuɒ˩ iã˥ fõ˥ m̩˩ kʻuã˥ tɕiɒʔ˩ iʔ˩ kθ˥˥ lɤ˩ xθ˥
　　老和尚。 ɕiõ˦ ‖

38. 火焰虫 xθ˩ ī˦ tsʻã˥

火焰虫 xθ˩ ī˦ tsʻã˥

下来吃南瓜藤； xo˦ læ˥˥ tɕʻiʔ˩ lɒ˥ ko˩ tʻiã˥|

南瓜藤，不曾种， lɒ˥ ko˩ tʻiã˥| pɤʔ˩ tsʻã˥ tsã˥˥|

下来吃裹粽； xo˦ læ˥˥ tɕʻiʔ˩ kθ˩ tsã˥˥|

裹粽不曾裹， kθ˩ tsã˥˥ pɤʔ˩ tsʻã˥ kθ˩|

下来吃油粿； xo˦ læ˥˥ tɕʻiʔ˩ iɯ˥ kθ˩|

油粿不曾泛， iɯ˥ kθ˩ pɤʔ˩ tsʻã˥ fɒ˥˥|

下来吃乌炭； xo˦ læ˥˥ tɕʻiʔ˩ u˩ tʻɒ˥|

乌炭不曾乌， u˩ tʻɒ˥ pɤʔ˩ tsʻã˥ u˩|

下来嫁小姑； xo˦ læ˥˥ ko˥˥ ɕiɜ˩ ku˩|

小姑不曾嫁， ɕiɜ˩ ku˩ pɤʔ˩ tsʻã˥ ko˥|

下来打订架。 xo˦ læ˥˥ tɒ˩ tiã˩ ko˥ ‖

昆明话和北京话的异同

　　云南和北京在地域上虽然距离很远,可是云南话和北京话在语言系属上却很相近。因为前者是西南官话的一种,后者是北部官话的一种,同属于汉语方言里官话系的分支,所以在云南省教授北京话要比闽、粤、江、浙等省容易得多。

　　不过云南三迤一百多县的方言,当然有许多内部的差异,也未可一概而论。若要精密分析各县的细微不同,逐一和北京话比较,那自然不是本题范围内所能做得了的事,只好等丁声树先生们的《云南方言调查报告》出版后才有法儿着手。我现在只拿昆明话作例,希望读者自己能够触类旁通,把我所提出的几个问题拿来和自己本县的方言互相印证,以资隅反。

　　大凡省城的话往往是不很纯粹的。因为省城是政治、文化、商业、交通的中心,为各地往来的人所辐辏,在交际上求抒情达意的适应,自然不免有互相迁就的地方。昆明话当然也不能是例外。严格说起来,昆明话不单有城乡的区别,而且还有受外县影响的区别。我在昆明断断续续地住了两年多,却没有专心去做系统的调查,当然不能把各种细微的差别完全顾到。本文所根据的材料,只是一位小学生的发音。他名叫朱炯,从小住在昆明,发音时年 15 岁,有生以来,除到可保村住过三月外,从来没离开过本乡。凡是我在本文里所提出的各点,只是对于这位发音人负责,另外如有较大的出入,也据我所知道的分别说明。我希望久住在昆明的同志能够补充我的不足，把昆明话所有的内部差异都给指出来。

底下我就声母、韵母和声调三方面来比较昆明话和北京话的异同：

甲、声母

昆明话的声母几乎和北京话没有什么特殊的差异。在这里可提出讨论的共有四点：

（一）关于尖团不分一点，两个方言完全一致。什么叫做尖团不分呢？照音韵学的术语讲，凡是属于古齿头音精、清、从、心、邪五纽的字在齐齿呼的"丨"介音或撮口呼的"ㄩ"介音的前头，声母仍然读作ㄗ、ㄘ、ㄙ的，叫做尖音；属于古牙音见、溪、群和喉音晓、匣两纽的字，在齐齿呼"丨"介音或撮口呼的"ㄩ"介音的前头，声母受腭化作用而读作ㄐ、ㄑ、ㄒ的，叫做团音；若是尖音的ㄗ丨、ㄘ丨、ㄙ丨或ㄗㄩ、ㄘㄩ、ㄙㄩ的声母也受韵母的影响变成ㄐ、ㄑ、ㄒ，那就叫做尖团不分。1919年前教育部公布的《国音字典》所代表的老国音是分尖团的；1932年前教育部公布的《国音常用字汇》所代表的新国音是不分尖团的。这一点昆明话和新国音完全一样。例如：

（1）昆明话和北京话同读作ㄐ声母的：

尖字：　积　节　焦　酒　煎　津　将　精　聚　绝　俊
　　　　‖　‖　‖　‖　‖　‖　‖　‖　‖　‖　‖
团字：　激　结　交　九　肩　今　姜　京　巨　决　郡

（2）昆明话和北京话同读作ㄑ声母的：

尖字：　妻　窃　樵　秋　千　亲　枪　清　趋　雀　全
　　　　‖　‖　‖　‖　‖　‖　‖　‖　‖　‖　‖
团字：　欺　怯　乔　丘　牵　钦　羌　轻　区　确　拳

(3)昆明话和北京话同读作ㄒ声母的：

尖字：西　斜　小　修　先　心　相　星　须　薛　旋　寻
　　　‖　‖　‖　‖　‖　‖　‖　‖　‖　‖　‖　‖

团字：希　鞋　晓　休　掀　欣　香　兴　虚　靴　玄　循
所以教昆明人学北京话关于这一点只要顺着他们的乡音，便可丝毫没有问题。

(二)昆明话也有ㄓ、ㄔ、ㄕ三个声母，发音部位比北京话略前，但音韵的分类和北京话稍有一点儿小的出入。例如"增、争、征"三个字，北京话"增"读ㄗ母，"争、征"同读ㄓ母，昆明话"增、争"同读ㄗ母，"征"读ㄓ母；"粗、初"两个字，北京话"粗"读ㄘ母，"初"读ㄔ母，昆明话同读ㄘ母；"僧、生、声"三个字，北京话"僧"读ㄙ母，"生、声"同读ㄕ母，昆明话"僧、生"同读ㄙ母，"声"读ㄕ母。此外像"助、榛、筝"等应当准"争"字的例来类推，"楚、锄、愁、崇、撑"等应当准"初"字的例来类推，"数、师、士、事、森"等应当准"生"字的例来类推。说一句音韵学的行话，就是"内转韵照系二等字的声母北京话读ㄓ、ㄔ、ㄕ，昆明话读ㄗ、ㄘ、ㄙ"。至于"诈、斋、斩、撞"等字的声母昆明话仍读ㄓ，"茶、柴、炒、插、察、窗"等字的声母昆明话仍读ㄔ，"沙、衫、杀、山、刷、双"等字的声母昆明话仍读ㄕ，这些字虽然也属于照系二等，却因为是"外转韵"不是"内转韵"，所以不照着上面所说的条理变。还有阳韵合口的"庄、床、霜"等字也和江韵"撞、窗、双"等字的声母相同。

(三)古日纽的字昆明话和北京话的读法相同。例如"软、如、饶、柔、染、然、热、人、忍、日、闰、让、仍、绒、辱"等，两个方言都读"日"母，但昆明话的发音部位较前。又"而、耳、二"等昆明话也和北京话一样变成卷舌韵母。

(四)ㄋ、ㄌ两母是不相混的。例如："南"和"蓝"、"怒"和"路"、

"连"和"年"、"鸟"和"了"、"念"和"练"、"你"和"李"、"纽"和"柳"、"农"和"隆"等,昆明话也都有分别。不过有两点得要注意:(1)有几个ㄋ母读同ㄌ母的例外,如"宁"和"林"、"虐"和"略"、"内"和"类"、"娘"和"良"昆明话都读成同母;但"类""良"两字也有ㄋ母的又读(如"改良"的"良"读ㄋ,"良心"的"良"读ㄌ)。(2)古疑母的齐齿呼北京话把声母丢掉,都用"丨"音来起头儿,但昆明话"疑、宜、仰"等读ㄋ母,"逆"字读ㄌ母。

乙、韵母

谈到韵母一方面,昆明话和北京话不同的地方可就比较多了。提出最重要的来说,约有下列八点:

(一)撮口呼变成齐齿呼。凡是用"丨"作韵母或介音的叫做"齐齿呼",用"ㄩ"作韵母或介音的叫做"撮口呼"。昆明话根本没有撮口呼,凡是北京话读作撮口的,它都变成齐齿。例如:

(1)北京话的ㄩ韵母变成昆明话丨韵母的:"女、吕、虚、趣、聚、去、雨、徐、序、巨、许、余、句、羽、橘、郁、菊、局"诸字北京话读ㄩ韵母,昆明话读丨韵母,和"比、地、器、夷、李、疑、奇、义、戏、衣、逆、极、忆、激"等变成同韵。

(2)北京话的ㄩ介音变成昆明话丨介音的:"旋、玄、卷、倦、缘、元、园、远、怨、权、全、血、穴、靴、决、薛、缺、阅、月、越"诸字的介音北京话是ㄩ,昆明话是丨,和"仙、贤、剪、件、烟、砚、钱、乾、灭、列、杰、铁"等变成同呼的字。

(二)ㄢ、ㄤ丢掉鼻音韵尾同变成[a]韵,[a]的发音部位比北京话的ㄚ偏前较闭,所以和古麻韵字[a]不同韵,并且有一部分人还读作鼻化元音[ã]。例如:

(1)北京话的ㄢ韵变成昆明话[a]或[ã]韵的,有"贪、南、惨、感、含、暗、谈、蓝、三、暂、斩、衫、旦、难、餐、干、汉、安、慢、板、扳、反、扇、展"等。

(2)北京话的尢韵变成昆明话[a]或[ã]韵的,有"忙、荡、郎、桑、刚、邦"等。

(3)北京话的ㄨㄢ或ㄨㄤ韵变成昆明话[ua]或[ūã]韵的,有"短、乱、算、官、换、碗"和"桩、窗、双"等。

(4)北京话的|尢韵变成昆明话[ia]或[ĩã]的,有"娘、详、良、香"等。用音韵学术语来说,就是古宕、江、山、咸几摄的字,都因为鼻音韵尾的消失变成同韵。

(三)ㄣ、ㄥ两韵丢掉鼻音韵尾同变成[ɛi]韵,[ɛ]的发音部位较开,所以和ㄟ并不同韵,并且有一部分人还读作鼻化元音[ɛ̃ĩ]。例如:

(1)北京话的ㄣ和ㄥ韵变成昆明话[ɛi]或[ɛ̃ĩ]韵的,有"沉、森、审、任"、"门、晨、陈、身、忍"、"郑、政、成、征、冷、生"等。

(2)北京话的ㄨㄣ韵变成昆明话[uɛi]或[ūɛ̃ĩ]韵的,有"顿、论、存、坤、昏、温、春、唇、纯、闻"等。

(四)|ㄣ和|ㄥ两韵在昆明话里因为同样丢掉鼻音韵尾,使主要元音受了鼻化,于是就变成同韵了。例如:

(1)北京话|ㄣ韵变成昆明话[ĩ]韵的,有"林、心、今、音、禀"和"贫、邻、新、巾、银、因"等。

(2)北京话|ㄥ韵变成昆明话[ĩ]韵的,有"名、令、性、清、轻、陵、英、盈、应、瓶、丁、灵、星、经、形"等。

(五)|ㄢ和ㄩㄢ韵昆明话变成[iɛ]韵。例如:

(1)北京话|ㄢ韵变成昆明话[iɛ]韵的,有"严、店、念、谦、嫌、廉、渐、验、险、厌"和"辨、连、剪、仙、钱、件、演、片、典、年、千、先、砚、贤、烟、边、辫"等。

(2)北京话ㄩㄢ韵变成昆明话[iɛ]韵的,有"全、倦、院、玄"等。有一部分昆明人把[iɛ]读成鼻音化的[ĩɛ̃],还有些人把它读作[iɤ],例如"钱"不念[tɕ'iɛ]而念[tɕ'iɤ]。

(六)由复元音变成单元音。例如:

(1)北京话ㄠ韵变成昆明话[ɔ]韵的,有"袍、帽、刀、牢、草、告、毫、奥、貌、闹、罩、炒、赵、绍"等。

(2)北京话ㄧㄠ韵变成昆明话[iɔ]韵的,有"桥、轿、敲、咬、孝、飘、消、条、鸟、叫、烧"等。

(3)北京话ㄞ韵变成昆明话[æ]韵的,有"代、在、该、哀、泰、赖、菜、害、拜、柴、败"等。

(4)北京话ㄨㄞ韵变成昆明话[uæ]韵的,有"外、怀、怪、快"等。

(七)ㄜ韵昆明话变近[o],但圆唇程度略减。例如:

(1)北京话ㄜ韵变成昆明话[ǫ]韵的,有"歌、何、蛇、惹、设、热、彻、麦、各、恶、白、泽、格、赫、青、厄"等。

(2)北京话ㄨㄜ韵变成昆明话[ǫ]韵的,有"郭、霍"等。

(八)北京话ㄥ韵的唇声母字,昆明话读作[oŋ]韵。例如:"崩、朋、彭、孟、梦"等。

丙、声调

昆明话的字调只有阴平、阳平、上、去四类,和北京话的调类完全一样,但调值却不相同。阴平,北京话是高平调,昆明话是中平调;阳平,北京话是高升调,昆明话是低降调;上声,北京话是低降升调,昆明话是高降调;去声,北京话是全降调,昆明话是低降升调。若拿字母式声调符号标起来,就可以比较如下:

调　类	北京话调值	昆明话调值	例　字　纂　句
阴　平	55	33	中 高 登 山 阴 诸
阳　平	35	31	华 扬 楼 明 阳 如
上　声	214	53	语 起 展 水 赏 此
去　声	51	214	调 降 望 秀 去 类

昆明话的阳平和上声都是降调,但和北京话的去声不同,它的去声有点儿像北京话的上声。两个方言的阴平也颇相近。因为阴平和去声的起点昆明话都比北京话低,又因为北京话的阳平是高升调,昆明话是低降调,所以在一般人的听感上,昆明话的腔调是比较低的。

昆明话也和北京话一样没有入声。但北京话入声的演变,照亡友白涤洲所拟订的条例是"全清全浊变阳平,次清次浊变去声,少数字变阴平或上声",昆明话入声的演变,比较简单得多,它无论什么声母一律变成阳平。例如:

例　字	一出七秃匹黑惜接搭拍歇说削	急竹职即得识福责局宅食杂读白合俗舌服额	笔曲百尺铁法	敕约却撤切各聂入纳六麦物药
北京话	阴　平	阳　平	上　声	去　声
昆明话	阳　　　平			

在昆明话的声调里,还有一个应该注意的现象,就是阳平后面都带着一个喉塞声。假如碰到一个由入声变来的字,那就很容易误会入声是一个独立的调类;可是多听几个字以后,就可以了然不单从入声变来的阳平是这样,旁的阳平字也有类似的现象。例如,"直"字后面固然有个喉塞声,"横"字后面也同样有个喉塞声。

以上所说,只就昆明话和北京话的音韵系统提出几点来略加比

较。至于两个方言的词汇,彼此间的出入也很大。例如,北京话叫
"的",昆明叫"哩";北京话叫"呀",昆明叫"格";北京话叫"您",昆明
叫"你家";北京话叫"开水",昆明叫"涨水"……诸如此类,历数难终。
这得等另作专篇来讨论,本文姑止于此。

1940 年 12 月 15 日,昆明

(本文原题为《昆明话和国语的异同》,发表在《东方杂志》第
38 卷第 3 期,署名罗莘田,此为发表后作者的修订稿)

关于国音的几个问题

——在休宁万安"安徽第十区小学教员讲习会"讲演

一、国音的必要条件

无论世界上哪一个国家,凡是可以作标准音的方言,必得合乎两个条件:第一是简单,第二是普遍。因为简单,所以才容易学习;因为普遍,所以才容易流通。例如:"急""吉""极"三个字,国音都念"ㄐㄧ",而广州话就分作"ㄍㄚㄆ""ㄍㄚㄛ""ㄍㄧㄅ"三个音,"南""难"两个字国音都念ㄋㄢ,广州话就分作ㄋㄚㄇ、ㄋㄢ两个音:这是一个简单、一个复杂的例。还有"他"和"他们"两个代名词,在中国的大部分方言里都是一样的,可是徽州六县彼此都不同:歙县叫ㄉㄧ、ㄉㄧㄣ,绩溪叫ㄍㄧ、ㄍㄧㄚ,休宁叫ㄎㄛ、ㄎㄛㄧㄢ,黟县叫ㄎㄛ、ㄎㄛㄋㄤ,祁门叫ㄎㄨ、ㄎㄨㄨㄣ,婺源叫ㄎㄛ、ㄎㄛㄏㄛ。不用说外边人听不懂,就是六县人彼此谈起话来恐怕也得用一种普通话才行:这是一个普遍的、一个不普遍的例。所以我们平心静气地来讲:广州话和徽州话都没有作国语的资格。

二、国音何以用北方音作标准

要解答这个问题直截了当地说,因为它是最普遍的方言本来就够了。不过这不是武断的空话,在理论上是有根据的:

1. 音韵上的根据

现在的国音只有 21 个声母, 16 个韵母, 4 个调, 在全国所有方言里没有比它简单的。

2. 历史上的根据

自从元朝泰定年间周德清作了一部《中原音韵》, 北方已然有了专用的韵书。六百来年做诗的人虽然还墨守着四不像的平水韵, 而实际上也感觉"该死十三元"的苦痛! 这正应了吴稚晖先生的话:"六百年来文人学士虽时时争持于纸上, 仍不免节节失败于口中。"如此看来, 拿北方音作标准音既然有了六百多年的历史, 那么在时间上不可以说是不普遍了。

3. 地理上的根据

现在的国音自黄河流域以至长江以北, 还有南京、杭州, 以及长江上游, 广西、云南、贵州一部分都是它的通行区域。在这个广大的区域里虽然有些小的差异, 可是都能彼此了解, 不用人做翻译。国内其他几种方言都没有它通行得广, 所以在空间上也不能说它是不普遍。

因为有这三个根据, 所以拿北方音作国音是合理的而不是武断的。

三、新国音和老国音的异同

大家都应该知道:现在的国音拿北平音作标准, 已经不拿 1913 年读音统一会议决的结果作标准了。前者我们叫做"老国音"。老国音就是校改国音字典上所注的音。我现在不避北平人宣传北平话的嫌疑, 从学理上来替新国音说几句话:

说到老国音和新国音的优劣, 我觉得:

老国音是人为的、矫揉造作的蓝青官话;新国音是自然的、切于实际的活语言。

在 1913 年读音统一会开会的时候,对于国音的标准大家争持得很厉害。结果虽然议决拿北平方音作原则,可是不能不迁就一点别处的音素。于是通过了八(?)千多个字音——这便是第一部《国音字典》的根据。这种用表决方法所定的标准音,在当时的主持者,虽然有一种不得已的苦衷,可是在语言史上却开了一个怪例。结果闹得南方人听起来固然嫌它不是南方音,北方人听起来又何尝当它是北方音?所以后来经过许多专家研究的结果还是主张直截了当地采取活的北平话作标准。至于两种国音所差的从大体上讲,约有四点:

(1)声母不用兀、广、万,例如"藕"兀ㄡˇ改ㄡˇ,"我"兀ㄜˇ改ㄨㄛˇ,"疑"广丨ˊ改丨ˊ,"女"广ㄩˇ改ㄋㄩˇ,"微"万ㄟ改ㄨㄟˊ,又ㄅ、ㄆ、ㄇ、ㄈ不拼ㄨ的结合韵,如老国音里的"崩"ㄅㄨㄥ、"蓬"ㄆㄨㄥˊ、"蒙"ㄇㄨㄥˊ、"风"ㄈㄨㄥ改为ㄅㄥ、ㄆㄥˊ、ㄇㄥˊ、ㄈㄥ。

(2)韵母分别ㄛ、ㄜ:ㄛ除拼ㄅㄛ、ㄆㄛ、ㄇㄛ、ㄈㄛ外是与ㄨ结合的,ㄜ是不与ㄨ结合的,也不拼ㄅ、ㄆ、ㄇ、ㄈ,老国音里的"柏"ㄅㄜ、"魄"ㄆㄜ、"墨"ㄇㄜ、"佛"ㄈㄜ,改为ㄅㄛ、ㄆㄛ、ㄇㄛ、ㄈㄛ。旧有的ㄛ,概分入ㄜ或ㄨㄛ(ㄨㄛ拼ㄅ、ㄆ、ㄇ、ㄈ时,ㄨ母消失)。又ㄝ韵不开,老国音的"遮"ㄓㄝ、"车"ㄔㄝ、"奢"ㄕㄝ、"惹"ㄖㄝˇ,改为ㄓㄜ、ㄔㄜ、ㄕㄜ、ㄖㄜˇ。

(3)不分"尖""团",就是ㄗ、ㄘ、ㄙ跟丨、ㄩ拼的时候都改ㄐ、ㄑ、ㄒ,例如:"精"ㄗ丨ㄥ改为ㄐ丨ㄥ,和"京"不分,"清"ㄘ丨ㄥ改ㄑ丨ㄥ,和"轻"不分,"姐"ㄗ丨ㄝˇ改 ㄐ丨ㄝˇ,和"解"不分,"西"ㄙ丨改ㄒ丨,和"希"不分。

(4)取消入声。入声的特质是短促,并且有收尾音的。从前国音的入声混乱得很,口里明明读的是去声或阳平,可是自己却以为是入声。这是很不彻底的。现经国语统一会的常务委员白涤洲先生归纳出一个条例来,就是:"全清全浊变阳平,次清次浊变去声,另外有少数的例外变阴平和上声。"例如:"独、国、吉、读"简直就算阳平,"没、欲、岳、物"简直就算去声,这并不是谁杜撰的办法,在《中原音韵》已经有"入派三声"的先例了。欲知其详,可以参看白涤洲的《北音入声演变考》(在《北平女师大学术季刊》中)。

至于细微的差别,从校改《国音字典》和《国音常用字汇》里可以检查得出来。

四、学习国音的简便方法

学习方言有一个很有效的秘诀,就是先知道自己的语言和所要学习的语言在音素上有什么不同,然后再根据条理来类推,就是事半功倍了。譬如说:凡是歙县西乡读ㄝ韵的国音,国音都念ㄠ音,那么歙西的把"高ㄍㄝ、刀ㄉㄝ、遭ㄗㄝ、蒿ㄏㄝ"念成ㄍㄠ、ㄉㄠ、ㄗㄠ、ㄏㄠ就行了。国音的"ㄓ、ㄔ、ㄕ",歙西都变成"ㄐ、ㄑ、ㄒ"跟由舌根腭化的音相混,所以"周、抽、收"和"鸠、丘、休"不分,要是知道凡歙西音不属于古"见、溪、晓"三母的"ㄐ、ㄑ、ㄒ",都应改作国音的"ㄓ、ㄔ、ㄕ",那么照条理一推也是很容易学会的。至于声调一方面歙西和国音有一个很巧的循环:

声调	阴平	阳平	上	阴去	阳去		阴入	阳入
例字	衣	移	椅	意	异		一	亦
歙西调符	˅	˥	ˊ	˧	˩		˨	(变阳去)
国音调符	˥	˧	˅	˩	(变阴去)		(照条例变)	

在歙西的六个调里阳去和入声是国音所没有的,现在姑且不谈。其余四个调,歙西的阴平近于国音的去声,歙西的阳平近于国音的阴平,歙西的上声近于国音的阳平,歙西的去声近于国音的上声;如果把国音的四声"操末续颠"递推下一位去,不就和歙西的前四声一样

么？这自然是指宽式的调类(toneme)说，而不是指严式的调值说。知道这个诀窍，学起来快得很。举一个例，别县也可以类推，因为时间短促，恕不一一比较。

五、统一国语和研究方言的两种意义

有人问：现在既然提倡国语，你们何以又要研究方言呢？我的答案是：统一国语是实用的立场，研究方言是学术的立场。统一国语惟恐其不简单，研究方言惟恐其不复杂，所以从实用的立场看，徽州话是极不合宜的，从学术的立场看，徽州话是很可珍贵的。举例来说：《诗经》的"秦风""豳风"往往有拿闭口韵同穿鼻韵通押的现象，如：

《小戎》："骐骝是中，骍骐是骖"。

《七月》："二之日凿冰冲冲，三之日纳于凌阴"。

"中""冲"是穿鼻韵，"骖""阴"是闭口韵，这种押韵的现象，从前人都不能解释。但是现在的婺源音"侵"韵虽然不读闭口韵，而"东""冬"两韵在晓起、上坦、江湾、荷田、汪口、思口、清华、仁洪、豸下等村却显然读成闭口韵。这极可宝贵的现象，在我所研究过的方言里还没有发现过，这对于推求汉语古音上是有重大意义的。所以统一国语和研究方言是并行不悖的两方面，应当一样重视的。

（原载 1935 年 1 月 12 日《世界日报·国语周刊》172 期）

汉语现代方言字调举隅

调类 调域 调数 地域	阴平	阳平	阴上	阳上	阴去	阳去	阴入		阳入		发音人	记音人	备注
例字	诗	时	使	是	试	事	识	各	石	舌			
10 广西陆川	˥53	˧13	˧33	˧35	˥51	˧22	˥5	˧3	˧23	˧32	钟青援	罗常培	张清常据赵元任《现代吴语研究》以宽式调号改译。以下凡于备注内加＊号者并同此。
江苏吴江黎里	˦44	˨232	˥42	˨2324	˥513 ˨213	˦13 ˥5	˥5 ˦45		˧23				

序号	方言点	调值								发音人	记音人	备注
10	江苏吴江盛泽	˥42	ˢ231	ˢ51 ˩11	ˢ212 ˢ13	ˢ412	˥13	˥4	ˢ23			*
	浙江嘉兴	ˢ31	ˢ121	ˢ313	˥11	ˢ213 ˢ13	˥13	˥4	˩1			*
9	广东台山(1)	˥44	˥22	ˢ21		˥33	˥5	˥3	ˢ32	黄美娟 邝文宝	陈三苏	记音人分入声为上入、中入、下入、降入四类。
	广东台山(2)	˥33	ˢ21	ˢ31	˥44	˥41	˥5	˥33	ˢ32	邝维垣	罗常培	
	广东南海	˥55	˥35	˥24	˥33	˥22	˥5	˥33	˥2	(邝冲云) 谭爱莲	罗常培	发音人一部分全浊上声变阴去。
	广西玉林	˥55	˩11	ˢ13	ˢ53	˥31	˥5	˥33	ˢ32	李家康	罗常培	
	浙江余姚	˥34	˥24 ˢ121	ˢ435	ˢ323 ˢ31	˩11	˥4	˥35				阴平微降,亦可作54。
	江苏松江	ˢ53	ˢ231	˥44	˩11	˥435	˥4 ˥5	ˢ13	˩12			*
8	广东海口	ˢ53	ˢ13	ˢ545	˥31	ˢ423	˥4	˥35	ˢ23		赵元任	
	广东澄海樟林	˥33	˥55	ˢ42	ˢ35	ˢ13	˥32	˥4		郑颙标	罗常培	

调数值\地域\调类例字	阴平 诗	阳平 时	阴上 使	阳上 是	阴去 试	阳去 事	阴入 识	阳入 石 舌	发音人	记音人	备注
8 浙江绍兴(1)城内	√41	∧13	↘55	↗24	⌐44	√31	⌐5	√32	薛瑞娟	罗常培	
浙江绍兴(2)	↘51	√231	√325	∧14	⌐33	√32	↑5	↑45			*
浙江吴兴	∧43	∧15	↘41	√241	√325	↗35	∧4	<u>134</u>		赵元任	*
浙江嵊县	↘53	√313	⌐55	√2324	√324	∧15	<u>↑34</u>	<u>∧13</u>			*
浙江黄岩	⌐334	⌐11	√524	√313	↗55	⌐115	∧4	∧13			*
浙江衢县	↘435	⌐11	∧45	⌐35	↘54	√32	∧4	<u>∧23</u>			*
浙江金华	∧22	<u>√212</u>	⌐33	√423	√52	√121	∧4	<u>√212</u>			*
浙江诸暨	√31	∧24	↘51	√341	√21	<u>√3412</u>	↑5	∧13			*
江苏宜兴	↑55	∧14	↘52	√25	√325	√21	↑5	↑35		赵元任	
江苏溧阳	∧44	√312	↑45 ↑55	↑445	√423	√31	∧4	<u>∧23</u>		赵元任	*

	方言点										调查人		*
8	江苏无锡(1)	˥53	˩13	˧33	˧34	˩213			˩15				
	江苏无锡 新渎桥	˥55	˩13	˩453	˩324	˧35	˩213		˩23	钱学熙	罗常培	新渎桥在无锡城西三十里。
	江苏常熟	˥51	˩12	˩21	˩212	˧324	˧4		˩23		赵元任	
	江苏南汇	˥51	˩14	˩435	˩323	˧25	˥355	˧4	˩23		赵元任	
	江苏昆山	˩434	˩132	˧53	˩21	˩313	˩212	˧4	˩12		赵元任	
7	福建厦门	˥55	˧24	˩51	˩11	˩33	˩32	˧4		林黎光	罗常培	见《厦门音系》
	福建龙溪	˧44	˩13	˩51	˧31	˩33	˧32	˧4		朱兆祥	罗常培	
	福建晋江	˧33	˧35	˥55	˥42	˩22	˥54	˩23		龚书炽	罗常培	发音人调类不甚稳定。
	福建闽侯	˧44	˥52	˩31	˩314	˩132	˩23	˧4		陶燠民	陶燠民	陶君有遗著《闽音研究》刊在《史语所集刊》一本四分。
	福建南平	˧44	˩53	˩21	˥314	˥352	˩13	˥5		高华年	高华年	见所著《福州音系》稿本。
	浙江温岭	˩31	˩35	˩42	˥32	˥55	˥55	˩23		李荣	罗常培	

（续表）

调类\例字\调值　　地域\调数	阴平 诗	阳平 时	阴上 使	阳上 是	阴去 试	阳去 事	阴入 识	阳入 各	石	舌	发音人	记音人	备注
7　浙江鄞县	√31	√241	ꜛ545		√323	⼈12	꜒55			┤3		赵元任	
浙江杭县	√313	⼈11	√51		┤33	⼈13	꜒55			⼈12			*
江苏靖江	√313	⼈14	꜒45		ꜛ452 √351	꜒55	꜒55			꜒24		赵元任	
江苏江阴	꜒53 √343		꜒55		꜒545	꜒45	┤3			⼈12		赵元任	
江苏武进绅谈	꜒44 ⼈14	⼈14	꜒55		√523	꜒24	꜒5			꜒24		赵元任	
江苏武进街谈	꜒44 ⼈14		꜒45		√523	꜒24	꜒5			꜒24		赵元任	
江苏吴县	꜒45 ⼈14		√41		√513	√42	꜒5			꜒23			*
江苏宝山	꜒53 ꜙ131		ꜛ435		꜒45	ꜛ215	ꜛ45			꜒35		赵元任	
江苏金坛	⼈34 ⼈25 ⼈11		⼈24		√324		꜒5			꜒32		赵元任	
江苏上海	√51 ⼈13 √312		√214		√214	⼈13	꜒5			꜒24		赵元任	阴平同阴去。

数	地点								调查人(王均)	记音人(王均)	备注
7	江苏南通	˩21	˧˥35	˥44	╲42	ʔ213	˥5		查增元	罗常培	全浊上声变阴去。
	安徽婺源	˧33	╲51	╱31	˧35	˥55	˧33	˧2		罗常培	阴阳上不分,阴去阳去"盖帐正醉对变恋"读高平55调。
	江西临川	╲32	╱25	╱45	╲51	╱23	╲32	˥5	游国恩	罗常培	
	湖南安化	˧44	˧13	╲31	˧35	╱11	˧4	˧3	曾篝	罗常培	
6	广东梅县	╱24	˩11	╲52	╲53	╲32	˥5			赵元任	全浊上声变去声,次浊入声读阴入,又丘龚宗发音阴平为33,阳平为31。 ＊ ＊
	浙江永康	╲52	˩11	˧434	╲324	˧54	╲25	同阴上			
	浙江永嘉	˧44	╲341	╲53	╲441	˧55	╲13	˧33 / 同阳上	汪伟		
	江西南昌	╲31	╱25	╱213	˩11	╱35	˧3				
	江西贵溪南乡江浙江山	˧22	˧13	˧35	˧24	˧4	134				
	安徽绩溪	╲31	˥55	╱214	˧35	╲22	╲32	╲3	汪乃刚	罗常培	
	安徽泾县	╲31	˧35	˥55	╲423	˧3	˧4		王晨曦	罗常培	

调类 例字 调值 地域 调数	阴平 诗	阳平 时	阴上 使	阳上 是	阴去 试	阳去 事	阴入 识 各	阳入 石 舌	发音人	记音人	备注
6 湖南长沙	˧22	˨13	˥53		˥55	˩11		˧23	罗季光	罗常培	全浊上声变阴去,阳去音书读变阴去,话音仍自成一类,惟"共谢"二字例外。阴阳入不分。
湖南桂阳北乡洋布坪	˧35	˨213	˥53		˧214	˧24	˧32		邓崇礼	罗常培	全浊上声变阴去,阳去。阳入不分。
湖南灵县	˧24	˨12	˩31		˩41	˧32	˥5		周定一	罗常培	浊上变化颇为复杂,"五女老蟹"变阴上,"惹暖买武"变阴平,"市似"之读书音及"倍"字变去声,但"惹似"等字在此方言中仍有读阴上者。浊入"宅额六"变阴入。

编号	地点							发音人	记音人	备注
6	湖北鄂城	33	12	52	35	55	23	彭兰	罗常培	人声与阳平相近而不同,阴去相徘徊于35与55之间。
	湖北罗田	11	22	45	213	44	24	李公晓	马干禾	此系马干禾所记初稿,尚未经核正。
	湖北咸宁	55	21	42	24	44	4	何志远	马干禾	同上湖北罗田备注。
5	江苏六合	31	35	213	51		5	殷焕先	罗常培	
	江苏泰县	31	35	13	42		4	马汉麟	罗常培	
	江苏扬州	21	35	53	55		3	王年芳	罗常培	
	江苏丹阳城内	11	文言同阴平,白话全浊同去	55	14 同阴去		2 或 14		赵元任	阴平文言同阴平,白话全浊同去。
	江苏丹阳永丰	11 同阴平	15	45 同阴去	5		45		赵元任	
	江苏南京	32	14	22	43		45			据赵元任《南京音系》改写。

调类 例字 调值 地域	阴平 诗	阳平 时	阴上 使	阳上 是	阴去 试	阳去 事	阴入 识	阳入 石 各 舌	发音人	记音人	备 注
5 安徽怀宁	31	35	213	51			5		黄匡一	罗常培	调值与江苏六合同。
江西赣县	55	31	45	13			32		曾发铟	罗常培	
四川忠县	55	21	42	24			11		马千禾	罗常培	四川自重庆以上,沿长江两岸以至叙永、宜宾皆有入声,音值与阳平相近而同。
四川长宁	55	31	53		13		22		栗纯熙	罗常培	
四川江津	55	31	53		13		22		诸有琼	罗常培	
四川宜宾	55	31	53		24		11		陈彭远	马千禾	
四川泸县	55	31	53		213		12		刘国志	马千禾	
四川丰都	55	31	42		13		21		傅子元	马千禾	
四川内江	55	31	53		13		22		郑鸿悼	马千禾	

	地点	阴平	阳平	上声	去声	入声	调查人	记音人	备注
5	四川彭山	˥55	˧˩31	˥˧53	˨˩˧13	˧˩22	袁成源	马千禾	
	四川双流	˥55	˧˩31	˨˦24	˨˩˧13	˧˩22	张星海	马千禾	
	云南邓川	˥55	˧˩31	˥˧53	˨˩˧13	˧˩31		陈士林	陈君有《洱海沿岸四县方言调查》，入声与阴平相近而不同。
	云南宾川	˥55	˧˩31	˥˩51	˨˩˧13	˨˩21		陈士林	
	云南元江	˦˥45	˧˩31	˥˨52	˨˩˧13	˥5		方师铎	方君系于1939年受英庚款董事会协助研究时所记。
	云南墨江	˥55	˧˩31	˥˨52	˨˩˧13	˨˩21		方师铎	
	云南云县	˦44	˥˧53	˦˨42	˨˩˧13	˦˧43		方师铎	
	云南缅宁	˥55	˧˧33	˨˩21	˨˩˧13	˧˨32		方师铎	
	云南顺宁	˥55	˨˨22	˥˩51	˨˩˧13	˦˧43		方师铎	
	河南安阳	˥55	˥˩31	˥˩51	˨˩˧213	˦4	赵毓英	罗常培	
4	江西分宜	˨˦24	˦˦44	˧˩31	˨˩˦214		严学宭	罗常培	全浊上声变阳去，清去变阳平，入声变阴平。

（续表）

调数	地域	阴平 诗	阳平 时	阴上 使	阳上 是	阴去 试	阳去 事	阴入 识 各	阳入 石 舌	发音人	记音人	备注
4	安徽颍上	↗324	꜔55	꜔35		꜖42				常教	罗常培	全浊上声变去声，入声大部分变阳平，惟"急竹接百歇说削麦药"变阴平，"识各"变去声为例外。
	湖南零陵	↗24	ꜗ13	꜔5		ꜗ213				石峻	罗常培	上声短促，并附有喉塞声。全浊上声变去声，入声变阴平。
	湖北汉口	꜔55	꜖312	꜖42		꜖535				王远定	罗常培	全浊上声变去声，入声变阳平。
	湖北钟祥	↗24	꜖31	꜖53		ꜗ214				陈道圃	赵元任	全浊上声变去声，入声变阳平，见《钟祥方言记》。
	四川垫江	꜔55	꜖31	꜖42		꜔35				张怀瑾	罗常培	全浊上声变去声，入声变阳平。
	四川成都	꜔55	꜖31	꜔53		ꜗ13				李昌义	罗常培	同上。

四川重庆	˥55	˧˩31	˥˧53	˨˦13	罗长有	马千禾	
四川长寿	˥55	˧˩31	˥˧53	˨˦13	江逸贤	马千禾	发音人大半在重庆住,在重庆住小学。
四川云阳	˥55	˧˩31	˥˧53	˧˥24	汪祖廉	马千禾	
四川武胜	˥55	˧˩31	˥˧53	˨˦13	黎见明	马千禾	
贵州安顺	˥55	˧˩31	˥˩51	˧˥35	张 敬	罗常培	全浊上声变去声,入声变阳平。
云南昆明	˧33	˧˩31	˥˧53	˨˦13		罗常培	
云南宣威	˦44	˧˩31	˥˩51	˨˦13	吕祖兆	罗常培	
云南楚雄	˧33	˧˩31	˦˨42	˨˦13	卜为械	罗常培	全浊上声变去声,入声变阳平。
云南大理	˥55	˧˩31	˥˧53	˨˦13		陈士林	同上。
云南凤仪	˥55	˧˩31	˥˧53	˨˦13		陈士林	同上。
云南鹤庆	˦44	˧˩31	˥˧53	˨˦13	舒 璐	罗常培	同上。
云南保山	˥55	˧˩31	˦˨42	˧˥24	李淑贞	罗常培	同上。阳平后有喉塞声。

4

调数值	调类／例字 地域	阴平 诗	阳平 时	阴上 使	阳上 是	阴去 试	阳去 事	阴入 识	阳入 各 石 舌	发音人	记音人	备注
4	云南玉溪	˥55	˩41	˥52		12					方师铎	
	云南峨山	˥55	42	˥51		12					方师铎	
	云南新平	45	˩41	˥52		13					方师铎	
	云南景东	˥55	43	˥53		13					方师铎	
	云南镇沅	˥55	42	˥52		13					方师铎	
	云南景谷	˥55	32	41		13					方师铎	
	云南宁洱	45	31	˥53		13					方师铎	
	云南思茅	˥55	45	42		13					方师铎	
	云南六顺	˥55	44	42		13					方师铎	
	云南澜沧	˥55	32	˥51		13					方师铎	
	西康会理	44	31	˥53		13				扶 斌 罗常培		全浊上声变去声，入声变阳平。
	江苏徐州	˥55	35	15		˥51						

4	地点					记录者	说明
	山东郯城	˧˦24	˥˧53	˦44	˨˩˧213	罗常培 马忠	清纽及次浊入声变阴平,全浊入声变阳平,"额读"二字变上声为例外。
	山东高密	˧˦24	˥˧53	˥˥55	˧˦24	罗常培 曹震书	清纽及次浊入声变去声,全浊入声变阳平,少数例外变阴平及上声。
	山东文登	˥˨42	˥˥55	˧13	˦44	罗常培 陆永俊	清纽及次浊入声变上声,惟"救复"部变上声,"即责"等变阴平,"撤六纳物"变阳平;全浊入声变入去声;全浊入声变入去上之类。阳平上去之类。
	山东蓬莱	˧˩˨312	˥˥55	˧˦24	˥˨52	罗常培 杨毓珉	阳平又读为35调,入声清纽及次浊大部分变即声上声,惟"急即责却额"变阴平,"撤六"等变去声为例外;阳平变去声变阴平;全浊变去声变阴平。

调类 例字 调值 地域	阴平 诗	阳平 时	阴上 使	阳上 是	阴去 试	阳去 事	阴入 识		阳入 石 舌	发音人	记音人	备注
4												
山东临淄	∕24	˥55	˥51		∕213					于道泉	赵元任	
山东惠民	∕24	˥44	˥55		˥42					冯辉珍	罗常培	
山东莱芜	∕24	˥44	˥55		˥42					韩裕文	罗常培	阴平与上声,发音人认为同音,但上声稍高略短。入声清纽变阴平,全浊变上声,次清变去声。惟"劼"读上声,"撤"读去声为例外。
山东肥城	∕24 ˥53		˥55		˥31					阴法鲁	罗常培	全浊入声变阳平,清及次清入声变阴平,例外:"匹各额读"等变上声,"即救药撤麦物"等变去声。

	地名	调值				调查人		备注
4	山东巨野	∕24	∨51	⌐55	∨313	逯钦立	罗常培	入声清组及次浊变阴平，全浊变阳平，惟"额"变上声，"六"变去声为例外。
	山东聊城	∕35	∨51	⌐55	∨31	傅懋勣	罗常培	但詹镈之四声为⌐11、∧53、⌐55、∨412，或系城乡之异。
	山东临清	∕35	∨51	⌐55	∨314	刘锡铭	刘锡铭	
	河北获鹿	∕44	∧25	∨313	⌐3（纳）	赵元任	赵元任	
	河北东明	∕35	∨51	⌐55	∧214	刘禹昌	罗常培	
	河北南宫	入13	∨31	⌐55	⌐42	陈肇彭	罗常培	入声清纽变上声，浊纽变阳平。
	河北冀县	⌐33	∧53	∧35	∨41	路士良	罗常培	全浊上声变去声，入声清纽大部变上，次浊全浊皆变阳平。
	河北深县	⌐33	∧53	∕213	∨31	王玉哲	罗常培	清变阴平，例外:阳平"竹即曲"，上声"各劁百却"，去声"撤"等；全浊入声变阳平，次浊入声变去声。

（续表）

调数	地域	阴平 诗	阳平 时	阴上 使	阳上 是	阴去 试	阳去 事	阴入 识 各	阳入 石 舌	发音人	记音人	备注
4	河北定县	˦33	ㄣ13	˦35		˩51					赵元任	
	河北井陉	˥53	˥55	ㄣ24	˩231					齐佩瑢	罗常培	入声变化条例颇复杂，"竹出曲秃"等变阴平，"匹黑"等变得一七识屇职借"等变上声，"急即笔借"等变去声，"敕匿粒"等变去声。
	河北晋县	˩31	ㄣ24	˦35		˩41					罗常培	
	河南洛阳	˦35	˥53	ㄌ15		˩51				李松筠	罗常培	
	陕西咸阳	˩11	ㄣ13	˩51		˦44				刘文锦	赵元任	白涤洲所记音为 ˩41、˦35、˩452、˦45，与赵氏不同。

序号	地点	调类数据	调查人	备注
4	陕西白水	∨31　⌐14　∨452　⌐44	白涤洲	白君遗著《关中四声实验录》刊在《史语所集刊》第四本第四分册。又关中入声变化,据白君结论:"全浊变阴,其余变阴。"参看《史语所集刊外编》下册《关中入声之变化》一文。竖式调号系王均据白文改译。
	陕西韩城	∨231　⌐25　⌐454　⌐45	白涤洲	
	陕西泾阳	∨231　⌐34　⌐453　⌐45	白涤洲	
	陕西华县	∨451　⌐45　⌐45　⌐453　⌐55	白涤洲	
	陕西乾县	∨341　⌐25　∨451　⌐45	白涤洲	
	陕西鄠县	∨341　⌐35　∨351　⌐45	白涤洲	
	陕西醴泉	⌐121　⌐24　⌐353　⌐45	白涤洲	
	陕西岐山	∨51　⌐24　∨451　⌐55	白涤洲	
	陕西邠阳	∨231　⌐25　⌐453　⌐35	白涤洲	
	陕西高陵	∨231　⌐25　⌐452　⌐34	白涤洲	

（续表）

调类 例字 调值 / 调地域 调数	阴平 诗	阳平 时	阴上 使	阳上 是	阴去 试	阳去 事	阴入 识	阳入 各 石 舌	发音人	记音人	备 注
4 陕西邠县	˩21	˩14	˥454		˥45					白涤洲	
陕西凤翔	˩231	˩24	˥452		˥45					白涤洲	
陕西长武	˩341	˩25	˥451		˥44					白涤洲	
陕西淳化	˩231	˩15	˥351		˥45					白涤洲	
陕西三原	˩231	˩15	˥453		˥35					白涤洲	
陕西临潼	˩31	˩15	˥353		˥45					白涤洲	
陕西栒邑	˩342	˩25	˥341		˥24					白涤洲	
陕西澄城	˩241	˩15	˥151		˥35					白涤洲	
陕西渭南	˥453	˩15	˥353		˥45					白涤洲	
陕西雒南	˩41	˩35	˥241		˥34					白涤洲	

4				白涤洲
陕西华阴	∨52	入14 ∨51	∧45	白涤洲
陕西朝邑	∨31	∧24 ∨452	∧35	白涤洲
陕西长安	⌐21	∧24 ∧453	∧45	白涤洲
陕西蓝田	∨31	∧24 ∧453	∧24	白涤洲
陕西眉县	∨231	∧25 ∨451	⌐55	白涤洲
陕西兴平	∨451	∧15 ∨51	∧45	白涤洲
陕西盩厔	∨31	∧34 ∧42	∧45	白涤洲
陕西蒲城	∨31	∧25 ∨351	⌐12	白涤洲
陕西富平	∨331	∧23 ∨41	∧45	白涤洲
陕西同官	∨331	∧25 ∨51	∧45	白涤洲
陕西永寿	∨341	∧25 ∨451	∧44	白涤洲
陕西扶风	∨41	∧15 ∨31	⌐55	白涤洲
陕西麟游	∨31	∧25 ∨451	∧34	白涤洲

调数	地域	阴平 诗	阳平 时	阴上 使	阳上 是	阴去 试	阳去 事	阴入 识	阳入 石	发音人	记音人	备注
4	陕西潼关	╲42	╱25	╲451		╲45					白涤洲	
	陕西耀县	╲31	╱24	╲451		┤33					白涤洲	
	陕西陇县	╲231	╱25	╲53		╱45					白涤洲	
	陕西大荔	╲231	╱24	╱454		╱44					白涤洲	
	陕西商县	╲231	╱35	╲43		╱44					白涤洲	
	甘肃礼县	╱45	╱25	╲51		╲55				王苣	罗常培	
	察哈尔阳县	┤33	╲51	╱15		╱214				李肇坤	罗常培	
	辽宁昌图	╱44	╱35	╱214		╲51				康姜 倪涛	罗常培	入声变化清纽"俗"字无条理,全浊除"额"字外变阴平,次浊除"额"字外变去声。

			关德超	罗常培	入声变化青细无条理,全浊除"俗"外变阳平,全浊除"叟额"外变去声。
4 辽宁新宾	↑44 ↑35 ↓214 ∨51				
辽宁义县	↑44 ↑35 ↓214 ∨51		刘广启	罗常培	同上。
天津市	↓11 ↑55 ↓24 ∨42			赵元任	
北平市	↓55 ↑35 ↓214 ∨51		罗常培	罗常培	入声变化条理,据云"全浊全清变阳平,次清变浊变去声",但例外颇不少。

说 明

1. 本表初稿所收凡 20 省(粤、桂、闽、苏、浙、皖、赣、湘、鄂、川、贵、云、鲁、康、冀、豫、陕、甘、察、辽),176 县市(包括各特别市在内)。惟限于材料,各省所收县市多少不等(如陕西共收 39 县,而甘肃、察哈尔各收 1 县)。

2. 本表编排次序,以调类多少为经,以地域为纬。调类由 10 调至 4 调,地域沿珠江流域、长江流域、黄河流域、黑龙江流域为次序(即大致依方言系统上粤语、吴语、闽语、吴话、官话为序)。

(本文为初稿本,作者整理于 1944 年 6 月)

关于广州话入声的讨论

涤洲兄:

在《国语周刊》第 39 期,看见 G.S. 致 T.H. 的一封信,其中引 J.J. 的话有一段涉及广州话的入声。原文说:

> 他并且不承认广州有入声。他以为所谓广州那些入声字就是尾音不同,而主音实在和清平(上入)、清去(中入)、浊平(下入)一样,时间也并不减短,遇变调时就跟清上一样,他这发现我以为是不错的。

我对于 J.J. 君的意见,是不表赞成的。第一,我们要知道入声所以异于平上去的地方,除去尾音不同而外,《元和韵谱》所谓"入声直而促"跟《玉钥匙》所谓"入声短促急收藏",也是重要的特质;换言之,就是平上去之间虽然可以不严格地较量长短,而入声对于平上去却不能不分辨短长的。所以我为称述上的便利,曾经管平上去叫做"舒声",管入声叫做"促声"。广州话的九声,用赵元任先生的字母式声调符号写起来,应当是:

调类	阴平	阳平	阴上	阳上	阴去	阳去	阴入	中入	阳入
例字	衣	移	椅	矣	意	异	一	谒	亦
调号	˥˦	˩˩	˧˥	˨˦	˧˧	˨˨	˥	˧	˩
调值	54	11	35	24	33	22	5	3	1

从实际的调值听起来阴平、阴入跟阳平、阳入都有微降的性质(参看

刘半农先生《四声实验录》第 69～71 页），我们所用的符号把阳平、阳
入跟阴入都写作平的，无非为应用上的简便。所以如果舍去长短的
性质不管，照 J.J. 君所说，固然不错，而且琼斯（D. Jones）的《广州话
注音读本》(A Cantonese Phonetic Reader)也是这样办的。然而若是简
直地说"时间并不减短"，那可跟实际上的听感有点儿不符。

　　第二，我们要知道语调跟字调是不同的。广州话拿入声作联词
上一字的时候，虽然还不像别的方言变得那样厉害，然而在特种语气
之下，除去阴入不变外，中入跟阳入都有变调。据刘君学濬说：叠用
两个中入的词儿，第一字变中升调，例如"托托、驳驳、夹夹"等，原来
的声调是 ˧˧，变读的声调是 ˦˦。叠用两个阳入的字或第一个阳
入的字是含有过去性的动词，第一字就变成低升调，例如"白白、热
热、焗焗、落身、落嚟、赎当"等，原来的声调是 ˨˨ 跟 ˨˧……变读的
声调是 ˨˨ 或 ˨˦……J.J. 说变调时就跟清上一样，从上升的性质
一点看固然不错，可是因加重口气或为听者悦耳而变成的语调，跟基
本字调本来是两回事的。

　　这是我这个"外江佬"的一点儿意见，很希望地道的"广东佬"参
加讨论。

　　（本文原署名罗莘田，刊《国语周刊》41 期，1932 年 7 月 2 日）

方言中的内外转

内外转的解说见罗常培《释内外转》(《史语所集刊》第四本第二分,第 209～226 页及插图,1933 年)。

《四声等子》有定义:"内转者,唇、舌、牙、喉四音更无第二等字,唯齿音方具足;外转者,五音四等都具足。"(《切韵指掌图》大同小异。)

江永《古韵标准》:"……当以音之侈弇分为两部。神珙等韵分深摄为内转,咸摄为外转,是也。"(罗文 p.216)

罗引大岛正健《韵镜新解》所举特征内外转各四条(pp.223～224)。

罗定内外转分法(原文 p.226 后插图):

通	江	止	遇	蟹	臻	山	效	果	假	宕	梗	流	深	咸	曾
内	外	内	内	外	内	外	外	外	外	外	外	内	内	外	内

元音图(虚线以上是内转,虚线以下是外转):

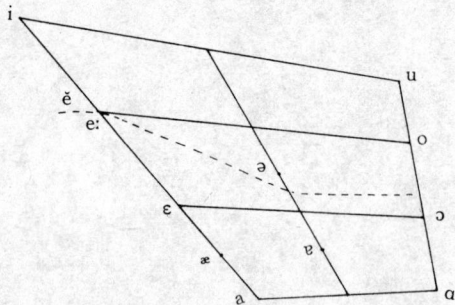

内外转韵音表

	果假	蟹	效	咸	山	宕	江	梗	遇	止	流	深	臻	曾	通
一	ɑ	ai	au	ɑm	an	ɑŋ			o		ɔu		ŏŋ	ɔ̆ŋ	uŋ / oŋ
二	a	ai	au	am	an		ɔŋ	ɑŋ / æŋ							
ǐ		εi	εu	εm	εn			εŋ	o	ěi			ěn		uŋ
ǐ		ɐi	ɐu	ɐm	ɐn	ɑŋ		ɑŋ	u	i(ě)	ɔ̆u	ěm ěn	ěn	ɔ̆ŋ	oŋ
i		ei	eu	em	en			εŋ							

果假	蟹	效	咸	山	宕	江	梗	遇	止	流	深	臻	曾	通
歌灰	哈	豪	覃谈	寒桓	唐			模		侯		痕	登	东冬
麻佳夬	皆	肴	咸衔	山删		江	庚耕							
	祭废	宵	盐严	仙元	阳		清庚	鱼虞之支	微脂	尤幽侵		真谆欣文	蒸	东钟
	齐	萧	添	先			青							

声母轻重唇内外转分布

二等合口		果假	蟹	效	咸	山	宕	江	梗	遇	止	流	深	臻	曾	通
	a-	—	—	—	—	—	—	方缚	—							
	ɛ-					变	—	—	—	非				敏		
	ɐ-	—	废	—	凡法反发	—	—	—	兵	夫	悲碑	否谋	品	分弗	—	风福目

庄组声母

照章 扇	照庄外 山	照庄内 森	精一 三	
○	○	○	○	当阳　钟祥城
○	○	○	△	开封　台山(ɕ:ɬ)
○	○	○,△	△	南京　北平(陌麦职文言)　郧城(251号有7例外)
○	○	△	△	钟祥西北乡(但梗摄以内转论,看下文)
○	△	△	△	无锡　常熟　长沙("史"等,ɬ今合口"揣庄"等除外)
○t	△ts	△ts	△ts	临川
△	△	△	△	上海　扬州　武汉

见系在吴、楚分文白两读(全属外转)

果(假)	蟹	效	咸	山	宕	江	梗
家	皆	交	监	间		江	更

梗摄在闽、粤、吴、赣分文白（ən、ɑŋ、iŋ、iŋ 等）

厦门	福州	广州	客家	上海	临川
名 miǎŋ	生 sɛiŋ	生 sǎŋ	零 lin	生 sən	生 sen
mĩã	sǎŋ	saŋ	laŋ	saŋ	saŋ
饼 piǎŋ	听 t'iŋ	听 t'eŋ	定 t'in	声 səŋ	名 min
pĩã	t'iaŋ	t'eɛŋ	艇 ti'aŋ	saŋ	miaŋ
	食 ɕek		格 kə?	额 ŋe?
	石 ɕɛːk		ka?	n̠ia?

（与曾摄不同。"朋"字例外。）

广州长短元音

外转长,内转短。祭齐韵用 ɐi 是例外。（梗摄分内外二种。）

广州上、中、入

咸　山　宕　江　梗	深　臻　曾　通
蛤 koːp(?)葛 koːt 各 koːk	
甲 kaːp 瞎 haːt 　 觉 koːk 格 koːk	
劫 kiːp 　结 kiːt 脚 koeːk 　戟 kĭk	急 kǎp 吉 kǎt 刻 hǎk 谷 kǔk
石 ɕɛːk	国 kwoːk
	惑 waːk

鼻音韵尾内转强,外转弱

官话:外转咸山 an、ɛn,宕江 ɑŋ（梗归曾）（南京及皖中 an、ɑŋ 并）。

内转深臻曾 ən、in 等(长江 n～ŋ),通 uŋ。

西北:晋、秦、陇内外都有半鼻化或失落倾向,但晋北跟陇倾向较
　　少。又内转通摄 ŋ 保存得最稳固,次为内转曾摄,梗以曾
　　论。外转最易失落鼻音(例见高本汉字汇)。

广州:外转 ɑːm、iːn 等。

　　　内转 ŭm、θn 等。

厦门:外转白话有半鼻音:

　　　三　行　官　猛　天　张(附阴韵字,大半鼻声母)
　　　ã　ĩã　ũã　ẽ　ĩ　ĩũ

　　　内转无半鼻音。

吴语:外转 m、n 失落或半鼻音:三 ɛ,干 ø,验 iɛ,言 ie 等。

　　　外转 ŋ 弱:刚 ɔŋ,姜 iaŋ,更 ɑŋ 等。

　　　内转 n、ŋ、n～ŋ 大半强的:真 ən,心 in,君 yin,公 uŋ 等。

徽州歙县:外转全失(桓韵除外,包括梗白):干 ɑ,天 e,刚 o,冷
　　　ɑ。

　　　　内转 ɐn、in、n(包括梗、文及桓韵):根 ɐn,今 in,登 ɐn,
　　　　东 ɐn,端 ɐn,更 ɐn。

R.I.(Romanisation dialectique 方际罗马字)

果假	蟹	效	咸	山	宕	江	梗	遇之除之	止	流	深	臻	曾通
ɑ	ae	ao	am	an	aq	ag	g	—	e	o	m	n	q
			ɑp	ɑr	ak	ɑx	x				p	t	k

(本文为作者 1936 年 10 月 9 日史语所讲论会上的发言提纲)

扬雄《方言》在中国语言学史上的地位
——周祖谟《方言校笺》序

在语言学的三大部门里,从中国古代语言学发展史来看,词汇学创始的最早,可是后来并没能发挥光大。音韵学到第三世纪才有了萌芽,因为受了几次外来的影响,比较最能走上科学的路。文法学发展的最晚,一直到第十九世纪末才有了第一部系统的文法书《马氏文通》(前六卷 1898 年冬出版,后四卷 1899 年付印)。它以后的五十年来,还不免停滞在"拉丁文法汉证"或"拉丁文法今证"的阶段。

词汇的篡辑从公元前 2 世纪已经开始了。《尔雅》的著者虽然有人伪托得很古,实际上它只是汉代经师解释六经训诂的汇集。曹魏时张揖所作的《广雅》,也仿照《尔雅》体例,搜罗《尔雅》所没有收进去的名物训诂。这一类的词书是专为六经作注脚的,它们所辑录的限于古书里有文字记载的语言,并没有注意到当时各地人民口里的活语言。至于较后的刘熙《释名》,乃是一部主观的、唯心的训诂理论书,近人虽然有根据它作"义类"或"字族"研究的,可是从唯物的语言学观点来看,这部书在中国语言学史上并不占重要的地位。当公元第一世纪左右,已经有唯物的观点,从大众的语言出发,应用客观的调查方法,只有《方言》能够具备这些条件。

《方言》是中国的第一部比较方言词汇著作。它的著者是不是扬雄,洪迈和戴震有正相反的说法。后来卢文弨、钱绎、王先谦都赞成戴说,认为《方言》是扬雄所作。本书的著者周燕孙(祖谟)在自序里对这个问题并没加断定,他的矜慎态度是很可嘉许的。我自己却很相信应劭的话。他在《风俗通序》里始称:"周秦常以岁八月遣𫐐轩之使,求异代方言,还奏籍之,藏于秘室。及嬴氏之亡,遗弃脱漏,无见之者。蜀人严君平有千余言,林间翁孺才有梗概之法。扬雄好之,天下孝廉卫卒交会,周章质问,以次注续。二十七年尔乃治正,凡九千字。"由这段记载,咱们可以推断:《方言》并不是一个人作的,它是从周秦到西汉末年民间语言的可靠的记录。扬雄以前,庄遵(就是严君平)和林间翁孺或者保存了一部分资料,或者拟定了整理的提纲。到了扬雄本身也愿意继承前人的旨趣,加以"注续"。他"注续"的资料不是凭空杜撰的,而是从群众中来的,他虽然没有坐着轻便的𫐐轩车到各处去调查方言殊语,可是他利用各方人民集中都市的方便,记录了当时知识分子(孝廉)、兵士(卫卒)、其他平民乃至少数民族的语言。

他所用的调查方言法是"常把三寸弱翰,油素四尺,以问其异语,归即以铅镝次之于椠"(《答刘歆书》,并参阅《西京杂记》)。这简直是现代语言工作者在田野调查时记录卡片和立刻排比整理的功夫。这真是中国语言史上一部"悬日月不刊"的奇书,因为它是开始以人民口里的活语言作对象而不以有文字记载的语言作对象的。正因为这样,所以《方言》里所用的文字有好些只有标音的作用:有时沿用古人已造的字,例如,"儇,慧也",《说文》"慧,儇也",荀子《非相篇》"乡曲之儇子";有时迁就音近假借的字,例如,"党,知也","党"就是现在的"懂"字,又"寇、剑、弩,大也",这三个字都没有大的意思;另外还有扬雄自己造的字,例如"俺"训爱、"悷"训哀、"姝"训好之类。这三类中,除了第一类还跟意义有关系外,实际上都是标音符号。至于像"无写""人兮"一类语词的记载,更是纯粹以文字当做音符来用的。假如当时扬雄有现代的记音工具,那么,后代更容易了解他重视活语言的深意了。《方言》还有一个长处,就是郭璞《方言注序》所说的:"考九服之逸言,标六代之绝语;类离词之指韵,明乖途而同致,辨章风谣而区分,曲通万殊而不杂"。它虽然偏重横的空间,却没忽略了纵的时间,虽然罗列了许多殊域方言,却能划分地区,辨别"通语"、"凡语"和"转语",在头绪纷繁的资料中却能即异求同,条分缕析。综括全书来看,这的确是一部有系统、有计划的好书。它的许多特征,本书的自序已然说得很详细,这里就无须赘述了。

扬雄以后,懂得这部书是拿语言作对象的,前有郭璞(276—324),后有王国维(1877—1927)。跟他所用的调查方法不谋而合的,只有一个刘献廷(1648—1695)。从景纯的注可以看出汉晋方言的异同和有音无字各词的读法,可是假若没有静安的阐发,郭注的优点恐怕也不能像现在这样显著。所以郭、王两君都可以算是《方言》的功臣。刘献廷曾经想应用他自己所定的《新韵谱》(1692)"以诸方土音填之,各郡自为一本,逢人便可印证。以此法授诸门人子弟,随地可谱,不三四年九州之音毕矣"(《广阳杂记》卷三)。拿他所说的跟扬雄比较起来,虽然刘偏重音韵,扬偏重词汇,但是在 19 世纪以前,语言学还没成为科学的当儿,中国的先民居然前后辉映发明了跟现代语言科学若合符节的调查方法,这实在不能不算是中国语言学史上的两大贡献。

扬雄以后,续补《方言》的有杭世骏、戴震、程际盛、徐乃昌、程先甲、张慎仪各家。至于分地为书的,有李实《蜀语》、张慎仪《蜀方言》、胡文英《吴下方言考》、孙锦标《南通方言疏证》、毛奇龄《越语肯綮录》、茹敦和《越言释》、范寅《越谚》、刘家谋《操风琐录》、胡朴安《泾县方言》、詹宪慈《广州语本字》、罗翙云《客方言》等;考证方言俗语的,也有岳元声《方言据》、杨慎《俗言》、钱大昕《恒言录》、钱坫《异语》、翟灏《通俗编》、张慎仪《方言别录》、孙锦标《通俗常言疏证》、谢璇《方言字考》等书。总起来看这些书大都是从史传、诸子、杂纂、类书以及古佚残编等抄撮而成,除去一两种外,始终在"文字"里兜圈子,很少晓得从"语言"出发。能够了解并应用《方言》本书的条例、系统、观点方法的,简直可以说没有人。可惜在中国语言史上发达最早的词汇学,从《方言》以后,就这样黯淡无光,不能使第一世纪左右已经有了的逼近语言科学的方法继续发展!

　　周君这个校本以宋李文授本作底本,而参证清代戴震、卢文弨、刘台拱、王念孙、钱绎各本,论其是非,加以刊定。旁征的论著达 33 种,其中的原本《玉篇》残卷、《玉烛宝典》、慧琳《一切经音义》、《倭名类聚钞》、王仁煦《切韵》、《唐韵》残卷等都是清人所没看见的。对于原书的讹文脱字也都能够依例订正,实在不愧是"后出转精"的"定本"。至于吴晓铃主编的通检兼用"引得"和"堪靠灯"两法,分析细微而且富于统计性,对于应用《方言》作研究的人实在便利万分,减少无穷的麻烦。拿通检跟校本配合起来,可称"相得益彰"! 从此中外学者再来研究《方言》,只要"手此一编",就可以不必还在校刊文字和分析排比上费冤枉功夫,他们就可以集中精力,"单刀直入"地从语言的观点去探讨《方言》的精诣。这样一来,二千年前庄遵、林闾翁孺和扬雄的集体工作,才可以在郭璞、刘献廷、王国维之外,多加几个知己。假如将来中外学者对于《方言》能够有伟大的新贡献,那么,他们的成绩应该有不少的部分记在周、吴两君的账上!

　　1950 年 10 月 2 日,罗常培序于北京大学文科研究所。

（本文刊于《光明日报》1950 年 10 月 22 日学术增刊第 18 期）

学术通讯

（一）

张星烺——罗常培

莘田先生大鉴：

10 月 28 日华翰敬悉。足下讲学广大，旧友群集，至为慰贺！

金尼阁西方原名为 Nicolas Trigault，字四表，拂览第二国人（即法国人）。明万历三十八年庚戌，传教浙江，崇祯二年己巳卒，墓在杭州方井南。汉文著作有《况义》一卷，《推历年瞻礼法》一卷，《西儒耳目资》三卷。拉丁文著作，有《支那传教录》(*De Christiana Expeditione apud Sinas , Suscepta ab Societe esu*)。

拙作《中西交通史》讲义，在厦门大学仅印至 160 余页，即放暑假。刻弟处只自留两份，预备将来付梓。《马哥孛罗游记导言》，可问朴社，弟处亦存书无多。

厦大教员俄人史禄国(Shirokogoroff)，为研究中国人种及东北民族语言专家。弟尝读其书，且与谈论，洵不愧为学者。近有书来，谓在厦门无足与言学问者。贵校语言历史研究所既有东方语言之科目，此人极宜罗致，以增校光。兄如自便，似宜与颉刚及校中执事者言之。

京中目下尚平静。今冬气候特暖，至今未雪。

耑此，即问教安。

弟张星烺谨启

1927 年 11 月 27 日

亮丞先生：

辱教，甚感！

金尼阁事迹，于驰书请教后，已在梁启超《近三百年学术史》附表及韩霖、张赓等所述之《圣教信证》附录中检得之。今承不厌详教，益可了然。惟《西儒耳目资》一书，当四库开馆时，已非完本，尔后更少流传。近闻上海东方图书馆有其残本，恨未见之！援安先生曩所为《耶稣会士著作目录》，但举有关宗教之书，余未并及；然于此书传本，亦或寓目，先生便中能为一询否？

尊著《中西交通征信录》，既以卷帙浩繁，一时不易刊行，深望先将《中西交通史》付诸剞劂，以惠学林。培近拟研究中国语音变迁史，于异族语之同化一端，所赖尊书参证者正多，尤以早睹为快也！

Shirokogoroff，敝校语言历史研究所已预定聘充研究教授，其本人并曾来粤接洽。惟以粤局巇峗，校中诸事迄未照原定计划进行，故尚弗克即时敦聘耳！

匆此奉复，即颂著安。

罗常培谨复

1927 年 12 月 24 日

（二）

薛澄清——罗常培

莘田先生：

　　（上略）前寄上之《为十五音说几句话》，原系仓卒写成，不独五十字音之音未及注完，即题目亦自嫌其未当。近颇拟改为《关于漳泉人读书正音及其所谓十五音的讨论》，是否有当，尚赖先生鉴定。

　　关于十五切音（即柳、边、求、去……等）之来源，生近曾与旧同学叶君国庆往返讨论，今亦略陈如下，请先生匡其谬误，并示以此后研究之途径为祷！兹将叶君之《古音十九声母与十五切音比较表》转录如下：

帮，並（边）　　滂（颇）　　明（门）　　端，定（地）　　透（他）
泥，来（柳）　　精，从（曾）　　清（出）　　心（时）　　见（求）
溪（去）　　疑（语）　　晓，匣（喜）　　影（英）

　　"入"字应放何处？尚在存疑。

　　生按此表所列，有可成为定论者，有尚须存疑者；刻犹在究求中，未敢有所是非焉。

　　关于厦门音字典，生曾自 T. D. Ball 的 *Things Chinese* 一书中，探知数部：（1）Macgowan 的 *Manual of Amoy Dialect*，及 *English-Chinese Dictionary in the Amoy Dialect*；（2）Douglas 的 *Chinese-English Dictionary of the Vernacular or Spoken Language of Amoy*。此三书以后一部出版最早，据云系在 1873 年。然前乎此者，尚有打马字（Mr. John Van Nest Talmage）所编之一书行于世。打氏为厦门罗马字母之创始者；其书虽有筚路蓝缕之功，而有待于后人之补正者亦自不少。即 Douglas 所著之书，亦曾于 1912 年由 T. Rarelay 出而订补之，其书名曰《厦英词典补编》，由上海商务印书馆刊印，当不难购得也。然上列诸书，除打马字之书外，多以英语与厦语对照，似专为外人之学厦语者而作。其异于是者，据生所知，当推 1913 年在日本出版之甘为霖（W. Campbell）的《厦门音新字典》（*A Dictionary of the Amoy Vernacular*）一书。甘氏系英人，自谓是书之作，借力于前贤之成著者颇多，可见内容之丰富矣。为此敢以此间所购得甘氏之书，另封挂号寄上，以赠先生，务祈哂纳是幸！

此外关于厦门方言及方音之参考书，以生所知，尚有最近由上海商务印书馆出版之 R. B. Blaknay 的 *A Course in the Analysis of Chinese Characters* 一书；但是书之足供参考者，惟后部所附之"厦语字汇"耳。

《郑成功历史书目初编》，文质俱尚幼稚。今先生非特不以谫陋而弃之，且予以订正，为之发表于广大刊物，此固出自先生奖掖后学之热诚，而生之受赐于先生者，益将深且厚矣！敬志数语，以表谢忱！

最近生对于郑氏历史之研究，除仍竭力向书本上搜集资料外，复拟从事于郑氏古迹之考察。据《厦门志》所载：（一）"太平岩去城东二里许，在万石岩之东，中岩之上，旧为郑氏读书所"。（二）"太师墓在鸿山寺之东"。（按，《厦门志》著者周凯，清浙江富阳人，道光间官思明。现南普陀犹存其所书之横扁一方，云："郑鸿逵与黄石斋迎唐王，石斋学太傅，芝龙封太师。"）（三）周祖唐（清浙江上虞人）被郑氏所杀，其纪事碑在今水仙宫侧。以上各处，暇时皆拟亲至其地，并一一为之拍照。

至于厦门以外各地，亦拟陆续考察。数月前曾为此事，随本校艾克博士往游泉州，途中得其指导，始得一瞻郑氏故里所在，为之伫立凝视者久之！呜呼！此殆所谓"览古兴怀，固动于人类之天性"者乎？

此行经过，除凭吊郑氏故里外，以寻出《泉州府志》为最高兴之事。前陈万里先生在其《泉游日记》中曾谓到泉时亦不获一见其书；最近张星烺先生自燕大来信，复谓"前在厦门欲阅《泉州府志》而不可得，近乃在此间清史馆得之"，可见是书之不易得矣。

其余拟俟暇时另详之。耑此，即请海安。

学生薛澄清

1927 年 11 月 3 日

澄清兄：

你的信，我已收到许久了。因为事情太忙，所以迟到今天才能答复。

《为十五音说几句话》一文，你打算把题目改作《关于漳泉人读书正音及其所谓十五音的讨论》，我觉得还未免累赘，不如直截了当地叫做《〈十五音〉和漳泉人读书正音》好了。你那篇文章，我想略加删订，替你在中大语言历史研究所周刊"方言专号"里发表。不过原文中关于 Things Chinese 里的中国方言分类和五十字母及八音的注音，全是空白，我一则手边无书，二则对于注音不敢自信比闽南人更准确，所以只好请你自己赶快把这两点补足。

叶君国庆所作的《古音十九声母与十五切音比较表》，大致还没有错误。至于"人"字本来应归"日"纽，可是厦门方音读作 Jip，和国音字母的"ㄐ"母有点儿近似，在三十六字母里便找不出相当的音来对照它。这是闽南方音特别的地方，也如同广东音混日纽于喻纽，江北音混日纽于来纽一样。

承你惠赠甘为霖的《厦门音新字典》，使我却受皆非！以后望勿如此客气！陈澧的《东塾丛书》，听说版子已经毁了，现在坊间很不多见；容觅到后，当寄上一部。

Douglas 的书，去年在厦大时，曾草草地翻了一遍，没得工夫详细研究。现在得到 Campbell 的书，觉得比那本书好得多了。A Course in the Analysis of Chinese Characters 在此间已经找到，这本书后面所附的厦语字汇，并不十分重要。

我对于厦门方音本想作一番系统的研究。不过我住在厦门的时间拢总不到五个月，虽然有思明的林君藜光、晋江的邱君豫凡、同安的陈君延进、龙溪的你……等帮了我好多的忙，终究因为和社会上接

触太少，不能有什么昭著的成绩，离开厦门以后，更没有机会听 Ling
Ging Kuan、Chian Jih Poan、Lang Tiam Ting、Li Lai Khoan 一类的活语音
了。因此，几月间所搜集的一些材料，本想束之高阁，但是我的个性
对于一件没有了结工作，始终放心不下，所以在最近的将来，还想把
以前仅有的一点收获，姑且作一回结账式的整理。我预料这番整理
的结果，必不免于错误和浅薄。不过精邃的学问是由浅薄出来的，正
确的真理是由错误经过的：我只当是自然科学家在实验室里的一次
失败，那又有何妨呢？

前几天顾颉刚先生还嘱咐我催你续寄关于郑成功历史研究的文
章。你现在对于这件工作，能从直接材料和间接材料两方面注意，这
是再好没有的事。新史学的立足点，就是这种方法和这种态度。必
须如此，才能得到一件事实的真相；何况是三百年来湮没不彰的郑氏
史迹呢？我近来浏览刘继庄的《广阳杂记》，发现"国姓公"的史料很
多。你如未见此书，可以找来看看。（《广阳杂记》在《畿辅丛书》中，
近上海国学保存会及商务印书馆均有排印本。）

中大语言历史研究所周刊的方言专号，定于 1928 年 3 月 15 日
集稿，你除去十五音以外若还有关于实际调查的报告或研究，尤所欢
迎！并盼把这个意思向叶国庆和林藜光两兄代达！

匆复，即颂学祺。

罗常培手复

1927 年 12 月 30 日

附录

汉语方言研究拟目

一、汉语方音研究小史

二、现代方言中的古音遗迹

三、从客家迁徙论客赣方言的关系

四、绩溪方音述略(后半似宜重抄)

五、临川方音小记

六、《厦门音系》提要(一部分重抄)

七、昆明话和北京话的异同

八、现代方言字调举隅(抄补表格中)

九、《方言校笺》序

十、戴东原《续方言》手稿跋

(本拟目是作者 1954 年 5 月计划编集的一本著作,此计划后来未能实现。)

少数民族语言
文字研究

汉藏系语言调查讲演提纲

一、了解中国语言情况的必要

1. 教育的——国语运动：国语统一，简字，拉丁化，没有文字的语言如何写法？

2. 政治的——预备语言殊异的各部族的读物。

二、中国语言情境的复杂现象

1. 方言纷歧。

2. 对于其他族语知识的不确切。

3. 抗战以来对于西南语言研究的引起。

4. 科学的记录与系统的研究之开始。

5. 关于它们的分布和分类的明晰知识尚须待若干年后。

三、关于语言的分类

同系的语言须假定其历史有关系。

在同系语言可发现许多类似或相对之点，如语形、文法元素（Prefixes，Suffixes）、元音和辅音的变换及一般的结构，这些类似点和相对点有时可以形成一定的确切的叙述。音律（Sound Laws）由此类似和相对可知它们绝不是偶然的巧合或互借，而是由共同的母语演化下来的。从母语分化出来的越早，它们的关系就越难找，除非发现古代的文献可以表现较古的情况的才可靠。没有记录的语言仅从它们现代读法得到一些知识，要找它们的关系是颇不容易的。

有许多中国语言不但没有它们自己的记录，而且我们也只零碎地知道一点儿，所以对它们的分类是很初步的。

四、汉藏系语言的范围和特点

说这系语言的遍布于国内各地，包括西藏、新疆、满洲，乃至于域外的印度支那、缅甸、暹罗等。这系的一个特点就是"单音化的倾向"，其中的藏缅支仍旧有前缀音（Prefixes），有时成音节，有时不成音节，但是汉语和侗台支很早就不用前缀音了。

在原始的印支语里也许用 prefixes, suffixes, vocalic change, consonantal alternations 来形成 causatives, demonstratives，或变更语根的意义，例如古藏文 hgeṅs-pa（present），bkaṅ（perfect），dgaṅ（future），khoṅ（imperative）"充满"。不过这种演进的程序在本系大多数语言里都死亡了，我们所看见的只是和汉语一样的一些不变化的单音语根。

声调系统的发展是这系语言的另外一个特点。我们不知道原始汉藏语是否有声调，就是古藏语有没有声调也颇可疑。可是现代藏语、现代汉语、侗台语、苗瑶语、㑩㑩么些语，都是有声调的。这些声调后来受声母的影响又分成两大类：一类是本来有浊声母的，一类是本来有清声母的。这是汉语、藏语、缅语、侗台语的共同现象，也就是这些语言同出一源的最有力的论据。

另外一个语音的倾向就是浊音的清音化。不过这一点并没在所有的方言里都实现。这种倾向在吴语和湘语以外的许多汉语，还有侗台语和许多藏缅语都发生了。所以那些音原来是浊音，只有在声调的性质上可以侦察出来。

至于这系语言的词汇也有许多类似点,不过它们确切的对应还没有研究出来。

五、汉藏语的分支

这一系可以分作汉语、侗台语、苗瑶语、藏缅语四组。

(甲)汉语　(略述历史。)

1. 北部官话　无浊声,无入声。

2. 东部官话　长江以北的江苏和安徽有入声但以-ʔ代-p、-t、-k。

3. 西南官话　川、滇、黔及湖北、广西的一部分大部无入声(＞阳平),不过在四川中部沿长江有入声但尾音毫无痕迹,洱海沿岸的凤仪亦然。

4. 吴语　江浙及赣东保存古浊塞声,分阴阳调,入声有喉塞尾,常有七调。

5. 客赣　江西与广东古浊塞声变送气的清声,有入声且或保存-p、-t、-k尾,常有六声或七声,赣北沿鄱阳湖区域,在相连语句中常把送气清声念成浊声,客家话保存-m、-n、-ŋ、-p、-t、-k尾较好,说这种方言的人在两广、印度支那、泰国、马来半岛、南洋都有。

6. 闽语　闽北支通行于福建北部,闽南支通行于福建南部、广东东部、海南岛和雷州半岛。它的特点是把古浊塞声变成不送气的清塞声,知、彻、澄保持古舌颤音,保持-p、-t、-k尾,照例有七调,海南岛有许多语音特点似乎受泰语的影响。闽南支在台湾、印度支那、缅、泰、马来半岛、南洋都有人说这种方言。

7. 粤语　两广保存-m、-p、-t、-k尾,有八声或九声,元音有长短的分别。有些声调是由长元音分的。说这种方言的人,在印度支那、泰、缅、马来半岛、南洋等处也有许多。

8. 湘语　主要是湖南人所说的方言,古浊塞声除长沙外照例读作真的浊声,入声尾-p、-t、-k 都丢掉,但入声的调类分得很清楚,有六声或七声。

9. 其他　如皖南、湖南与广西北部。

(乙)侗台语　这一组是李方桂新创立的,包含台语(Tai)和侗水语(Kam-Sui)。这里所谓台语是严格的用法,不包含安南话(如Maspero 所分)和苗瑶语(如 Schmidt)。侗水语和台语一定有关系,不过从原始的台语分离得较早,所以自有其特质。可是台语的发展是很一致的。例如:

	侗语	水语	莫语	佯僙语	台语
酒 {	qʻwaːu	qʻaːu	laːu	laːu	lau
	kʻwaːu	kʻaːu			
角 {	paːu	paːu	kaːu	paːu	kʻau
		qaːu			kau
					xau

Kam-Tai 组包括侗水语与台语,把和它很亲近的 Siamese、Lao、Shan、Lü、Nung、Tho、Chuang 等叫做 Tai,Tai 这个名称只是一部分说台语的人用它,土、壮、仲家、Dioi 都不知道这个字的。

这一组和汉语很相近,照汉语来类推也有平上去入四声,并且也依古声母的清浊各分两类,所以现代侗台语常常有八声,或因元音的长度而分为九个以上的声调。有一套先喉塞的辅音(Preglottalized),在原始 Tai 语里只有 ʔb、ʔd、ʔj,但最近从侗台语的证据可以把它们扩充了,有几个水语中有 ʔb、ʔd、ʔm、ʔn、ʔŋ、ʔɣ 和原来的 b、d、m、n、ŋ、ɣ 并列,复辅音 kl-、pl-等现在有些方言还保存着,如泰语和壮语的武鸣土语、隆安土语都是,不过现都变成不带音了,语序也和汉语稍微不同,例如汉语"好人",侗台语是"人好"。最早的文献只有 13 世纪的暹罗刻文。在中国的一部分,多数侗台语没有它们自己的文字,除去在云

南的一部分或用 Shan 字母(从 Burmese 变来的)或用南泰字母,这都
是从印度演变来的。

1. 侗水语　流行于贵州东南部和广西北部几县,可以分作侗语
(Kam)、水语(Sui)、莫语(Mak)、佯僙语(T'en)四支。复辅音 kl-、pl-等
现在没有,但从前一定有;侗水语有一套不带音的鼻音,但莫语和佯
僙语都没有;侗语与水语分别有后腭和中腭塞音,莫语分别前腭和中
腭音,但在佯僙语就混起来了。有一套先喉塞的辅音,在水语很发
达,在莫语和侗语很有限。长短音的对峙在这一组语言里是显著
的。

2. 台语　又可分为两小支:(a)壮语。包含广西大部分的许
多方言如壮或土,还有贵州南部的仲家、蛮、本地和 Dioi,云南东南
部的沙人或土人。广东海南岛北部临高、澄迈、琼山几县的“熟
黎”也属这一支,但海南岛中部和南部的黎语似乎和台语差得较
多,它们中间的关系比较可疑。这一支语言没有送气的清音 p'、
t'、k'等,保存原来 *k' 与 *x、*g 与 *ɣ 的分别。保存原来的 *hr 作
r(武鸣),或 l(田州),或 ð(贵州 Dioi),或作 ɣ(迁江),与摆夷、暹
罗、Lao、侬等的 h 对照。元音的发展也与 b 支不同。(b)西南支。
包括几个有名的台语,大部分都在中国以外的。我们再把它分成
几小支:(1)Ahom 曾经在印度的 Assam 有人说,但现在消失了;(2)
Kamti 与 Shan 流行于缅甸与云南西部;(3)暹罗与 Lao 流行于泰国
与印度支那;(4)Lü 流行于云南南部;(5)白泰、侬、土等流行于印
度支那、广西南部和云南南部。这一支保存送气辅音 p'、t'、k',
把原来的 *x 和 *ɣ 变成塞音,原来的 *hr 作 h(除 Ahom 保存-r-),元
音的对照本身很一致。

(丙)苗瑶语　单音节有调,与汉语及侗台语同。关于苗与瑶语
的关系从黔南瑶语的研究可以决定,因为在这里它们并没受汉语和

台语的影响,与广东、广西和印度支那各处所住的瑶民不同。语序与侗台语相同。说这种话的人遍布于西南山地,除去偶然用汉字外,并没有他们自己的文字。

1. 苗语　说这种话的在湘西山地、贵州的大部分、广西北部许多地方、川南、云南、印度支那、暹罗许多地方都有。它的特点是丢掉韵尾辅音,只有 ŋ 和 n 可以用在韵尾的地位。前腭与后腭的辅音分辨得很清楚,例如 k 和 q 等。还有一套前鼻音的辅音(Pre-nasalized Consonants),如 mp、mpʻ、nt、ntʻ、ŋk、ŋkʻ等,又有几个方言保存复辅音 pl-、pr-、mpl-、mpr-、tl-、kl-等。调的数目在八个或八个以上。贵州南部的黑苗似乎可以另作一个分支,他们没有复辅音和前边受鼻音化的辅音,但有许多送气的辅音,如 pʻ、tʻ、kʻ、tɕʻ、qʻ、fʻ、sʻ、cʻ、ɬʻ、m̥ʻ、n̥ʻ、ŋ̥ʻ等。

2. 瑶语　这种语言在广东西北山地、贵州南部、广西、云南、印度支那、暹罗许多不同名称的部族都说。它把韵尾辅音保存得比苗语好一些,-m、-n、-ŋ、-p、-t、-k 都有。调的数目因为方言的不同而有五个到八个乃至于八个以上。这种语言受台语和汉语的影响很大,有些方言简直完全采取汉语或台语。

在汉语、侗台语和苗瑶语之间有些共同的特点:语词顺序主语—动词—宾语,恰好和藏缅语主词—宾词—动词的词序相反。汉语和侗台语的调子原来都是四类,这一点最后可以证明苗瑶语也是这样。因此似乎可以把它们合并成一支,管它们叫做 Sinitic,似乎并不错误。因为所有侗台语和苗瑶语对于汉语都显出很深的关系和历史、地理、文化各方面的密切接触。安南话可以包含在这一组里,虽然它和 Mon-khmer 语显出很强的联系。

(丁)藏缅组　在汉藏语里,这一组很显然地应用前缀音、清音、浊音的互换和后缀音等等,如古藏文所表现的。声调由于声母的清浊而分，并且受前缀音的影响，不过调的系统比汉语、侗台语、苗瑶语较为简单。语序照例是主词—宾词—动词。这一组再分为四支：

1. 藏语　主要的是西藏和西康人所说的，又伸展到青海和四川西部。最早的记载从第九世纪起，字母是从印度的天城书 Devanagari 演变出来的。西藏字母盖创于第七世纪中叶。案《蒙古源流》云，松赞干布（Sron-btsan-Sgan-po）岁次己丑（公元 629）即汗位，岁次壬辰（公元 632）遣通密阿努之子大臣通密桑布扎（Thon-mi Sam-bho t a）约其友 16 人至额纳特诃克国中参赛，于是从彼处之班迪达名德斡必特雅星哈（Devavid Sinha）者传音韵之学。以所学之音韵互证土伯特之 30 字母，合入四声，于原有 34 字母内删去 11 字，以其余 23 字与土伯特始创之六字并原阿字，定为 30 字母各分音韵。保存有很多的文学作品和佛经。它分为三个主要的方言：西支 Balti、Ladak 等保存几个前缀音、复辅音，韵尾塞音普通写作 -b、-d、-g。中支包括拉萨，它的特点是丢掉前缀音，复辅音的简单化和韵尾辅音的失落。东支康方言很忠实地保存前缀音和韵尾辅音。在这一组里有些西藏—喜马拉雅方言和北阿萨姆 Assam 方言流行于西藏南部边界，还有些个西番方言流行于西康和青海。滇西北角上的俅语和怒语有些有趣的现象。它们和有些尼泊尔方言类似，用人称代名词的缩减形式作为动词的前缀或后缀，以形成 verbal conjugations，例如俅子语。

ŋa　ɣaŋdza　kʻai　tɕaŋ.　"我能吃饭。"
我　饭　　　吃　能

na　ɣaŋdza　kʻai　nə-tɕa.　"你能吃饭。"
你　饭　　　吃　能

ɣaŋ　ɣaŋdza　kʻai　tɕa.　"他能吃饭。"
他　　饭　　吃　　能

iŋ　ɣaŋdza　kʻai　tɕai.　"我们能吃饭。"
我们　饭　　吃　　能

neniŋ　ɣaŋdza　kʻai　nə-tɕa-n.　"你们能吃饭。"
你们　　饭　　吃　　能

ɣaŋniŋ　ɣaŋdza　kʻai　tɕa.　"他们能吃饭。"
他们　　饭　　吃　　能

2. 山头支　属于 Bodo-Naga-Kachin Group，流行于云南西北边界。

3. 缅语支　如缅语、Kuki-Chin、old Kukik，主要地见于缅甸与
Assam，Lachik、Maru 亦属此支。

4. 倮倮支　在云南的大部分、贵州的西北、川南与西康都有许
多人说这种话。它蔓延到印度支那和暹罗。倮倮自己有一种表音的
文字，用于宗教经典。么些流行于云南西北部，并伸展到西康。它有
两种文字，一种是象形的(Hieroglyphic)，叫东巴字，一种表音的，像倮
倮么些的，叫哥巴字。这一组的特点是语音系统的简单化，例如韵尾
辅音的完全失掉，复元音的稀少等等。声调通常是五个或六个，语序
和藏语相同。民家话或者属于此组，不过它的词汇和语序都受很强
烈的汉化，似乎是一种混合语言。

滇系(屠述濂修《腾越州志》卷十一杂记)汉时有纳垢酋之后阿町
者，为马龙州人，弃职隐山谷，撰爨字，字如蝌蚪，二年始成，字母十千
八百四十有奇，夷人号为书祖。

闻宥《西藏缅甸系语文略说》(金陵大学边疆研究论丛)：

一、藏语组，二、缅语组，三、博多—那嘎—克钦(Bodo-Naga-
Kachin)语组，四、倮僳么些语组，先后孳衍之迹，则 G. A. Grierson《印
度语言调查》(*Linguistic Survey of India*)叙论云：

Tibetan
藏语

Himalayan
Languages
喜马拉雅语群

Original Tibeto-
Burman Speech
原始藏缅语

North Assam
Languages
北阿萨姆语群

Naga Group
那嘎语组

Kachin Group
克钦语组

Bodo Group
博多语组
Kuki – Chin
Group
库基 – 钦语组

Burmese
缅甸语

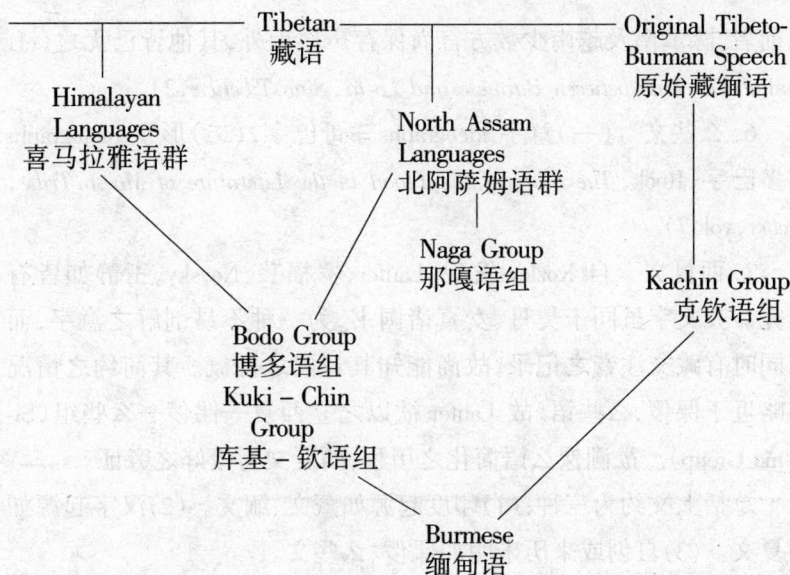

1. 藏文　Georgo, *Alphabetum Tangutanum Sive Tibetanum*, Rome, 1773。

2. 次于西藏文语而远古于西藏口语者则为金川之嘉良语(即嘉戎语)Jyarung(Chinese Ravines)　以前 Hodgson、Terrien de Lacouperie、Rosthorn、Laufer 皆有简约之论述。近年 Wolfenden 有 *Notes on the Jyarung Dialect of Eastern Tibetan*, *T'oung Pao*, vol.32。

3. Kachin = Chingpaw　茶山人称之为 p'ok。

4. 缅人　此支南下之路线,虽亦在怒江以西,而其方位实略东于 Kachin(cf. Lowis, *The Tribes of Burma* 书首之图),自 11 世纪以后,攘取土著 Mon 人政治地位而代之,乃并用其文字,Mon 文与缅文之同异,G. Maspero 在 *Notices sur les Caractères étrangés anciens et modernes*(或 Blagden 诸文)列有对照表。

5. 倮㑩文　Terrien 曾谓其有南印玺文之迹,其石刻无古于嘉靖以前者,除滇南及越南少数方言尚保存声尾而外,其他皆已无之(cf. Shafer, *The Link between Burmese and Lo-lo*, *Sino-Tibetica*, 2)。

6. 么些文　(一)意字 ideographs = 哥巴字,(二)形字 pictographs = 多巴字, Rock, *The Story of the Flood in the Literature of Mo-so Tribe*, *jwcbrs*, vol.7)。

7. 西夏文　自 Kozlov 发现,Laufer、罗福苌、Nevsky、王静如皆有研究。其文字虽同于契丹、女真诸国书,为一种不易剖解之意字,而以同时有藏文注音之记录,故尚能知其音读之梗概。其简约之情况亦略近于俅俚、么些语,故 Laufer 欲以之立西夏—俅俚—么些组(Si-lo-mo Group)。欲溯俅么语简化之历程,西夏文为极好之旁证。

总括上文约为三种:(1)印度起源如藏文、缅文。(2)汉字起源如西夏文。(3)自创或来历未明如俅俚、么些文。

(本文为作者 20 世纪 40 年代初的讲演提纲,讲演日期不详。原稿列有二十多种参考书目,因其中部分为未刊稿,故删节之)

从语言上论云南民族的分类

    关于云南民族的分类,从前人不是失于太繁,就是失于太简。比如说,《续云南通志稿》所载的云南民族一共有 127 种之多,那就是繁琐的例子;明末谢肇淛在他所著的《滇略》里说:"西南夷种类甚多,不可名记,然大端不过二种:在黑水之外者曰僰,在黑水之内者曰爨。"这就是简单的例子。把云南民族根据一种标准作科学的分类的,得要算英人戴维斯(H.R.Davis)创始的。他根据语言把云南民族,除去汉人以外,分作孟吉蔑语系(Mon-Khmer Family)、掸语系(Shan Family)、藏缅语系(Tibeto-Burman Family)三大类。① 他的分类特点就是把民家、蒲蛮、苗瑶等族列在孟吉蔑语系里。自从戴氏的说法发表以后,国内的学者疑信参半,近年来,像丁文江②、凌纯声③、陶云逵④、李方桂⑤、马长寿⑥ 等,对于这个问题都曾经发表过意见。我

---

    ① H.R.Davis, *Yun Nan*, Appendix Ⅷ, p.337, *The Tribes of Yun Nan*, 1909.马学良有译本,1938 年交艺文研究会刊行,后以该会停顿未能出版。近张君劢又重译之,名曰《云南各夷族及其语言研究》,在商务印书馆出版。

    ② 见《〈爨文丛刊〉自序》,1935 年。

    ③ 见《云南民族之地理分布》,《地理学报》第三卷第三期,1936 年。

    ④ 见《几个云南土族的现代地理分布及其人口之估计》,《历史语言研究所集刊》第七本第四分,1938 年。

    ⑤ 见 F.K.Li, *Language and Dialects*,商务印书馆出版英文《中国年鉴》第一册;又见《藏汉系语言的研究法》,《国立北京大学文科研究所讲演集》第一辑,1940 年。

    ⑥ 见《中国西南民族分类》,《民族学研究集》第一期。

自己并不是民族学专家,不过因为研究语言的需要,曾经对于这个问题留心过,现在只是就我所知道的,折衷各家的说法,作一个简单的介绍。

我对云南省内汉语以外的各种语言,参照李方桂的意见,分作下面的两系四组十一支:

(甲)汉藏语系(Sino-Tibetan Family, or Tibeto-Chinese, or Indo-Chinese, or Sinitic Family)

(壹)掸语组(Shan or Tai Group) 这一组语言也有四个调类,和汉语的平上去入类似,并且由于声母的清浊,每调再分成两个。因此现代掸语往往有八个调,甚至于因为元音的长短更发展成九个以上的调。它有两个当做"高声母"(High Initial)的特别塞音(因为方言的不同有的作'd-、'b-,有的作 m-、l-),像 kl-、pl-之类的复辅音(Initial Consonant Clusters),现在有些个方言还保存着,可是原来的浊塞音在现代方言里实际上全变成清塞音了。语词的顺序,掸语和汉语也稍微有点不同,就是形容词在所形容的事物的后头,汉语"好人",掸语就变成"人好"。中国境内的掸语普通都没有文字,只有在云南的一部分或者用从缅文演变出来的掸文(Shan Alphabet),或者用和南部泰文(Southern-Tai Alphabet)很相近的一种字母。

在云南境内说这种语言的民族有两支:

(一)仲家支:仲家,侬人,沙人。

(二)摆夷支:摆夷,吕人(或水摆夷)。

(贰)苗瑶语组 这一组语言也有像汉语那样的单音缀,并且有声调,不过音韵系统和苗瑶间的关系,现在还知道得不充分。所以这种组合只是尝试的。它的语词顺序和掸语类似。

云南境内说这种语言的民族也可以分作两支:

(一)云南的苗族散处在各地的山里。这种语言的特点是只容许

-ng 和-n 留在韵尾的地位,其他的韵尾辅音全丢掉了。它的调类有五个到八个的不同。

(二)瑶族在云南的山地里也间或发现。这种语言保存着-m、-n、-ng、-p、-t、-k 几个韵尾辅音,比苗语多着好几个。它受汉语和掸语的影响很大。这两种民族除去借用汉字以外,并没有独立的文字。

关于苗瑶的系属问题,自从戴维斯把他们分到孟吉蔑系以后,凌纯声、陶云逵都依照他的说法。戴氏以为苗瑶语和孟吉蔑语虽不密切相似,但就语词顺序说,名词在形容词前,所有物在所有者前,主词在动词前,动词在宾词前,苗瑶语都和孟吉蔑语一样。关于瑶语的材料戴氏所得到的比较少一点,可是拿他所得到的 70 字和苗语 160 字比较,其中有一半彼此互有关系。再拿这种语言和属于孟吉蔑系的卡瓦语(Wa)、崩龙语(Palaung)比较,对于它们的关系也可以一目了然。不过苗瑶人移殖到云南是近一二百年里的事,他们和卡瓦人、崩龙人、安南人、柬埔寨人、大良(Talain)人的隔离总有好几千年。因此苗瑶语和卡瓦语的相似,万不能像崩龙语和卡瓦语的相似。所以他说,我们不能认为这种相似是偶然的便忽略了它们的亲属关系。

丁文江、李方桂都把苗瑶另立一组,李氏把孟吉蔑语属于南亚系(Austro-Asiatic Family),从语言的特点上看,它显然和苗瑶语不同(见下文)。我在对于苗瑶语没有更进一步的研究以前,就以李氏的说法为准。

(叁)藏缅语(Tibeto-Burman Family)　在这一组语言里,词头(Prefixes)和词尾(Suffixes)的用处很显著。声调靠着声母的清浊来分,而且更受字头的影响,不过调类好像比汉语和掸语都简单。语词的顺序是主词在宾词前,宾词在动词前,和汉语、掸语相反。

云南境内说这种语言的人又可以分作五支:

(一)倮倮支:(1)倮倮,(2)窝尼,(3)傈僳,(4)倮黑,(5)阿卡。

（二）西番支：(1)西番，(2)么些，(3)怒子。

（三）藏人支：古宗。

（四）缅人支：(1)倮子，(2)马鲁，(3)喇奘，(4)阿系，(5)阿昌。

（五）卡钦支：卡钦。

说倮倮语的人在云南占一大部分，他们自己有独立的标音文字。说么些语的人住在云南西北部，他们有两种文字，一种是象形的，另一种是标音的。这两支语言的特点是音系很简单，韵尾辅音完全去掉，二合音也很少。

有些近似藏语的方言也伸展到云南的境里来，古宗便是其中的一个。属于缅人的几个民族都分布在云南西部，关于这些个方言的特点，现在尚待研究。卡钦(Kachin)住在云南西北的边境一带。

（乙）南亚系(Austro-Asiatic Family)

这一系是斯密德(P. W. Schmidt)教授所创立的，在中国境内的一部分只有孟吉蔑组(Mon-Khmer Group)。这组的语言没有声调，并且用词头和词尾形成语词的变化，字根普遍是单音，语词的顺序是主词在动词前，动词在宾词前。

说这一系语言的人在云南有两支：

（一）蒲人支：蒲蛮。

（二）瓦崩支：(1)卡拉，(2)卡瓦，(3)崩龙。

崩龙语没有声调，它的许多词头有的成音缀，有的不成音缀。例如 p-、pan-，若加在 jam(死)的前头，那么 p-jam 就变成"杀"的意思，pan-p-jam 就变成"杀人""被杀者"的意思。它有 hl-、bɹ-、hm-、hn-一套特别的声母。这种语言和汉藏语系里的掸语组关系很密切。

最末了儿我们再提到民家的系属问题。关于民家的分类大家的意见颇为参差，戴维斯、凌纯声、陶云逵都把它列入孟吉蔑系，丁文江列入掸人类，和摆夷同组，李方桂又把它列入藏缅组的倮倮支，这三种分法究竟谁的对呢？

戴氏以为把民家列入孟吉蔑系法人拉古不理（Terrien de Lacouperie）也表示同意。拉氏曾说，从民家的词汇来看，其中大部分是从孟吉蔑语假借来的，约略还可以考见它们中间的渊源。戴氏曾经分析过一百个民家词汇，所得的结果是：

汉语语源：42 字，藏缅语源：33 字，孟吉蔑语源：23 字，掸语：2字。

他们的语言所以这样混杂，大概是由于民族混合的缘故。照戴氏推测民家的原始实出于孟吉蔑，因为他们所接触的是藏缅族的么些、倮倮等，所以他们的语言受这些邻族的影响颇大，又加上和汉族杂居，所以他们有一大部分语言是从汉语借去的。可是戴氏从语词的顺序来看，又觉得形容词在名词前，所有者在所有物前，主词在动词前，动词在宾词前，正和汉语相同而和孟吉蔑语相反，闹得始终拿不定主意，忽而以为"这种语言能否认为属于孟吉蔑语系，自然颇成问题，最后的结论只好听各人自作主张，如果民家语难划归一个语系，不如听它自成一类，不必有所隶属"，忽而又以为"拉古不理认为民家语应该属于孟吉蔑语系，也未尝不可以采取"，这种模棱两可的见解真叫人无所适从！丁、李两氏虽然不从戴氏的说法，可是他们自己也没有说出属于掸人或属于倮倮的理由来。所以我在找出更好的根据以前，只好"自作主张地听它自成一组"。

本来，关于民族的分类，照道理讲，应该从体质、文化、语言三方面来决定，现在单拿语言作分类的标准只能算是一种假设，因为征服、迁徙、杂居都可以构成语言混合的现象，可是，假如历史上的事实既然不足以反证，地理上的分歧也不足作离析部落的致因，那么，就把语言相同当做种族相同的证据也未尝不可以的。

关于以上这些民族的分布情形，戴维斯、凌纯声、陶云逵也都有所论列,我现在参酌三家的说法约略叙述一下,为的是给实际调查的人作一个指南。

照戴维斯的意见,云南境内各种语言的地理分布,最显著的事实是藏缅语行于北方,掸语和孟吉蔑语行于南方。南北两方的界线是和北纬25度平行的地带。这种说法和谢肇淛所说"在黑水之外者曰爨,在黑水之内者曰爨"颇为近似。不过,这个界线也不能判若鸿沟的。在界线以北有戴氏认为属于孟吉蔑系的民家话,在界线以南也有倮倮、窝尼、倮黑、阿卡各族和掸族、孟吉蔑族杂处着,直到北纬20度以南藏缅语系的民族才算绝迹。

掸人移殖云南较晚。上面所举的两支,仲家支是没有文字的掸人,分布在红河的东边,其中的仲家从贵州移住云南的东北,土佬、依人、沙人从广西移到云南的东南;摆夷支是有文字的掸人,他们现代分布的中心是在东经99度到104度,北纬23度以南,换言之,就是云南的西南和西部的边缘。戴维斯曾在昆明的北边普渡河沿岸遇到少数摆夷村落,他又转述嘉纳(Gornier)氏曾在雅砻河和金沙江的交叉处遇到摆夷。他们所发现的虽只是少数,可是在民族迁徙问题上是颇重要的。吕人和摆夷都是从广西和东南的边境搬来的,到了云南的南部再顺着红河、黑河、澜沧江、怒江几条河北上,分布在这几条水的本流和支流的狭谷和小平原里。

苗瑶人移殖云南最晚。苗人从贵州进到云南的东南再向西南迁移,同时又有一部分搬到安南的东京和老挝,瑶人从广西迁来,沿滇越边界向西南移住,也有一部分分布在东京和老挝北部。

藏缅语系的倮倮和窝尼是从四川移入云南的,窝尼搬来的时代比较倮倮早一点,从前他们分布在云南、临安、景东、镇沅、元江五个旧府属一带。据戴维斯说,他们现在分布在北纬26度以南,以墨江为主要区。陶云逵说,窝尼现在分布中心是在北纬22度到23度30

分之间,和东经 102 度左右,就是红河以西元江、墨江、江城、普洱诸县和巴边江沿江的高山上。倮倮在云南的中部和东北部,澜沧江以西倮倮的部落很少。

倮僳沿怒江流域自北南下,现代分布的中心是在东经 98 度到 99 度 30 分,北纬 25 度到 27 度 30 分之间,就是云南西北毗连康藏高原地带。他们又住在这个高原地带的云岭雪山、碧罗雪山、高黎贡山几个山巅,分属于维西县和贡山、康乐、碧江、泸水等设治局①。在金沙江右岸的武定、元谋,据戴维斯、白朗(T.C.Brown)、罗思(A.Rose)②、伏来塞(F.O.Frazer)③ 都说有倮僳;此外,在北纬 26 度以南,腾冲县和它毗连的地方,也有这个民族的踪迹。近来还有继续南下的趋势,据说在北纬 33 度已能发现倮僳的村落。

倮黑自称作 Lahu,现代分布中心是在东经 99 度 50 分到 100 度 50 分,北纬 22 度到 24 度 30 分之间,就是澜沧江、怒江之间,顺宁县以南,佛海县以北一带。澜沧右岸景谷、镇沅县境,也有少数的倮黑。

阿卡现代分布中心是在东经 100 度到 102 度之间,比倮黑的地位稍南一点,就是云南南部边界一带。在缅甸的景东也有很多阿卡族。据鲁伊士(C.C.Lowis)的意见,倮黑和阿卡同出一源,是沿着澜沧江流域南下的④。

西番分布在云南北部和四川交界的地方。么些自称作纳西(Nashi),现代分布中心是在东经 99 度 20 分到 100 度 20 分,北纬 26 度 30 分到 27 度 10 分之间,就是金沙江南岸丽江县境。永北县属的

---

① 尹明德等《云南北界勘审志》。

② A. Rose and T. C. Brown, *Lisu(Yawyin) Tribes of the Burma-China Frontier*, *Memoir of the Asiatic Society of Bengal*, vol. Ⅲ, No.4, Calcutta, 1910.

③ F. O. Frazer, *Handbook of the Lisu(Yawyin) Language*, Rangoon, 1922.

④ C. C. Lowis, *The Tribes of Burma*, pp. 35 ~ 36.

永宁设治局，中甸县沿江的山上，维西县境北至叶枝，兰坪县也有这一族的人。怒子自称作阿怒 A-nu，现代的分布是东经 99 度左右，北纬 26 度到 28 度 30 分之间，就是怒江流域，也就是高黎贡山的东麓和碧罗雪山的西麓，是贡山、康乐、碧江三设治局的地域。

俅子也叫做曲子，他们自称作独龙（Dulong），现在的分布是在东经 98 度 50 分，往西到 97 度 50 分，北纬 27 度到 28 度之间，就是独龙河的流域，独龙河是大金沙江源泉之一，位置在高黎贡山和江心坡的中间。马鲁、喇奚、阿系、阿昌和卡钦几个小民族都分布在怒江和大金沙江的中间，就是云南西北部滇缅交界的地方。

关于孟吉蔑语言的分布，陶云逵除民家外都没有提到。据清职贡图所载，蒲蛮从前分布在顺宁、澂江、镇沅、普洱、楚雄、永昌、景东七个旧府属的地域，近来因为同化得较快，所占的区域也一天比一天小。大致说，原来分布在澜沧江和怒江的中间，北纬 27 度以南，后来越过澜沧江渐渐向东和东南移殖。

卡拉和卡瓦语言上的差别很小，普遍拿文化作区分这两个民族的标准。他们现代分布的区域，西以怒江，东以怒湄两江的大分水岭为界，南北界限在北纬 22 度到 24 度间，就是英国人所谓卡瓦地（Wa States）。据凌纯声说，他在镇康、龙陵、腾冲等地还碰见汉化的卡拉，可见他们从前分布的区域比现在大。

崩龙语和卡瓦语同属孟吉蔑语组，是英人葛利生（Grierson）所发现的。他们现代分布在云南省的极西，就是东经 99 度以西，北纬 25 度以南一带。

民家自称做僰子或白子（Bertz），现代分布的中心在滇西环洱海各地，就是东经 99 度 50 分到 100 度 30 分，北纬 25 度 30 分到 26 度 40 分之间，可是西边达到东经 99 度 30 分云龙县境的澜沧江沿岸各地，西北达到北纬 27 度维西县地，东边从凤仪县起，沿大理到昆明的交通大道上祥云、弥渡、镇南、姚安、楚雄、广通、禄丰、安宁各县,以达于东经 102 度 35 分昆明县境,每县都有民家的村落,不过数量不很多。在北纬 25 度以南,只在红河流域元江县境的远坝有民家,他们分布的北界也没有超越昆明、大理路线的。

从自然地理上讲,云南境内因为高度不同,气候的变异很大,所以各地的生物和农作方法等等也不能一律。住在这一省内的民族既然不全是土著,而且又不是同一种属,他们适应地理环境的能力当然不同,生活的方式也不能一样,比方说,倮倮族不敢住在深谷,摆夷族不能住在高山,所以尽管同一个地方,因为高度的差别,所住的民族也不一样,于是就发生垂直分布的现象,像植物的分带似的。大致说起来,800 公尺以下的深谷是掸人带;800 公尺以上到 1500 公尺是蒲人带;1500 公尺到 2000 公尺的小平原是汉人带;1500 公尺到 2500 公尺的山地是藏缅带。我们旅行云南的时候,降入深谷看见有榕树的地方常为摆夷所居,间或有少数的蒲人;山上有松树的地方就发现倮倮或汉人的村寨。有松林的地方,就是没有烟瘴的证据,所以有松地带和无松地带是云南民族垂直分布最明确的界线。①

1942 年 1 月 2 日写于昆明青云街靛花巷北大文科研究所。

（本文原载《边政公论》1942 年第一卷第 7、8 期,署名罗莘田）

---

① 本文依凌纯声说,见《云南民族之地理分布》第 14～15 页。

怎样推行语政

　　语言是不能离开文化而单独存在的。语言的历史和文化的历史是相辅而行的,它们可以互相协助,互相启发,要想融合两种文化而不先从沟通语言着手,那好像要走进上着锁的屋门而没有钥匙一样。在边地一些少数民族间,因为语言的隔阂,教育推行的不力,亲民之官的不善抚绥,似乎有待于中央或地方政府做工作的地方尚多。

　　我国各民族的语言,大都属于汉藏语系(Sino-Tibetan Family)。这一系的共同特征:第一是单音化的倾向,第二是声调系统的类似,第三是古浊音的清音化。关于这三种特征的解释,不是三言两语可以说得完的,这里且不多谈,但是我们却可以直截了当地说,拿这三个特征就可以从语言系统上维系中华民族的亲缘,不至于中了敌人挑拨离间的阴谋,如果再能推行语言研究,那就更可以使各民族间益加团结,全民族的意志越发集中,抗战建国的力量也自然格外扩大了。

　　所谓"语政",就是借着语言的研究、传习与沟通,以促进文化广被和政教实施的意义。关于它的推行,可以分两纲十目来说:

甲、民族语的研究

　　自从抗战以来,国内的政治家、教育家和人类学者、语言学者,对于各民族的语言渐渐注意起来了。究其实,还是人云亦云的多,沉潜研究的少。咱们在西南说西南,姑且先把别地方的语言搁在一边儿,专从云南境内的各民族语说起。对于云南境内各民族语言的研究,远在几十年前,西洋的传教士或外交家已经开始了。就其中比较有成绩的来说,例如:邓明德(Poul Vial)和黎耶达(Lietard)之于傈僳语,马伯乐(Henri Maspero)之于台语,库兴(Cushing)之于摆夷语,萨维纳(Savina)之于侬语和苗语,傅能仁(J. O. Frazer)之于傈僳语,韩孙(O. Hanson)之于山头语,巴括(Bacot)之于么些语……都还算是好的。不过要拿科学的记录和系统的分析两个标准来衡量,那就不能太满意了。因为上面所举的这些人,除去一两个以外,都不是专门研究语言的。近几年来,国内趁时髦,凑热闹,而来谈边疆,乃至于谈边地民族语的,可谓风起云涌,盛极一时。可是就已经发表的关于民族语一方面的成绩而论,能够超越前举几人的,尚不多见。所以咱们现在要认真研究语言,并且把中华民族的共同文化广泛传播于各民族间,那就不可忽略下列的五个项目:

(一)训练调查的人才　要想造就成一些能够独立调查语言的工作者,并不是短期可以造成的。照我的经验,一个大学中国文学系语言文字组的毕业生,或一个外国语文学系或社会学系的毕业生而选修过语言学基本课程的,经过一年以上的训练,随着导师实地调查在两次以上,经考验合格后,才可以放心大胆地让他独当一面地去工作,否则一定不会得到可靠的材料。常常遇到几个有志服务边疆的青年,抓到我传习一个礼拜的国际音标就俨然以语言学家自命,这实在是自误误人的。他们的存心并不全坏,而其结果却和糜帑误国地办一个有名无实的语言学校陷于同样的罪过!

(二)制定一致的标音符号　云南境内的各民族语只有傈僳、么些、摆夷本来有文字,其余都没有文字。流俗所谓"苗文"是浦拉德(Pollad)造的,所谓"傈僳文"是傅能仁造的,所谓"山头文"或"蒲蛮文"是韩孙造的。现在要想调查民族语必须制定一种精确的标音符号才行。国际音标虽然精确,但因不便于印刷,对于印行民族语的读物,仍感困难。近来有人主张根据注音符号的原则增制国音符号,也有人主张迁就罗马字母而酌量扩充,从实用的便利着想,我个人偏向于后者。

(三)编辑各民族语的常用词汇和语法纲要　得到一批精确可靠的材料以后,就该分头整理,把各民族语的常用词汇和语法纲要排比出来。有了这两种工具,然后下面两目才容易着手。

(四)用民族语编译发扬中华民族共同文化的读物　照我现在所想到的,应该编译的读物有民族史概况、国家与民族的关系、实用会话等等。

(五)训练边地政教人员通晓民族语言　一切的误会往往由语言的隔阂而起。边地政教人员都是所谓"亲民之官",要想深切了解民间的疾苦,增强民族间的感情,发扬各民族的文化,那非得通晓民族语不可。在第三、第四两目的工作完成以后,应该特设训练机关,或在地方行政干部人员训练班内增设此种科目。凡没经过这种训练的都不得从事于边疆的行政或教育。

乙、汉语的推行

汉语和民族语本来是同源异派的。这句话不单从甲纲所说的三个共同特征可以证明,就是从词汇的比较上也可以得到佐证。比方说,汉语的"风"字和四川一种倮㑩方言的 brum 乍看起来好像毫无关联。可是咱们得知道:"风"从"凡"得声,古音应有闭口的 m 尾,又古无轻唇音,它的声母应该是 p,所以它的较古的读法应拟作 pium,再说从"风"得声的"岚",现在广州话还读作 lam,这个例一方面可以证明"风"字是闭口韵,一方面又可以看出它的声母有由复辅音 pl 变来的可能。这样一来,就可以把"风"字的上古音拟作 plam,那么,它和 brum 岂不发生密切的联系了么? 如果再拿孙穆《鸡林类事》"风曰孛缆"的记载作旁证,这个比较大概不会太牵强的。又如汉语的"孔"字和泰语的 klong(圆筒)、kloang(空,有洞),也好像各不相涉似的。但是如果你知道宋景文《笔记》有"孔曰窟窿"一条俗语,你就不嫌把它们联系太唐突了。此外像汉语的"平"字泰语作 plieng,"兼"字泰语作 klem,"变"字泰语作 plien,也都是很好的例子,自然,词汇的比较研究,现在为时尚早,偶拈数例,不过要说明汉语和民族语有同源异派的可能罢了。总之,汉语是整个中华民族共同抒情达意的工具,民族语是各民族间融洽感情和探讨共同母语的媒介,二者是相因相成、不可偏废的。关于汉语的推行也须注意五件事:

(一)传习注音符号　注音符号是经过三百年的孕育,三十年的推行,才有今日的,要想教各民族通晓汉语,这是必需的、很好的工具。务必教他们能认、能写、能拼,才算卒业。

(二)训练汉语师资　会说汉语的人不见得人人能够深入边区,所以必须遴选各民族里的优秀青年施以汉语师范教育,让他们回到本地积极地去推广。希望辗转传习,会说汉语的民族日见增多,则整个的中华民族自然更加团结,对于移民、通婚、传教、兴学、贸易、屯垦……各项边政的实施也自然轻而易举了。

(三)编辑汉语和民族语的对照读物　为求两方面了解力的增进,应该把甲纲第三、四两目所说的读物都编成汉语和民族语对照的课本,以收相得益彰之效。

(四)教授基本汉字　等到汉语相当熟练以后,再教以基本汉字一千以上,拿注音符号标音,用汉语和民族语释义,务必使他们把所学过的字都会写、会读、会用。

(五)循序授以汉字的读物　能够把基本汉字运用纯熟了,然后再逐渐增加他们的字汇,让他们由浅入深、从被动地到自动地可以阅读汉字读物,到了这个地步,各民族的汉语教育才算完成。

对于以上所说两纲十目如果能够认真进行,那么,化除语言的隔阂,增强文化的交流,各地的少数民族到此就可以得到更快的发展。

（本文原名《推行语政与宗族融和》,刊 1944 年《边政公论》第 3 卷第 1 期,署名罗莘田,略有删节）

语言学与国防

语言就是人类发抒感情、表示意思的工具,是拿各别的声音及文法而表示不同的意义。此学自 19 世纪以来才成为正式的科学,以前欧洲各教会中虽已早有拉丁文,但只能当做古典的文字看,不是活的语言。自 19 世纪以后,语言学经英、德、法多数学者的努力才发展演进成功现在的样子。此中又可分为三种:一、普通语言学,是研究语言学一般原理原则的。二、国别语言学,是关于单独一国的语言的检讨。三、比较语言学,是综合各国及民族的语言来比较研究的。

其次谈到中国语言学的现状,讲到我国的语言研究,可说是古已有之,《周礼》上说:"国子入小学,保氏教之以六书",六书即文字之六种构造,其时文语不分,谓之小学,至清代三百年以来仍系如此,晚近始称为文字学。此学在中国虽远不及印欧语系(Indo – European Family)发展之迅速,但起源并不算晚。汉代的扬雄,即曾著《輶轩使者绝代语释别国方言》一部书,把词汇记下来,实为调查方言最早之作。最近蔡元培先生主办的中央研究院历史语言研究所,才开始正式研究活的语言。所中领导人第一当首称赵元任先生,他是语言学的天才,且精通各地方言,抗战以来在美国哈佛大学教书。其次为李方桂先生,原籍山西,在广东长大,曾留学美国,现在所中领导同志青年共同研究。最后则本人似亦可敬陪末座,现虽由西南联大借聘,但在所中仍负有责任。历史语言研究所是 1929 年在广东成立的,后来迁移到北平的北海公园静心斋,其后移到上海,又迁到南京的北极阁,抗战以来移到昆明,继又迁往四川南溪李庄。所中主要的工作计分三项:一、现代方言的调查,如赵元任先生的《现代吴语的研究》《湖北方言调查报告》《钟祥方言记》,我所著的《厦门音系》《临川音系》,皆属此类;此外虽尚有许多成书,惟因有多数特殊字模,目前不能刊印。二、边地语言调查,这是李方桂先生所走的方向,如他所作的《龙州土语》等皆是;去年春天我到大理亦曾调查过摆夷、傈僳、俅子、怒子、么些、民家各种语言,现在只印出《贡山俅语初探》一种,其余的还在整理中;此外由我们两人领导出来的学生对于倮倮、窝尼、么些、摆夷、水户、仲家等,也都有不少的调查记录和研究报告。三、研究语言历史的变迁,如我所作的《周秦古音研究》《两汉三国南北朝韵谱》等等皆是。我们仔细考查,知道语言时常有改变,以致影响读音,所以一般人常有读别字的现象,譬如"茜"字误读为"西"字音,"冼"字误读为"洗"字音,皆属此类。又研究语言,于耳听所不及的以外,尚须利用仪器,以为听觉的补助,比如音浪计(Kymograph)是研究清浊和声调用的。另外我们有一种灌音仪器不管什么语言在三分钟内,即可灌成片子,Fairchild 公司制造这种仪器的,也可以制造航空照相的用具,说到这一点,没想到语言学和航空术会碰头了。

现在便要谈到语言学对于国防的关系了。从前中央干部训练团曾引胡石青先生的话"国内无异族,海外有同胞",两句话,这虽系偏于宣传,而在语言学上确有根据,我们姑以云南的语言例证之。按滇语可分为二大系统:

甲、汉藏语系

一、滇语。滇语为西南官话系统,其入声变作阳平,语音很和北方相近,但去声较低,尤其是保山话最显著,如杜文秀《天南外史》中所记,尤为显然。

二、掸语(Shan)。亦称台语,其语有八个声调乃至九个声调,很和广东话相近,只有把形容词放在名词之后,与汉语微有不同。此在滇境内又分两支:

a.仲家　分布于红河东边,是从贵州或广西搬来的,又分土佬、侬人及沙人三种,无文字。

b.摆夷　分布于云南的西南和西部的边缘。用由巴利文及梵文演变而来之文字,由广西移到红河一带,沿澜沧江而逐渐分布于峡谷中。其中一支名吕人或水摆夷。

三、苗瑶语。苗人由贵州移到云南的东南,再转向西南,瑶人由广西沿滇越边境向西南移住,一部分布在安南的东京和老挝。语词的顺序为名词在形容词前,所有物在所有者之前,主词在动词前,动词在宾词前。

四、藏缅语。语词的顺序是主词在宾词前,宾词在动词前。如汉语说"我打人",他们说"我人打"。此语又可分为五支:

a.倮倮支　从四川搬来,分布于滇之中部及北部,其中除倮倮语外,尚有窝尼、傈僳等语。

b.西番支　其中有一小支为么些,分布于丽江一带,有象形文字,很像甲骨文和埃及文。

c.藏人支　亦即古宗,分布于康藏边境。

d.缅人支　分布于云南西部。

e.山头支　分布于云南的西北边境。

乙、南亚语系

在中国只有孟吉蔑组,这组的语言没有声调,用词头和词尾形成语词的变化。此一组语言在云南又分两支:

a.蒲人支　自称本人,汉化程度很深,分布在澜沧江和怒江的中间,越澜沧,渐向东和东南移居。

b.瓦崩支　分布的区域西以怒江、东以怒湄两江的大分水岭为界,又分卡拉、卡瓦、崩龙三支。

此外尚有系属不明的一种为民家,民系对军而言,他们自己说是随傅友德、沐英征滇时移来。其语和汉语很相近。分布的区域是滇西环洱海各地。

又有一最值得注意之现象,即植物之生长因地理高度及气候之小同而异其种类。而滇省内言语自成一系之种族,其居住亦遂各有一定之界限。大致说:八百公尺以下的深谷是掸人带,八百以上到千五百公尺是蒲人带,千五百以上到二千公尺的平原是汉人带,千五百到二千公尺的山地是藏缅带。深谷有榕树的地方常为摆夷所居,山上有松树的地方,就有倮倮和汉人的村寨。有松便无烟瘴,所以有松地带和无松地带是云南民族垂直分布的最明确的界线。

我们要知道语言和国防有什么关系,首先要明白敌人是用什么方法对付我们,我们才能妥筹应付之策。对于边胞,诚如孔子所说"言忠信,行笃敬"便可以行得通,但最要紧的还需要了解其语言,才能够亲爱、团结,发生密切的联系。又我们研究边胞的语言,多有与汉语相同者,例如"孔"字俗语为"窟窿",宋景文《笔记》曾载之,台语有名为 k'ung 者;又如"岚"字虽系从风,但何以读此字如 lam,而不读"风"字音呢? 这是因为古音与今音不同的关系。考"风"从"凡"得声,古音当读为 plum,孙穆所著之《鸡林类事》即有"风曰孛缆"之记载,现在四川的一种倮倮语即呼"风"为 brum,可知"岚"字的读法系从风字的古音。此种语言学的比较研究既可以考证汉字语言的变迁,又可以证知边胞的远祖实与汉族同源,由此可以实现国父所倡导的民族主义,其关系是何等的重大。我国语言最大的特色,就在有声调,一个音可形成意义不同的许多字,就由于声调的关系。西洋各国除北欧的挪威外均无之。如据"有声调的语言"这个观点来研究各边胞的语言而观其会通,使边胞恍然觉悟实与我汉族为一家,则全民族可赖以维系,边防于以巩固,便非敌人所能煽动了。

(此文为作者在空军军官学校所作的演讲,载《大鹏月刊》)

研究国内少数民族语文的迫切需要

　　斯大林说:"民族是历史上形成的一个有共同语言,有共同地域,有共同经济生活以及有表现于共同文化上的共同心理状态的稳定的人们共同体。"① "民族的共同体需要一个共同的语言,而国家却不一定需要有一个共同的语言。"② 咱们中国就是一个多民族的国家,汉族以外还有蒙、藏、满、回、维、苗、瑶、彝、傣、壮、黎、羌、景颇、民家(今称白)……等民族,他们的语言也是相当复杂的。"少数民族并不是不满意于缺乏民族联盟,而是不满意于缺乏本族语言使用权。当他们一旦拥有本族语言使用权时,这种不满就会自然消失下去的了。"③ 毛泽东主席也说:中国共产党人,"必须帮助各少数民族的广大人民群众,包括一切联系群众的领袖人物在内,争取他们在政治上、经济上、文化上的解放和发展,并成立维护群众利益的少数民族自己的军队。他们的言语、文字、风俗、习惯和宗教信仰,应被尊重。"④ 因此,咱们的《共同纲领》里正确地规定:"各少数民族有发展其语言文字保持和改革其风俗习惯及宗教信仰的自由。"(第53条)依据这种民族政策,咱们对于国内少数民族的语言当然要重视的。

---

　　①②③　斯大林《马克思主义与民族问题》,见《马克思主义与民族殖民地问题》,人民出版社,第28、25、90页。

　　④　《论联合政府》,见《毛泽东选集》第三卷。

因为咱们要想帮助他们的人民大众发展其政治、经济、文化、教育的建设事业，必须提高他们的文化水平，要提高他们的文化水平，还得先从调查、研究、了解他们的语言着手。

从前，中国学者们对于少数民族语言研究一向是不大注意的。过去虽然也有《华夷译语》一类的书，另外也有些不成片段的记载，不过限于标音的工具，都拿汉字注音，很难做到精确地步。西洋的传教士和外交官由于好奇心和侵略阴谋的驱使，也曾经作过一些粗疏的字典和文法，可是他们多数没受过严格的语言学训练，学术水准并不太高。有些比较高明的外国学者又往往有别的主要兴趣，所以也不能专向语言研究上发展。还有一个中外学者共同感觉的困难，就是这些少数民族的语言大部分没有文字记载，要想得到这些语言材料必须经过实地调查。可是这种实地调查没有经过严格训练的语言学人才是办不到的，如果勉强、草率地调查，很难得到精确的结果。

抗日战争发生后，有几个大学和学术机关搬到西南后方的川、滇、黔几省。一向从事语言研究工作的人们亲自接触许多不同语言的少数民族，不由得鼓励起调查研究的浓厚兴趣来。云南一省尤其是语言学的黄金地。假使有几个受过训练的语言工作者在这个区域里花上他们半生精力，也会有取之不尽、用之不竭的材料。在八年抗日期间，我们也曾得到一些初步的收获。例如：在傣语方面，罗常培曾经调查莲山傣族的语言和文字，邢公畹曾经调查罗平的傣语、漠沙的土语、元江的水户语，此外还有人调查过整董、剥隘的土语和盈江傣语。在彝语方面，傅懋勣曾经调查蒙自、昆明附近的彝语，马学良曾经调查路南的撒尼彝语，寻甸、禄劝、武定等县的黑彝语，高华年曾经调查昆明、新平两县的彝语和新平的哈尼语，罗常培曾经调查过福贡的傈僳语，袁家骅曾经调查峨山的哈尼语。在拿喜语方面，罗常培曾经调查丽江的么些语,傅懋勣曾经调查维西的么些语。此外罗常培还调查过俅子、怒子、茶山、浪速(茶山、浪速均为景颇族的支系)、景颇、民家各种语言,高华年也调查过峨山的苗语。在云南省以外的工作,陈舒永调查过贵州的仡佬语,傅懋勣调查过西康大凉山的彝语,金鹏调查过川西的羌语和嘉戎语,李方桂调查过广西龙州、武鸣的壮语,贵州的莫语、水户语、佯僙语、布依语、苗语等。这些材料有些已经发表,有些还在整理中。我们固然只把这些工作当做初步的收获,但是比起过去外国传教士所做过的已经迈进了一步。

日本投降后,各学校和研究机关名义上虽然复员,可是国民党反动政府把从人民身上搜刮来的钱,除了用在反人民的战争上,就是饱了私囊,哪里还有余款用在学术研究上呢! 因此从 1945 年到 1948 年对于少数民族语言的研究也像别的学科一样,都停滞着不能发展。解放以后中央人民政府为贯彻民族政策,在 1950 年秋天先后组成中央西南、西北两个访问团,深入各地慰问各兄弟民族的疾苦,并宣传民族政策。关于语言调查一方面,中国科学院派陈士林参加西南访问团第一分团赴西康,陈舒永参加第二分团赴云南,喻世长参加第三分团赴贵州,又派王均参加西北访问团赴新疆。西北一部分,已于 1950 年 11 月半随团返京,对于新疆各民族语言的概况已经作成初步的报告,在《科学通报》第二卷第三期发表。西南第二分团已经进行了民家语的调查,第三分团也调查了布依、仡兜等语言。这两组也在 1951 年 3 月初返京,第一分团工作最为突出,由于人民政府大力扶助和西南访问团负责同志领导正确,加上陈士林的努力,已经完成了西康彝族拼音文字的设计工作。其经过情况,已经由新华社详细报导,在 1951 年 3 月 5 日《人民日报》及 3 月 6 日《光明日报》发表。这是解放后语言学工作联系实际的第一声。我们今后还要继续朝着这个方向努力。

　　国内少数民族大多是没有文字的,除蒙、藏、维、哈等族外,即使有传统的旧文字也是形体繁难,只能为少数人掌握使用,不能给广大的人民群众服务。咱们要想帮助各少数民族,把他们"吸入更高文化的总轨道"①,首先就得给没文字的造文字,把繁难的文字改造成简单的文字。科学院语言研究所西康工作队陈士林等在党政领导之下实验新彝文,就是这种工作的开端。

　　不过,这个任务是很艰巨的,而国内研究少数民族语言的或受过严格语言学训练的又很少,我们要想大规模展开这种工作还得先从训练干部入手。因此我们打算在三年内积极训练语言干部50人到100人,除了要求设备和师资较好的大学成立语言学系外,并拟招考各大学三、四年级学生和高中毕业生尤其是优秀的少数民族青年来参加。这种短期训练班所授的功课只限于民族政策、国内少数民族语言略说、国内少数民族略史、实用语音学和语言调查方法五种,每晚上课两小时,训练时间一年。有了这批得用的干部,我们一方面可以补充抗日期间所没做完的西南语言调查工作,一方面还可以进行西北和东北各种语言的调查研究。

　　从学术上来看,少数民族语言里存在着不少过去文化的遗迹,根据它们往往可以推测出社会发展的步骤来。例如云南昆明近郊的黑彝管妻叫"穿针婆",高黎贡山的俅子把结婚叫做"买女人"。从这两个语词,咱们可以看出已往彝族社会对于妻的看法和买卖婚姻制度残余的痕迹。又如俅子把麻布、衣服和被子都用一个名词来代表,因为在他们的社会里,这三样东西是"三位一体"的,它的质料是麻布,白天披在身上是衣服,晚上盖在身上就是被子。在他们的物质生活

----

　　①　斯大林《马克思主义与民族问题》,第68页(《马克思主义与民族殖民地问题》,第80页)。

上既然分不出三种各别的东西来,在语言里根本就没有造三个词的必要①。再就古汉语的比较研究来说,少数民族的语言材料也是很重要的。比如说"风"字从"凡"得声,它的谐声字又有"岚、蒇(卢含切)、驮(扶泛切)、飒(徐林切)"等字,先撇开那几个僻字不论,"岚"字现在广东还念作 lam,从这个证据我们就可以推测风字的古音有闭口的-m 尾,并且有复辅音 pl-。不过这种考证还是在汉字里兜圈子的,幸而我在四川一种彝族方言里找到一个活证据,那么上面的构拟就比较可信的多了。这种彝语管风叫做 brum,从它分化,一支把复辅音的 b 成素丢掉就变成西藏文言 rlung,西藏口语 lung,撣语 lon,另外一支把复辅音的 l 成素丢掉就变成景颇语的 mbong,中国中古音 pium、piung 和近代音 feng。有了这条彝语的证据,这个风字的流变就可以讲得很清楚了。如果再拿孙穆《鸡林类事》"风曰孛缆"一条作旁证,那岂不就解释得更圆满了么? 又如北京话的"孔"字跟泰语的 klong(圆筒)、kloang(空,有洞),从表面上看也毫没有关系。可是,如果你知道宋景文《笔记》有一条"孔曰窟窿"的俗语,你就不嫌把它们联系得太唐突了。由此可见,现在我们对于国内少数民族语言的调查研究是很需要的。

有人问在现阶段,能不能把各民族融合成一个,并且强迫他们使用各民族间的共同语呢? 这是绝对不可能的,而且是违背民族发展规律的。斯大林告诉咱们:"社会主义革命并没有减少而是增加了语言种类的数目,因为它震动了人类的最下层,并把他们推上政治舞台,使早先为大家所不知道或很少知道的许多新的民族觉醒过来趋

---

① 参看《语言与文化》。

求新的生活。"① "社会主义在单独一个国家内胜利的时期还没有提供各民族的融合以及各民族语言的融合所必需的条件,相反地,这个时期为……从民族压迫下解放出来的各民族的复兴和繁荣造成有利的环境。"② 到了世界无产阶级专政的第一个阶段,"民族压迫将被最后消灭,这个阶段将是以前被压迫的民族和民族语言发展和繁荣的阶段,将是确立各民族平等权利的阶段,将是消灭民族互相猜疑的阶段,将是很好建立和巩固各民族间的国际主义联系的阶段。""只有在全世界无产阶级专政时期的第二个阶段,即统一的世界社会主义经济逐渐形成起来代替世界资本主义经济——只有在这个阶段,类似共同语言的东西才开始形成起来,因为只有在这个阶段各民族才会感觉到除了自己的民族语言而外,还必须有各民族彼此间共同的统一语言——这是为了交往的便利,为了经济、文化和政治方面合作的便利。由此可见,在这个阶段各民族单独的语言和各民族彼此间共同的语言将并行地存在着。可能是这样:最先创立的将不是一个包括着一切民族并具备有一个共同语言的世界经济中心,而是几个包括着一批民族并具备有这一批民族彼此间共同语言的区域经济中心;只有在此以后,这些中心才会结合为一个具备有一切民族共同语言的全世界社会主义经济共同中心。""在全世界无产阶级专政时期的下一阶段,当世界社会主义经济体系充分地巩固起来,而且社会主义深入到各族人民的日常生活中,各民族在实践中深信共同语言优越于各个民族语言——这时候民族差别和民族语言才开始自行消

---

① 《东方大学的政治任务》,见《马克思主义与民族殖民地问题》,人民出版社,第289页。

② 《民族问题与列宁主义》,同上书,第353页。

亡,让位于一切人们共同的世界语言。"① 照斯大林的话讲起来,各民族间共同语的发展步骤在社会主义时期尚且是这样,何况在现阶段呢? 何况咱们现在所讨论的是国内兄弟民族呢?

现在咱们的中央人民政府已经正确推行了《共同纲领》的民族政策了。1950 年 10 月 1 日中华人民共和国的第一周年国庆已经有 42 个兄弟民族共同参加庆祝,这的确是几千年来没有过的盛况。从此以后的确要给"从民族压迫下解放出来的各民族的复兴和繁荣造成有利的环境"。紧跟着咱们就得调查、研究、了解各民族的语言,好帮助他们发展政治、经济、文化、教育的建设事业。为进一步巩固中国各民族团结互助的大家庭,各民族还可以自觉自愿地同时学习汉语汉文。由此看来,现在对于各民族语言的科学调查,各语言族属的判定,文字的改革或创造,都迫切等待着语言工作者来完成任务!

(本文原载《光明日报》1951 年 3 月 28 日,后收入《国内少数民族语言文字的概况》一书,1954 年 12 月中华书局出版)

---

① 《民族问题与列宁主义》,见《马克思主义与民族殖民地问题》,人民出版社,第 356 页。

关于少数民族语文工作的报告

自 1950 年 7 月至 1952 年 4 月

一、参加中央访问团并帮助西康彝族
创立新文字实验推行

中国科学院语言研究所于 1950 年 6 月成立后,即先后派遣工作人员陈士林、喻世长、王均、王辅世和燕京大学讲师陈舒永等参加中央访问团西南、西北、中南各分团调查研究各该地语言,所得结果已经先后刊载《科学通报》(2 卷 3 期,王均《参加中央西北访问团调查新疆兄弟民族语言的工作报告》;4 期,陈士林《西康彝族语文工作报告》;8 期,喻世长《参加中央西南访问团调查贵州兄弟民族语言的工作报告》),或稿成待印(王辅世《广西龙胜县少数民族语言调查报告》)。参加西昌工作的陈士林在中国共产党、中国科学院、中央民族事务委员会和西南军政委员会的领导下,根据当地彝族上层人士和知识青年的要求,经过相当时期的调查研究,认为老彝文缺点甚多,不适于提高彝族人民大众的政治文化水平,遂于 1951 年 2 月 2 日在西昌军事管制委员会召开的发展少数民族语言文字会议上提出采用拉丁字母作为新彝文试行方案的建议,当经通过,并决定即时实验推行。试行结果,截至 1952 年 4 月底止,已有 2693 人学会了这种新文字,并出版了新文字读物六种,连同特制的新文字描红帖和信纸、信封,共计印刷了80300份。1951年9月间陈同志返京报告工作,旋于11月5日与李秀清同赴成都,协助西南民族学院彝文教学、藏语教学并担任语言学教学等工作。此外,还编著了大小凉山彝语会话14课,计彝文13700字;又从事彝语联绵词的研究,目的在解决三个问题:(1)彝语的构词方式,(2)联绵词中的语音规律,(3)抽象语义的表现方式,为编写彝语文法和彝汉字典打下基础;又编印彝语补充教材500句;并指导西昌民族干部学校研究组用新彝文翻译老彝文经典,作为编辑彝族历史文学读物的参考。陈同志预定回西昌后,在本年度内完成下列各工作:(1)编译并出版新彝文读物六种;(2)编辑汉语教本一种,帮助不懂汉语的少数民族干部速成地学习汉语;(3)帮助西昌专区和川南培养师资,增办彝族小学20所,整顿民办彝族小学20所;(4)拟在各地彝族小学附设工农速成班或工农业余学习班。

　　1951年,中南访问团出发时,除语言研究所派王辅世参加外,中南区教育部另请中山大学语言学系主任岑麒祥,教授严学宭、高华年、张为纲、陈必恒等参加。他们7月间在广东北江调查了八排瑶语和过山瑶语,8、9月间又在海南岛调查了本地黎语、侾黎语、苗语,11月中油印了《广东少数民族语言初步调查报告》一种,分送有关机构参考。

二、少数民族语文研究指导委员会的成立和工作情况

　　1951年2月5日中央人民政府政务院公布的《关于民族事务的几项决定》第五项规定:"政务院文化教育委员会内设民族语言文字研究指导委员会,指导和组织关于少数民族语言文字的研究工作,帮助尚无文字的民族创立文字,帮助文字不完备的民族逐渐充实其文

字。"文化教育委员会根据这一项决定,多方面征求专家意见,着手筹备,8月间聘任邵力子为主任委员,陶孟和、刘格平为副主任委员,章伯钧、李维汉、阳翰笙、罗常培、陆志韦、费孝通、夏康农、季羡林、黎锦熙、翁独健、曹伯韩、刘春、郑之东、傅懋勣、马学良、方与严、左恭等为委员,公推罗常培任秘书长。10月12日开成立会,通过简则七条,在第六条中规定这个委员会的任务是:"(1)指导并组织有关机关、团体及个人进行少数民族语文的调查、研究及文字的创制、改革和充实等工作;(2)商讨并拟订有关机关工作的分工及合作的办法。"在成立会上并由罗常培报告了语言研究所拟订"中国少数民族拼音文字试行方案初稿"的经过,以供各委员参考。11月2日又由中国文字改革协会和语言研究所联合邀集了一个座谈会讨论少数民族语言拼音文字方案问题。

这个委员会成立前六天,趁着中央人民政府教育部民族教育会议开会的便利,邀请出席该会议的代表陈可大、刘介、傅正达(彝族)、司老山(景颇族)、方国瑜(拿喜族)、思鸿陞(傣族)、赵钟琦(云南回族)、杨敦福(民家)、李呈祥、朱春和、田君亮、冯素陶、江应梁、缪鸾和等和文化教育委员会代表左恭、教育部民族教育处代表戴树欣、中国科学院代表汪志华以及语言研究所有关工作人员开座谈会,讨论以下的几个问题:(1)对于新制拼音文字的形式有何意见? (2)在同一民族语的不同方言中应选择哪一种作制订文字的根据? (3)对于本民族原有文字及传教士所制文字应如何处理? (4)在推行新文字或改进旧文字时有没有困难? (5)编制少数民族语文课本时,应特别照顾哪些民族特点? (6)如何加强科学院语言研究所派往各地区工作人员与当地有关机构的联系? 在座谈会上西康彝族代表傅正达表示彝族人民对于新文字的热爱,并要求留陈士林同志在西昌帮助用新彝文翻译马克思列宁主义和毛泽东思想的书籍。景颇族代表司老山首先对于民族的称谓希望以后改用景颇,不愿意缅甸人叫他们卡钦,汉人叫他们山头。对于传教士所造的景颇文字,他以为现在已经有好多人懂了,如果要改革的话,先得比比看,再由大家开会决定,他自己不敢表示意见。傣族代表思鸿陞说:过去国民党反动派用愚民政策不准傣族读傣文。现在在毛主席领导之下,傣族人民的生活改善了,只要唤醒本族的老辈用傣文教给群众,大家很快地就学会了。傣族人民迫切要求多翻译汉傣对照的政策文件,这不单可以提高傣族的政治、文化水平,对于傣族人民学习汉文、汉语也很有帮助。拿喜族代表、云南大学教授方国瑜说,拿喜族的文字问题要看群众的意见决定。他个人以为拿喜族汉化程度很深,懂汉语、汉字的很多,今后希望继续推行汉字,同时推行一种和语言一致的拿喜文,作为通汉文的桥梁,使汉字效用更大。广西民族师范学校校长刘介代表认为在该省推行文字应以壮语为重点。瑶族也有三四十万人,分布在全省四十几县,其中以板瑶人数最多,如制文字当以板瑶为主。语言研究所派人到广西省工作最好以百色、南宁、龙州作中心。百色师范学校各族学生很多,训练推行文字的干部最好由本族人中选择。最后西南民族事务委员会陈可大秘书长说:民族工作中除经济、贸易、卫生以外,语文工作有特别意义。要想加强民族团结,语文研究实在是当前的迫切任务。这不单在国内有影响,并且还可以影响亚洲的各民族。陈士林同志的成就,说明了语文工作者要为兄弟民族服务,必须到兄弟民族地区去,先有了民族感情,建立全心全意为兄弟民族服务的观点,收获一定很快。文字形式还是拉丁化比较好。至于传教士所造的文字不一定科学,当然要慎重处理。座谈会始终在热烈、融洽的空气中进行,对于将来民族语文工作的推进,确有很多启发。

　　1951 年 12 月中央人民政府民族事务委员会第二次扩大会议开会期间,少数民族语言文字研究指导委员会邵力子主任委员约集各少数民族代表及语言学、民族学专家座谈如何帮助各兄弟民族创立或充实文字问题,于 1952 年 1 月 3 日下午 2 时借民族事务委员会会议室开会。到会专家有邵力子、陶孟和、陆志韦、罗常培、刘春、费孝通、夏康农、黎锦熙、傅懋勣、马学良、王辅世、喻世长、刘璐等 13 人;各民族代表有李光保(拉祜族)、胡志义(佧佤族)、霜耐冬(傈僳族)、武文彩(阿西族)、张冲(彝族)、普国梁(倮倮族)、纳排都(景颇族)、张旭(民家族)、孔志清(侏族)、高耀兴(本人族)、杨汉先(苗族)、覃杰(布依族)、赵世同(壮族)、王朝忠(沙族)、石佐衡(水族)、黄成光(偏人族)、吴万源(侗族)、王国兴(黎族)、蓝连伙(畲族)、松布(土族)、马岐山(东乡族)、吴维荣(达斡尔族)、白斯古郎(鄂伦春族)等 23 人。座谈提纲列有三项:(1)对于本民族或其他民族文字的充实或创立有何意见? (2)对于新制文字的形式有何意见? (3)如需创立文字,在同一民族语言的不同方言中应选择哪一种作制订文字的根据? 出席各民族代表全体踊跃发言,对于要求创立或充实本族文字的情绪甚为高涨。综合各代表发言,可归纳成下列九种意见:1. 主张为本民族创造文字者,有彝、阿西、佧佤、侏、苗、拉祜、布依、壮、沙、水、偏、民家、达斡尔、鄂伦春各族代表。2. 主张就教会所造拼音文字加以改善,并多编教科书及读物者有景颇(山头)、傈僳、拉祜、黔西北的苗族代表等。3. 关于文字形式,主张用拉丁字母者有彝、苗、傈僳、景颇、拉祜、佧佤、侏、阿西、壮、沙、水、布依、达斡尔各族代表。4. 主张所造文字与汉字新形式结合者,有民家族代表张旭。5. 主张本民族语言与汉字相结合者,有黎族代表王国兴。6. 主张用彝族原有的"笔母文",不必另造文字者,有滇南"倮倮族"(彝族)代表普国梁。7. 主张用同语族的蒙古文,不必另造新文字者,有土族代表松布。8. 主张采用汉文不必另造文字者,有本人、侗、畲、东乡各族代表。9. 主张造文字与学习汉语并进者,有彝、拉祜、佧佤、侏、水各族代表。各代表的发言有些并不一定有代表性，但大部分是正确的。其中，贵州布依族代表覃杰、广西壮族代表赵世同、偏族代表黄成光、云南文山专区沙族代表王朝忠等，主张在相近的语言基础上团结成为"布族"，并要求合用一种新文字；青海土族代表愿与内蒙古通用蒙古文，尤为民族进一步团结的突出表现。又民家族代表张旭认为："要想巩固边疆，从思想意识上彻底扫清与帝国主义的联系，就需要从现有的文字编译政治课本，以提高他们的政治觉悟。傈僳、景颇、拉祜三族急需如此。"这更是有关国防政策的重要建议。这次座谈会的缺点是事前未能与各代表充分交换意见，但从各代表发言踊跃的情况来看，基本上是有收获的。总结这次座谈会的经验，大部分没文字的少数民族对于要求制造文字的情绪很迫切。文化教育委员会和民族事务委员会应该顺应这种趋势，仍照中国科学院语言研究所原订计划，于本年度以西南、中南为重点，派遣工作人员分赴云南、贵州、广西各省调查研究，深入了解情况；在中国文字改革研究委员会尚未制成新文字方案以前，可先就各民族的具体情况，分别帮助他们解决眼前迫切的问题。同时对于少数民族的汉文汉语教学亦应拟订明确的步骤与计划。

三、协助中央民族学院编辑少数民族语言教科书

过去语言学研究往往不能跟语文教育结合，以致一方面脱离实际，一方面教学效率不高。1951 年 9 月间中央民族学院刘春副院长要求科学院语言研究所协助该院汉族干部学习少数民族语言的教学工作。协商的结果，决定采取专家与本族发音人配合，共同编辑教科书的办法。在短期内先把所要教的各种语言的音系大略、语法要点、方言概况分析清楚，再记录若干常用词汇，就着手编辑课文 40 课至

50课不等。从11月初到1952年1月底共编了以下各种语言课本：(1)黔东苗语,记音人：马学良、邰昌厚、潘昌荣、张朝炳、王德光、韩绍昌,发音人：潘光成、吴治清、李凤祥。(2)黔西及川南苗语,记音人：王辅世、杨丽莉、刘涌泉,发音人：王德光、韩介休、张斐然。(3)湘西苗语,记音人：周定一、曹茹萍,发音人：石如金、龙正学。(4)广西瑶语,记音人：马学良、傅婧、蒋希文、白景璧,发音人：那顺和、邓方贵。(5)川康彝语,记音人：傅懋勣、徐琳、周耀文、安荣,发音人：罗家修、沈伍巳、倮伍阿史。(6)云南拿喜语,记音人：傅懋勣、徐琳、周耀文,发音人：和志武、和即仁。(7)云南景颇语,记音人：罗常培、刘璐、籍增林,发音人：孙禄刺、岳早当、排早纳。(8)壮语,记音人：袁家骅、韦庆稳、张均如,发音人：张元生。(9)贵州布依语,记音人：喻世长、辛牧,发音人：王伟、韦运周;(10)海南岛黎语,记音人：王均、孙德宣、陈治文、胡念祖,发音人：王启明。1952年2月起在中央民族学院试行教学,先由罗常培做了动员工作,然后由各组原发音人试教,原记音人指导,三个星期后,即由发音人独立担任教学。数月以来,学生热心学习,教员亦胜任愉快,颇有相当成绩。这个收获,一方面由于民族学院在党的领导之下学生的政治性较强,一方面由于语言研究跟语文教育结合起来,矫正了以前彼此脱节的毛病。在这次合作以前,北京大学东方语文系教授于道泉、马学良帮助中央民族学院藏语教学,也采取了类似的办法。这种经验颇值得教本国语文或外国语文的人们参考。

四、1952年度语言研究所调查少数民族语言的重点

　　1952年度语言研究所除了西康、川南彝语一部分以外,着重在云南、贵州、广西三省的少数民族语言调查研究。云南工作队由语言

研究所研究员傅懋勣领导周耀文、徐琳(民家)、安荣(彝族)等已于2月间先后到达昆明,除协助中央民族学院云南分院训练语文干部外,关于语文调查研究工作,按照国防上重要性和人口多少,分别缓急有步骤地进行;关于文字充实方面,根据具体需要和本民族的愿望来决定。现已开始的工作有:保山专区和普洱(现改为思茅)专区傣族语文调查研究;用傣文翻译民族政策和中央民族事务委员会李维汉主任委员《有关民族政策的若干问题》报告中的"任务"部分;搜集佧佤语、阿昌语词汇;校改中央民族学院所用拿喜语课本;调查傈僳文的系统及其使用情况并记录金屏(平)县彝语。本年工作希望达到调查研究云南景颇、佧佤、彝、傣各族语言的语言系统、语法要点、方言概况,并为创制、改革或充实文字做预备工作。如在中央指导下,创制或充实的文字实验成功后,即开始在民族专设学校中编印课本,进行教学。

广西工作队由北京大学教授袁家骅领导韦庆稳(壮族)、张均如等已于3月初到达南宁,除协助中央民族学院广西分院训练语文干部并发动群众重视语文工作外,现已着手调查武鸣、来宾、凌云、东兰、田阳、平果、宜山、河池等县的壮语方言,并由广西省政府指示暂以百色专区平果县为推行拼音文字的起点,俟吸取经验后再行扩大,准备在7月前拟成壮语拼音文字方案并据以编制农民课本,试行扫盲工作,此外,还记录了毛难语和侬语,并比较了壮语和侬语的异同。

参加广西工作队瑶语组的罗季光,贵州工作队的马学良、喻世长、王辅世、邰昌厚,湘西工作队的周定一等或因担任中央民族学院教学工作,或因参加三反运动检查组工作尚未终结,出发时间须略延迟。

另外,参加西藏工作队的北京大学东方语文系讲师金鹏、韩镜清,同学黄文焕等,在过去一年来曾请巴塘人、道孚人录音,证明了道孚语与藏语完全不同,并无文字,殆系嘉戎语一支;又在甘孜调查研究当地藏语方言,完成加注国际音标的藏汉语比较词汇一册,可供东部藏语与西部藏语比较研究之用;最近正整理已搜集的材料,预备应用在地方教学方面,黄文焕并担任藏族干部训练班主任,将长期留藏工作。

综上所述,过去两年来语言研究所和其他有关的机构在少数民族语言调查研究方面,确做了一些工作,但是现在还存在着许多问题,还须继续进行调查研究,逐步地处理解决。

语言研究所今后的工作,最近三年内仍侧重西南和中南方面。但是,一方面要跟中央民族学院和各地分院密切合作,加紧培植语文干部,一方面还要在综合性大学内添设语言学系或语文技术专修科,以解决各民族迫切需要的问题。从 1953 年起拟陆续抽调现在西南或中南的一部分语文工作领导干部参加西北和东北各族语言的调查工作,特别着重藏语方言、西北尚无文字各民族的语言和通古斯语言的调查研究。

(本文原载《科学通报》1952 年第 3 卷第 7 期,1954 年收入《国内少数民族语言文字的概况》,由中华书局于 12 月出版)

加强研究少数民族语文，
为提高各族文化而努力！

中国是一个以汉族为主体的多民族的国家。三年来，由于《共同纲领》中民族政策的正确，毛主席和中央人民政府英明的领导，几个人口较多、大家都知道的民族和许多人口较少、一向被人漠视的民族都愉快、踊跃地一致参加了各民族团结、友爱、互助、合作的大家庭。

毛主席和中央人民政府对于各民族的语言文字问题是非常重视的。《共同纲领》第 53 条明白规定着：各少数民族均有发展其语言文字的自由。此外，《中华人民共和国民族自治区实施纲要》（第 15 条、第 16 条）、《中央人民政府政务院关于地方民族民主联合政府实施办法的决定》（第一项第四款、第二项第四款）和《中央人民政府政务院关于保障一切散居的少数民族成分享有民族平等权利的决定》（第四项）几种文件中，也分别规定着：各民族自治区的自治机关得用本区通行的民族文字或各民族自己的语言文字行使职权并发展文化教育事业；各民族代表在人民代表会议和其他会议上有使用本民族语言文字的权利；散居的少数民族成分有其本民族语言文字的，得在法庭上用本民族的语言文字进行诉辩。不过倘若某个民族的语言文字不够完备或是只有语言而没有文字，在享受以上这些权利时就会发生阻碍。由此可见，关于少数民族语言文字的调查研究，尤其是帮助没有文字的各民族创立文字，实在是我们语文工作者眼前的一个迫切任务。《中央人民政府政务院关于民族事务的几项决定》第五项:"政务院文化教育委员会内设民族语言文字研究指导委员会,指导和组织关于少数民族语言文字的研究工作,帮助尚无文字的民族创立文字,帮助文字不完备的民族逐渐充实其文字。"就是针对这种任务而规定的。

两年来,我们语文工作者在民族语言文字研究指导委员会、中央民族事务委员会和中国科学院的指导下,已经开始做了一些工作。其中像新彝文的推行,壮语方言的调查和新文字的拟制,藏、傣、苗、瑶、黎、布依、拿喜(今称纳西)、景颇、佧佤(今称佤)、傈僳各族语文的调查研究,少数民族语文干部的培植,都有相当的成绩。不过这只是万里长征的第一步,专就帮助没有文字的各民族创立文字一项来说,因为主观力量的限制,我们的工作是落后于实际要求的。

在目前我国许多没有文字的少数民族里,具体的情况也不一致:有的方言变异不大,就可以拿政治、经济集中地区的方言作基础来制订文字;有些由于长期被统治或隔离的民族,方言变异较大,其语言系属尚待分析研究的,可先用记音符号帮助他们记录语言,为形成他们的民族语言和民族文字创造条件;有的民族名称不同而语言基本上相同,自愿共同制订一种文字的,经过调查研究和各族协商后,可按一定步骤,逐渐制订共同的文字;有的人数较少,又自愿使用语言相近的其他民族已有的文字者可听其自愿,但有制订本民族文字的要求者,也可就具体情况加以考虑。我们在帮助这些民族制订文字时,必须仔细分析他们的具体情况,有步骤地分别进行。这是很要费一番气力才行的。

这本书里有些文章,对于读者也许会有陌生的感觉。但是,现在"中国语文"是汉语和其他民族语文的共名,在乍一介绍时,陌生的感觉是免不了的。我们希望通过本书的介绍,使读者对少数民族语文由陌生到熟悉,由忽略到重视,这对于中华各民族的团结是有好处的。

（本文为中华书局 1954 年出版的《国内少数民族语言文字的概况》一书的序文，曾刊于《中国语文》1952 年第 6 期，编辑时略有删节）

国内少数民族语文概况和工作中的问题

据不完全的统计,国内少数民族中,有独立语言又有文字的,为蒙、藏、朝鲜、维吾尔、哈萨克、乌孜别克、俄罗斯、塔塔尔、锡伯、傣、傈僳、景颇、拉祜(倮黑)、佤、彝、苗、纳喜(么些)、满等 18 个民族。其中因历史传统或方言的关系,一个民族又有两种或三种文字的,如彝、纳喜各有两种文字,傣、傈僳各有三种文字。这些文字中有些是不通行的,如满文、禄劝的傈僳文、维西的傈僳方块字、彝族的两种文字、纳喜族的两种文字。又有只在较小地区勉强使用,因方言关系不能通行于其他地区,而其他地区也不承认其为本族文字的,如黔东苗族对黔西北、滇东、川南的苗文,即抱此种态度。

少数民族中大多数有独立语言而没有文字,如壮族、布依族(仲家)、瑶族、倮尼族。也有老一代还保留本族语言,年轻人只能说汉语的,如蒙自土佬族的年轻人已完全不会说土佬话,松江省的赫哲族的年轻人说的赫哲语已不完全。也有完全通用汉语的,如回族。也有绝大部分通用汉语的,如满族。

本所因人力和时间所限,对于一部分语言文字仅作了初步的研究,有许多语言和方言还没有开始调查。现在就我们对少数民族语文已有的初步知识,参考民族事务和民族教育机构的材料,填列国内少数民族语文概况表 49 张。遗漏的地方和所缺民族(如高山、东乡、土、撒拉、博罗子、羌、珞巴、雅库特等)的情况,容以后再行补充。

此外我们根据国内少数民族的具体情况以及在工作中的经验和体会,提出一些问题和解决这些问题的初步意见,请领导上给予指示。

壹　国内少数民族语文概况表(草稿)另附

贰　工作中的问题

Ⅰ　有关文字创制和改进的问题

一　对原有文字的态度

根据我所了解的国内民族文字情况,拟建议政府在现阶段作如下的处理:

(1)凡本民族原有通行文字的,在原有基础上帮助发展其文字,如藏文、蒙文、朝鲜文、维吾尔文、哈萨克文等。文字缺点过多的,在本民族自愿或同意下,帮助其充实改进。

(2)凡本民族原有文字而不通行的,根据本民族意愿帮助其创制新文字,如彝文、纳喜文。

(3)本民族原有一种以上的通行文字,根据本民族的意见,帮助发展其通行程度最大的一种,如在云南的三种傈僳文中,丽江、保山、缅宁等专区的傈僳文即有此条件。或根据具体情况,暂时个别充实其原有文字,如在云南省的三种傣文中,我们已帮助设计了"傣仂""傣哪"两种傣文的充实方案,其余一种可并入"傣哪"。

二　创制文字的原则

(1)人口多、聚居区大或分布在国防线上的少数民族,有独立的语言,而本民族迫切要求文字的,应尽先帮助其创制文字。

(2)应以有发展为民族共同语的条件的方言为基础,设计音素化的(因为少数民族的语言有声母或韵母多至一百个以上的,如不用音素化的字母,则字母数目太多)拼音文字。这种拼音文字必须是本民族乐于使用,本族其他方言区的人民易于学习的,并适当照顾到邻近在语言系属上关系密切的语言的文字。

三　方言问题

(1)同一民族以用一种文字为原则。即使方言差异较大,为了借文学语言(书面语)的帮助以促进民族共同语的形成起见,亦以暂就普遍性最大的主要方言为基础,设计一种文字为宜。但本民族有不同意见时,应尊重本民族的意见。

(2)同一民族名称中,包括着几个不同支派或不同系属的语言(一般误认为这是方言差异),可在本民族的同意下,分别与其同支派或同系属的语言,一并考虑其创制文字的问题。如广西瑶族中的白裤瑶语与黔东南的苗语同支派,海南岛的苗语与粤北的瑶语、广西的坳瑶语同支派,同支派的可使用同一文字。

四　音调问题

(1)有音调特征的语言,为了使文字确切地代表语言,应在其文字上表示音调。如贵州布依语,厚、田、脸、小舅、箭、水獭都读为[na],但音调不同;倘不标调,则此六义混同。

(2)根据中央民族学院少数民族语文教学经验和西昌新彝文教学经验,音调以用字母形式表示为宜,在音节后用字母标音调,学习效果很好,印刷打字也都方便。

五　符号问题

(1)汉字改革方案未确定以前,少数民族迫切要求创制文字时,拟即帮助设计文字。

(2)在本民族的同意下,暂以国际通行的斯拉夫式或拉丁式为创制文字的符号基础。

(3)汉字注音字母数目过少,不能代表少数民族语言的音素,拼写方式不合少数民族语言的情况,又不便连写,所以少数民族新创的文字,不宜采用注音字母。

Ⅱ　今后工作开展问题

一　领导问题

(1)我所少数民族语文的调查研究工作是在政府发展少数民族语言文字提高文化的政策指导下进行的,因此希望政府将发展少数民族语言文字的具体计划和步骤,随时指示我院,同时通知地方各有关机构,以便加强对工作队的指导和协助。

(2)建议中央人民政府政务院文化教育委员会民族语言文字研究指导委员会设置办公室,以便具体领导民族语文工作。

二　干部问题

(1)请中央及地方民族事务委员会和民族学校,选拔人才,参加我所工作,在工作中培养为本族语文研究专业干部。

(2)针对目前少数民族语文研究干部极端缺乏的情况,请高等教育部在中央民族学院或有条件的综合性大学中设置语言学系或语言学专业,除培养汉语文的研究人才外,并有计划地培养少数民族语文研究人才。

三　互助分工合作的问题

(1)语言的调查研究和文字的设计工作,在共同的目标下,和有关机构及各地语文工作者作有计划的分工,并取得密切的联系。

(2)民族语文干部的培养,应由民族学院负主要责任。文字的实验推行工作,应在民族事务委员会与教育行政机构的组织领导下进行,以民族学院所培养的语文干部为主要力量,我所做必要的协助。

(3)请有关机构与我所适当地交换一些参考材料。

(4)请中央及地方民族事务委员会和民族学校供给我所适当的调查研究工作的合作人(少数民族)。

四　民族语文知识的介绍问题

(1)与有关机构合作于近期内在报章杂志上组织关于少数民族语文知识的介绍和宣传。

(2)我所准备出刊"语言学报",以一部分篇幅登载少数民族语文的材料,并就调查研究已有结果的民族语文编印语文专刊和通俗性的小册子。

Ⅲ　其他问题

为了使将来少数民族的文字与拼音汉字在形式上及拼写方式上有取得一致的可能,在拟议拼音汉字方案时,应考虑少数民族语言的情况,在不与汉语特点抵触的条件下,予以照顾。

　　(本文为作者以中国科学院语言研究所的名义起草的一份
报告,于 1953 年 10 月 9 日上报)

关于帮助尚无文字的民族创立文字的问题

中国少数民族语言文字的情况是很复杂的。中国科学院罗常培等根据他们过去的调查研究和分类方法,曾将中国的语言分为三大语系(汉藏语系、南亚语系、阿尔泰语系),三系中分为七个语族,七族中又分为 19 个语支,这些族和支中包括已知的数十种语言和各种语言中的方言(俄罗斯语、塔吉克语、朝鲜语、台湾高山语等尚未列入)。至于文字的情况则与语言的情况很不适应,多数的少数民族现在还没有自己的文字。全国少数民族人口约 4000 万人,有通用文字的民族人口约为 1400 万~1600 万,而没有文字或没有通用文字的民族人口约为 1800 万~2400 万。除汉人以外,蒙古人、回人(汉语汉文)、藏人、维吾尔人、哈萨克人、乌孜别克人、俄罗斯人、朝鲜人、傣人(现有两种文字各在一部分人中通用)、大部分满人(汉语汉文)、新疆的锡伯人(满语满文)和索伦人等是有与语言相适应的通用文字的;拿喜人中有原始的象形文字,仅为极个别人所使用;苗人、傈僳人、拉祜(倮黑)人、景颇(山头)人和佤佤人中有传教士所创制的拉丁字母拼音的文字,但都不大通用。其他很多少数民族均没有自己的文字。没有文字或没有通用文字的民族中的某些人,因为种种原因,曾学会和使用与自己语言相近的其他民族的语言文字,甚至学会和使用与自己语言不同的民族的语言文字,如壮人(历史上曾有过文字)、布依(仲家)人、民家人都没有文字,他们之中有些人学会和使用与自己语言不同的汉语汉文。

鉴于以上情况,1951 年 2 月 5 日政务院关于民族事务的几项决定中,曾根据共同纲领民族政策中关于少数民族均有发展其语言文字的自由的政策,具体规定了:"帮助尚无文字的民族创立文字,帮助文字不完备的民族逐渐充实其文字。"这个决定发布之后,中国科学院语言研究所、中央民族学院与各地民族学院在少数民族语言文字的调查研究和记音符号(拉丁字母的)的研究等方面也进行了一些工作。但创立文字的工作则尚未着手进行,仅科学院陈士林还在这个决定发布之前,曾在彝人中创立了一种用拉丁字母拼音的文字,现还在一部分地区试行。

几年来由于少数民族在政治、经济、文化各方面获得很大的发展,没有文字的或没有通用文字的民族现在迫切要求我们迅速帮助他们创立文字或选择一种他们适用的文字,其中人口较多的民族如壮人、苗人、彝人等的要求更为迫切,中央民族事务委员会曾经多次收到从他们中提出要求的来信。因此,确定有关制订少数民族语言文字问题的若干原则,以便有关的部门根据这些原则去进行工作,是当前迫切需要解决的问题。

没有文字的各少数民族的语言,就已知的材料来分析,大致有以下七种情况:

一、本民族间比较聚居方言情况也不复杂的,如壮人。

二、同一民族分布在不同地区,方言差别较大的,如黎人和大部分地区的苗人。

三、民族名称相同,分布在不同地区,方言纷歧,语言关系尚待研究的,如瑶人。

四、民族名称不同,语言基本相同,可以采用同一文字的,如布依人、侬人、沙人,可以跟壮人制订同一种文字。

五、与本民族语言相近的其他民族已有文字,可以使用的,如青海土族愿意使用蒙文。

六、多数人已经熟悉一种与本民族语言不同的其他民族的语言,同时尚有本民族语言的,如民家人多数人熟悉汉语。

七、本民族人口较少,虽然有自己的语言,但愿意使用一种与本民族语言不同的语言和文字的,如赫哲人愿意使用汉语汉文。

根据以上的分析,大致可以确定:对于没有文字或没有通用文字的民族,根据他们的自愿自择,都应在经过一定时期的调查研究和制订字母并经试验之后,帮助他们制订一种拼音文字,或帮助他们选择一种现有的适用的文字。因为情况不同,可以分别采用不同办法:

一、本民族比较聚居方言情况也不复杂的,可以他们的政治、经济中心地区的方言为基础,制订文字。

二、同一民族分布在不同地区,方言差别较大的,可先用便于学习、便于使用、便于印刷的记音符号帮助他们记录语言,经过研究后再确定一种比较适合的方言为基础逐渐制订一种文字,或分别制订不同的文字。

三、民族名称相同,分布在不同地区,方言纷歧,语言关系尚待研究的,可分别用记音符号记录他们的语言进行研究,待系属研究清楚之后,再就具体情况制订文字。

四、民族名称不同,语言基本相同的,以制订一个共同的文字为原则,但必须经过协商同意。语言基本相同的各民族,如其中某一民族已有通用文字,其他民族以采用已有的文字为原则。但如本民族认为仍有制订或采用其他文字的必要时,也可另制另择,不应勉强。

五、愿意使用与本民族语言相近的其他民族已有的或较先制订的文字的,应听其自愿。

六、本民族多数人已经熟悉另一有文字的民族的语言,又无另造文字要求的,可以使用该民族的文字,不另造文字。

各民族新制拼音文字的字母形式,在中国拼音文字方案公布之前,目前基本上可暂以拉丁字母作为试行字母或记音符号,将来再考虑改变(苏联过去亦曾采用拉丁字母制订少数民族文字,后改用俄文字母)。如等待中国拼音文字方案公布后再制订,恐时间过长,不能解决目前迫切的问题。某些民族如因邻近苏联、蒙古人民共和国,自愿使用俄文字母或其他字母时,亦应听其自愿。有某种旧文字但不适用,必需制订或采用新的文字时,亦不要去宣布废除旧有的文字,应在新文字发展和丰富的过程中,让旧文字逐渐遭到淘汰。

(本文是作者为全国统战工作会议起草的决议稿,1953 年
10 月 15 日由中共中央宣传部办公室印发)

遵照政务会议的指示,开展帮助尚无文字各民族创立文字的工作

　　1954年5月20日中央人民政府政务院第217次政务会议批准了《中央人民政府政务院文化教育委员会民族语言文字研究指导委员会及中央人民政府民族事务委员会关于帮助尚无文字的民族创立文字问题的报告》,并对这一工作今后的进行作了指示。政务会议的指示对今后帮助尚无文字各民族创立文字的工作是一个指导原则。

　　过去四年当中,语言学工作者做了一些少数民族语言调查工作,参加调查工作的有中国科学院语言研究所、北京大学、广州中山大学、中央民族学院和其他单位的同志。分析调查材料的结果,报告中指出了"没有文字的各少数民族的语言,大致有以下7种情况:1. 本民族比较聚居,方言虽有不同,但有占绝对优势的方言区的。2. 同一民族分布在不同地区,方言差别较大的。3. 民族名称相同,分布在不同地区,方言纷歧,语言关系尚待研究的。4. 民族名称不同,语言基本相同,可以采用同一文字的。5. 与本民族语言相近的其他民族已有文字,可以使用的。6. 本民族虽有自己的语言,但多数人已经熟悉一种与本民族语言不同的其他民族的语言的。7. 本民族人口很少,虽然有自己的语言,但愿意使用一种与本民族语言不同的语言和文字的。"从这些情况可以看出帮助少数民族创立文字的工作是很复杂艰巨的,在我国又是从来没有的创举,完全没有经验。因此,

今后工作必须采取审慎的态度,稳步前进的方针,一方面要积极、热心,同时也不能草率、急躁。

过去中国科学院语言研究所在调查研究少数民族语言的工作上有一个缺点,就是主观力量不多,而工作目标分散。当时,鉴于解放以前,对于兄弟民族语言的材料掌握得太少了,根据党的民族政策和苏联的经验,又知道帮助尚无文字各民族创立文字是势在必行的事,所以,急于普遍地了解情况,因而把调查的面铺得广了些,调查范围包括了西康、云南、贵州、广西、湖南几省各个主要的少数民族。由于人力分散,时间又短,到现在为止,调查工作,虽有一定收获,但是一般还都不够深入,如要编写字典和语法,还感材料不足。分布地域广的民族,方言情况也还没有全面掌握。政务会议指示:"责成中国科学院语言研究所和中央人民政府民族事务委员会对报告中提出的关于帮助尚无文字的各民族创立文字的办法加以审慎研究,然后拟订计划和订出在一两个民族中创立文字的具体方案,先行试办。"根据这个指示,语言研究所打算在跟中央民族事务委员会商量从哪一两个民族先行试办以后,就把人力集中在这一两个民族的语言调查和文字设计的工作上面来,而把其他的调查工作暂时放下。这样就可以使调查工作细致深入,大量掌握各方言比较材料和主要方言的词汇语法材料,作为选择基础方言和编写字典语法的准备。

过去曾经有人把创立文字的工作看得过分容易,以为只要设计出一套拼写符号,就可以交给群众去自由运用。这当然是不正确的。根据语言研究所在西康实验新彝文教学和在其他地方初步编译文件所遇到的问题来看,在正式推行文字之前,要做很多精密的调查研究工作。像深入调查方言,经过比较研究,选定创造文字所依据的基础方言,研究构词法和造句法,写出有实用价值的词典和语法,研究借词和专门术语处理的条例等等,都必须事先做好,才免得在文字推行以后，发生种种问题，难于应付。当然，深入研究一种语言，十年、八年也不算多。这里所说的推行文字以前必不可少的调查研究工作，还只是一个很初步的探索。虽是初步的探索，却要求能够掌握这一语言中最基本的规律，因而也就对于文字推行工作中可能产生的问题，事先有预见的能力。在推行文字之前，除了调查语言的准备工作以外，还要组织力量。组织哪些力量、组织多少力量参加初期的计划与准备工作，是应该明确的。为了日后工作的方便，希望民族工作者、教育工作者、出版工作者、文艺工作者，一开始就有人参加。通过语言学工作者的协助，用科学的方法学习一种少数民族语言，只要三个月到半年的时间，就可以学会普通谈话。这些同志就可以一方面参加与自己业务有关的调查研究工作，一方面参加培养干部工作。培养干部首先要注意培养本民族的知识分子和青年，同时还要培养一些汉族干部。培养干部也要有步骤、有计划地推行。当文字推行以后，教员、翻译人员、文艺工作者都是迫切需要的。但也不能设想，在很短的时间内，百废俱兴。因此什么时候开始培养哪种人才，培养多少，都要根据预定的工作进度予以适当估计。力量组织好了，调查研究工作有了初步成果，第一期的干部培养出来了，第一批读物编辑出来了，就可以有重点地、逐步地实验和推行了。政务会议所指示的"订出在一两个民族中创立文字的具体方案"，内容大致要包括这些方面。

　　政务会议对于有关创造文字各项工作的分工合作问题和领导问题，也作了明确的指示。首先是领导问题。中国少数民族分布在不同的地区，各自有不同的情况和特点，同时，创立文字推行使用又是一个非常复杂的工作，所以会议指示："各有关民族地区的人民政府对本区的文字的实验和推行的工作，应加以领导。"当然，各级党组织、各民族自治区和该地区党组织，是起着重要领导作用的。至于在工作中应当跟能够联系本民族群众的领袖人物以及本民族群众中所有关心这一问题的人士随时协商，那是不言而喻的。其次是分工合作问题。会议指示："今后关于帮助少数民族创立文字的工作（包括语言调查、文字设计工作等），由中国科学院语言研究所负责。少数民族文字方案的确定和工作中的其他问题，由中央人民政府民族事务委员会负责。对于已确定的文字在各民族学校教育中加以实验和推行的工作，由中央人民政府教育部负责。干部的培养由中央民族学院负责。"当然，分工之中，也还要合作。在合作上应该发挥语言学工作者、本民族干部和各种专业工作者三方面的集体力量。语言学工作者首先学习某一种少数民族语言，研究、掌握它的规律，并以科学的方法介绍这种语言，帮助大家学习。在初期的编辑工作和培养干部工作上，语言学工作者是要尽力协助的。但语言学工作者还得继续深入研究语言，一部分同志并有转移到其他语言上去的任务，因此不能长期担任编辑和培养干部工作。本民族干部是掌握自己的语言的，当他们从语言学工作者那里学到关于自己语言的基本理论知识以后，可以在各方面起重要的作用。越到后来，他们越变成起主要作用的人。可是也还不能缺少各种专家：像编辑教科书，要有教育专家参加；搜集、整理、发扬少数民族文艺作品，要有文艺专家参加；翻译政治理论和各种科学著作也要有各方面的专家参加等等。这些方面的同志通过语言学工作者的帮助，可以和本民族干部互教互学，在一定时间之后，少数民族中培养出了各种专业工作者，各种专业工作者也学会了少数民族语言，这将造成少数民族各种文化事业发展的有利条件。至于在实际工作中随时产生的语言上的问题，语言学工作者是要随时研究并提出解决办法的。在这样合作的精神下，各有关单位实行分工专责，一定可以使各项工作逐步走上计划化的轨道上去。

报告中还有一点值得注意的，就是："各少数民族均有发展其语言文字的自由，也均有学习和使用其民族语言文字的自由，同时不论已有文字或还没有文字的各族人民，凡是自愿学习和使用汉语汉文或其他民族语言文字者，各级人民政府均应予以保障和帮助，凡机关、学校、团体等亦均应尽可能予以帮助，并不得加以歧视。"应该指出，少数民族学习汉语汉文，不仅在没有文字以前是可以的，就是有了文字以后也是必要的。因为汉语除了作为汉族的民族语以外，也是祖国其他各民族的共同语。各个少数民族要想迅速地提高文化，没有一部分人学习汉语、汉文是不容易做到的。当然学习汉语、汉文的步骤和方法，在不同民族、不同地区应有所不同。这个问题也是需要各方面慎重考虑的。

我们的国家已经进入了走向社会主义的过渡时期，过渡时期的总任务和中国共产党的民族政策如灯塔一般地照亮了各兄弟民族和汉族走入和平幸福的团结友爱的社会主义的道路。和其他的各种建设工作一样，帮助尚无文字的民族创立文字的工作，在党和中央人民政府的英明领导和各级人民政府的支持下，一定会胜利完成！

（本文原载《科学通报》1954 年 7 月号）

国内少数民族语言文字的概况

一 少数民族语言的系属^①

根据我们现有关于我国少数民族语言的知识,除了几种系属尚未确定的语言以外,可把现有的民族语言分为 4 个语系、9 个语族,19 个语支:

甲、汉藏语系

汉藏语系的少数民族语言主要分布在我国西南、中南两行政区和西藏地方。其中只有藏语向北伸展到青海、甘肃两省。我国境内属汉藏语系的少数民族语言,可分三个语族:

(壹)侗傣语族(也称黔台语族)——主要分布在广西、云南、贵州、湖南诸省和广东省的海南岛,又可分为三个语支:

(一)壮傣语支 包括:(1)壮语,(2)布依语,(3)侬语,(4)沙语,(5)傣语。

---

① 罗常培曾在 1951 年 3 月 31 日《人民日报》上发表了《国内少数民族语言系属和文字情况》一文,后来又转载在《科学通报》1951 年 5 月 2 卷 5 期第 491～495 页,并列为丁易《中国的文字》一书的附录。两年来经过中国科学院语言研究所的工作同志和院外有关机构和语文专家的调查研究,又得到一些新材料。本文仍以那篇文章的分类系统为基础,略加补正。

（二）侗水语支　包括：（1）侗语，（2）水语（毛难、莫家、佯僙的语言可看做水语的方言）。

（三）黎语支　黎语。

（贰）藏缅语族——主要分布在西藏、西康、四川、云南、贵州、青海、甘肃、湖南诸省，又可分为四个语支：

（一）藏语支　包括：（1）藏语，（2）嘉戎语，（3）羌语，（4）西蕃语，（5）俅语，（6）怒语。[1]

（二）彝语支　包括：（1）彝语（诺苏、乃苏、山苏、撒尼、他鲁……都说彝语方言），（2）傈僳语，（3）拿喜语，（4）哈尼语（且地、布都……说哈尼语方言），（5）拉祜语，（6）阿昌语，（7）民家语（勒墨、那马都说民家语方言）[2]。

（三）景颇语支　景颇语。

（四）缅语支　包括：（1）缅语，（2）载佤语，（3）腊讫（茶山）语，（4）浪莪（浪速）语。（后三种极为接近。）

（叁）苗瑶语族——主要分布在贵州、湖南、广西、云南、广东等省，又分两个语支：[3]

（一）苗语支　苗语（根据马学良的研究，"仡兜"语也应属于苗语支）。

---

[1]　根据罗常培《贡山俅语初探》（北京大学《国学季刊》第7卷第3号第317页），俅语和怒语都用人称代词第一、第二人称的缩减形式做动词的词头或词尾，构成了动词的变化。这种语法现象和尼泊尔语言类似。俅语、怒语可能另成一个语支。并且由名称和地理上看，"珞巴"可能和怒语有密切关系，这个假设要经过进一步的调查研究才能决定。

[2]　湘西的"土家"自称"毕基"。他们的语言中有些特点跟彝语近似，也应暂时列入彝语支。

[3]　贵州、广西、湖南、云南有称"仡佬"的，我们尚未作普遍调查。据陈舒永所记贵州仡佬语，有些词和侗傣语族的语言接近，有些词和苗瑶语族的语言接近。语音和语法的结构比较和苗语接近，但又显然和苗语是不同的语言。从前有人把它列为侗傣语族的"佬语支"或"寮语支"，还要作进一步的调查和比较研究，才能决定。

（二）瑶语支　瑶语（根据罗季光的研究，广西的茶山瑶语跟侗语接近，应属侗水语支；白裤瑶语跟贵州东南部的苗语最接近，应属苗语支）。

乙、阿尔泰语系

阿尔泰语系的语言在我国境内主要分布在西北、东北和内蒙古。朝鲜语的系属至今没有定论。其语言结构接近通古斯语族的语言，暂时也可附列在阿尔泰语系。这一系的语言又可分为三个语族。我国属于这三个语族的语言如下：

（壹）突厥语族——主要分布在新疆，也有一部分在甘肃省内，又分两个语支：①

（一）西匈语支　包括：(1)维吾尔语，(2)撒拉尔语，(3)乌孜别克语，(4)哈萨克语，(5)塔塔尔语。

（二）东匈语支　包括：(1)雅库特语，(2)柯尔克孜语，(3)撒里维吾尔语。

（贰）蒙古语族——主要分布在东北和内蒙古、甘肃、青海、新疆诸省区，暂可分为两个语支：

---

① 参考苏联巴斯卡可夫(Н.А.Васкаков)的分类。巴斯卡可夫在《联系语言发展和形成的历史阶段以定突厥语言的分类》(*Классификация тюркских языков в связи с исторической периодизаней их развития и формирования*)，载《苏联科学院语言研究所集刊》第一卷，1952，第 7～57 页）一文中，把突厥语言分为西匈语支(Западнохуннская ветвь)和东匈语支(Восточнохуннская ветвь)，把维吾尔语和乌孜别克语列入西匈语支的卡尔鲁克语组(Карлукская группа)，把哈萨克语和塔塔尔语列入同语支的克普查克语组(Кыпчакская группа)，把雅库特语、撒里维吾尔语和柯尔克孜语都列入东匈语支，而以雅库特语和撒里维吾尔语属"维吾尔语组"，以柯尔克孜属"柯尔克孜—克普查克语组"。详细分类法请参看原文。巴斯卡可夫在这篇文章以前，曾在《苏联科学院报导》文学语言部分，第 11 卷第 2 期第 121～134 页(1952)，发表了《关于突厥语言的分类问题》(*К вопросу о классификации тюркских языков*)一文，也可参看。

（一）蒙语支　一般把蒙语分为四大方言：

（1）内蒙方言　主要分布在内蒙古。

（2）喀尔喀方言　在内蒙古昭乌达盟和乌兰察布盟各有一旗说这种方言的，青海蒙族也有说这种方言的。

（3）布利亚特方言　内蒙古呼纳盟的陈巴尔虎旗、新巴尔虎旗和索伦旗都有说这种方言的。

（4）喀尔玛克方言　主要分布在新疆省。天山以北准噶尔盆地，伊宁、塔城和天山以南的焉耆也说这种方言。内蒙古阿拉善和额济纳自治区的土尔扈特人和额鲁特人以及青海的辉特人也说这种方言。

布利亚特和喀尔玛克方言主要分布在苏联境内。前者是蒙语极北的方言，后者是蒙语极西的方言。这两种方言在蒙古人民共和国也有说的，不过蒙古人民共和国最通行的蒙语是喀尔喀方言。

甘肃省东乡自治区和临夏、宁定、和政、康乐一带约有 16 万东乡人所说的话也属蒙语支。青海省互助、民和、大通和甘肃省永登、临夏还约有 7 万土人，他们所说的话也近似蒙语，因为这两种语言都还没经过科学的调查研究，它们和上述蒙语四大方言的关系若何，暂时无从决定。

（二）达斡尔语支　在黑龙江省龙江县等地和内蒙古自治区莫力达瓦旗等地的达斡尔人所说的语言也应属蒙古语族。①

（叁）通古斯语族——在我国境内主要分布在内蒙古、东北和新

---

① 　参考桑席耶夫（Г.Д. Санжеев）《蒙古语族的语言及其方言》（*Монгольские языки и диалекты*），载《苏联科学院东方学研究所集刊》第 4 卷，1952，第 30～125 页。又包培（Von N. Poppe）所作《论达斡尔人的语言》（*Über die Sprache der Daguren*，Asia Major，vol. X. fose. 1～2，Leipzig，1934～1935）也说达斡尔语是蒙古语的方言，但"在各种蒙古方言中达斡尔语却占有一种特殊位置"。我们现在把它列为蒙古语族的一支。

疆,又可分为两个语支:

(一)通古斯语支　包括:(1)索伦语,(2)鄂伦春语。

(二)满语支　包括:(1)满语,(2)锡伯语,(3)赫哲语。

丙、南亚语系

我国属于南亚语系的语言,有孟—高棉语族,主要分布在云南省的思茅专区、缅宁专区和保山专区,又可分两个语支:

(一)瓦绷龙语支　包括:(1)佧佤语,(2)绷龙语。

(二)蒲满语支　蒲满语(西双版纳蒲满族自称"白朗",镇康蒲满族自称"乌")。

台湾省高山人所说的语言系属尚无定论,有人列入南岛语系,但也有人把南岛语系和南亚语系合并为奥斯特利安语系,暂时附列于此。

丁、印欧语系

在我国境内说印欧语系语言的人最少,只在新疆省有两种语言:

(壹)斯拉夫语族东斯拉夫语支的俄罗斯语。

(贰)伊朗语族的塔吉克语。

除了上面所说的以外,还有些语言,如西藏东南部和西康西南部的"珞瑜"、西康南部和滇缅未定界的"珞巴"、新疆南部的"坎巨提"、四川北部理番一带的"博罗子"……因为我们没作过调查,也没有参考材料,语言情况暂时无法叙述。各族的人口数目,得等到这次普选工作结束后才能有较为确实的统计数字,本文暂不列入。但在已经初步统计的人口约数中,以说汉藏系语言的人最多,约占少数民族总数的74%左右。说阿尔泰系语言的人约占21%左右,说朝鲜语的约占3.8%,说南亚系语言的约占1%,说印欧系语言的人数最少,只占

1‰。

二　各语系语族的特征

在第一节里所列语言系属的分类是根据各种语言在来源上的同异特征而分的。凡是在来源上没有亲属关系的语言列为不同的语系，有亲属关系的列在同一个语系；在同一个语系里又按照亲属关系的远近列为不同的语族；在同一语族里，又按照亲属关系的远近列为不同的语支。语言系属的分类既然是根据历史的观点，它就必须建立在历史比较语言学的基础上。因为我国有些少数民族语言还没经过科学的调查研究，或者仅有初步的研究而还没有充足的材料和科学的比较结果，所以第一节的系属分类还不是结论性的，而只是暂时性的，等待着语言科学工作同志们的补充和修订。

现在为了调查研究的方便，举一些各语系、各语族中现代语言的特征，以供参考。不过为进一步确定各种语言的系属，除了这些特征以外，我们还需要用历史比较语言学的方法对各种语言进行精密的研究。

甲、汉藏语系

（一）有声调——就是每个音节上有固定的声调，声调的数目，一般自三个到八个。在同一种语言的不同的方言间，声调数目也有差别。大致地说来，藏缅语族语言的声调数目比侗傣语族和苗瑶语族各语言的声调数目少。

（二）大部分的词以单音节的词根为基础——这并不是说，这些语言里的词都是单音节的，有些语言也有好些多音节的词；但是这些多音节的词，大多数是两个或更多的单音节词根，或一两个单音节的

词根和一个附加成分结合而成的。也有些多音节的词根,但为数不
多。

(三)附加成分的作用是有限制的——虽然也有些附加成分,但
许多在阿尔泰语系和印欧语系里用附加成分所表示的语法范畴,在
汉藏语系往往用词的位置、助词或别的词来表示。

(四)有类别词——如汉语"这个人""两匹马"的"个""匹"叫做类
别词。在藏缅语族的语言里除个别语言(如藏语、景颇语)不大用类
别词以外,一般都有丰富的类别词。类别词的位置在各语族中不一
致。在藏缅语族的语言里,放在被限制词的后边,指代词或数词要放
在类别词的前边,如"这个人"说成"人这个"的次序,"两匹马"说成
"马两匹"的次序。在侗傣语族的语言里用"人个这"或"个人这"、"马
两匹"或"两匹马"的次序,个别方言里也有用"这个人"的次序的,用
在"一数"时,类别词大都放在后边,作"人个一"或"个人一"的次序。
在苗瑶语族的语言里,一般用"个人这""两匹马"的次序,但是也有变
例。

(五)词序很重要,词的次序比较固定——一般地说,词的次序是
比较固定的。以"主语、谓语、宾语"说,可分为两个类型:

(1)侗傣语族和苗瑶语族用"主语—谓语—宾语"的次序〔如"我
打他"〕。

(2)藏缅语族用"主语—宾语—谓语"的次序〔如"我他打"(=我
打他)〕。在藏缅语族的语言里,如果用了表示主语或宾语的助词,则
主语和宾语的次序往往可以更换,如拿喜语。民家语因受汉语影响,
在多数情况下,已采用"主语—谓语—宾语"的次序。

以限制的名词或代词和被限制的名词的关系说,也有两个类型:

(1)藏缅语族用"限制的名词或代词—被限制的名词"的次序〔如
"马头","我(的)书"〕。

(2)侗傣语族用"被限制的名词—限制的名词或代词"的次序〔如"头马"（＝马头），"书我"（＝我的书）〕。

（3）苗瑶语族用 $\left\{\begin{array}{l}\text{限制的代词—被限制的名词}\\\text{被限制的名词—限制的名词}\end{array}\right\}$ 的次序 $\left[\begin{array}{l}\text{如"我书"（＝我的书）}\\\text{如"头马"（＝马头）}\end{array}\right]$。在苗瑶语族的语言里，也间或有用"限制的名词—被限制的名词"的次序的。

至于限制的形容词和被限制的名词的位置，大部分汉藏语系少数民族语言用以下的次序：被限制的名词—限制的形容词〔如"马白"（＝"白马"或"马白"，由说话的情景或其他词的运用来决定）〕。在个别的方言里，也有把一部分形容词放在被限制名词的前边或前后不定的，但这不是通例。

乙、阿尔泰语系

（一）没有声调——虽然有语调而每个音节上没有固定的声调，自然也就不拿声调来区别词义。

（二）多音节的词根比汉藏语系的语言多，"元音和谐律"① 在词的语音结构上占很重要的地位——在这个语系的三个语族的语言里，包含多音节词根的词，一般地说，都比汉藏语系的语言多些，因而就有许多比较长的词。三个语族的语言都有"元音和谐律"，不过元音和谐律在通古斯语族的语言里，不如在突厥语族和蒙古语族的语

---

① 元音和谐律就是一个词所包含的元音全得属前元音组或后元音组，如在蒙古语中属前元音组的是 e、ö、ў，属后元音组的是 a、o、y，而 i 是中性的。

言里那样严格①,但在突厥语族的语言里元音[i]只能跟前元音和谐,而在蒙古语族的语言里,元音[i]是中性的,既可与前元音谐,也可与后元音谐。

(三)语词的结构是属于黏着类型的——在这些语言里,附加成分很丰富,每个附加成分在表示语法范畴上(如"格""数")都有一种特殊的功能。一个附加成分后边还可以再接另一个附加成分,附加成分的这种用法便是黏着类型的特点。在这个语系的语言里,附加成分的语音是跟元音和谐律密切相关的。

(四)没有类别词——如"一个人"说"一人","两匹马"说"两马",不用类别词如"个""匹"之类。在满语里虽然有时用类别词,不过那是从汉语借去的。

(五)词序和汉藏语系一样,也比较固定,但词序的语法意义不像在汉藏语系语言里那样重要——因为大部分语法范畴都已用附加成分表示,所以尽管词序有一定的习惯,并不单靠词序表示许多语法范畴。这三个语族的语言,大体是统一地用以下的次序:

(1)主语—宾语—谓语
(2)限制的代词或名词—被限制的名词
(3)限制的形容词—被限制的名词

丙、南亚语系

(一)没有声调——在成句的话里虽然有一定的语调,但单个的词上没有固定的声调。如佤佤语单举一个单音节的词的时候,往往

① 这是一般的说法,在突厥语族个别语言的某些方言里,也有元音和谐律不完整的现象。苏联沙米叶娃(А.Шамиева)说,维吾尔语是突厥语族中把和谐律保持得较完整的。但是据新疆来的人说,维吾尔语的元音和谐在新疆南部的某些地方已不严格。

用一个降调,但如果变换其声调也不会变更词的意义。

(二)大部分词以单音节的词根为基础——情况和汉藏语系的语言相同。

(三)附加成分较少——在我国境内属孟－高棉语族的语言里,附加成分较少。在高棉语里应用附加成分较多。

(四)有类别词——类别词的位置比较活动。一般情形用"被限制的名词—数词—类别词"〔如"人一个"(＝一个人)〕,但也可用"数词—类别词—被限制的名词"的次序。

(五)词序比较自由———般使用以下的次序:

(1)主语—谓语—宾语

(2)被限制的名词—限制的代词或名词

(3)被限制的名词—限制的形容词

(2)(3)两种次序比较固定。但(1)主语、谓语和宾语的次序就可以活动了,如"我已经买了一本书"可用"我/已经/买/书/一/本"的次序,也可用"已经/买/我/书/一/本"的次序("书一本"也可作"一本书",见上),"你要买这书吗"可用"你/要/买/书/这/吗"的次序,也可用"要/买/你/书/这/吗"的次序。

丁、印欧语系

我国少数民族说印欧语系语言的,只有新疆省的俄罗斯族和塔吉克族。俄罗斯族说俄语,和苏联俄罗斯民族的语言相同。塔吉克语和波斯语很接近,我们还没找到参考材料,无法具体地叙述。不过这两种语言和上述各语系的特征比较起来,可作以下的说明:

(一)没有声调。

(二)多音节的词根很丰富。

(三)附加成分在构成语法范畴上起重要的作用,而且常影响词根或词干的变化。

(四)没有类别词。

(五)词序比较活动。

三　少数民族语言文字使用的情况

本文只通过以下四项，来说明少数民族语言文字使用的一般情况：

(一)有通行文字并已有相当数量的读物的：有以下九个民族。

(1)藏族　分布在西藏、西康、四川、青海、甘肃、云南等省。有自左而右横写的拼音文字。现存文献，有从 9 世纪起的文字记载，以及早期的文学作品和佛经。现在藏文在西藏、西康、四川、甘肃、云南的藏族居住地区都通用。除报纸和画报、连环画以外，还编译出版了许多政策文件、历史读本。有许多民族学校中也有了一些藏文教材。

(2)蒙族　主要分布在内蒙古自治区、绥远、热河、新疆、宁夏、青海、甘肃、吉林、黑龙江、辽西等省。13 世纪初采用回纥文字母写自己的语言。在 1269—1350 年间改用八思巴文为官方文字，后又恢复旧文字。现在内蒙古自治区所用蒙文是自上向下、由左到右的直行式的拼音文字。新疆蒙族所用蒙文也基本上相同，不过已根据当地方言加以改进。现在蒙族学校中除汉语文外，各科多用蒙文课本并用蒙语进行教学。曾在几个小学中实验过蒙古人民共和国的斯拉夫式的文字，本民族也有些人主张采用这种蒙文以代替旧蒙文。现在除报纸、画报、连环画以外，蒙文新读物很多，有政策文件、政治理论、文艺作品。

(3)维吾尔族,(4)哈萨克族　维吾尔族主要居住在新疆省,新疆南部尤占绝大多数,在甘肃省也有一部分。哈萨克族主要居住在新疆省北部，南部也有，但人数很少。都有自右而左横写的拼音文字。
字母是经波斯人略加增改的阿拉伯字母。1951 年 5 月阿拉木图维
语大会通过了一个文字改进方案，比原来的文字推进了一步。维吾
尔族是新疆省人口最多的一个民族，文字的历史比较长久，流传下不
少的古文献，所以在新疆省其他民族中会说维语、会写维文的人很
多。维吾尔语方言有分歧，吐鲁番、库车一带方言和文字比较接近。
哈萨克语方言分歧不大，文字写法也比较统一。解放后已用维吾尔
文、哈萨克文编译了不少的新读物。除报纸、画报、连环画外，有政策
文件、历史、政治、文艺各种读物。这两种文字都有一些学校用的教
材读物。苏联的哈萨克族和维吾尔族都用斯拉夫字母形式的文字，
同时也用阿拉伯字母的维吾尔文出版书刊。我国维吾尔族和哈萨克
族也已有些人会读斯拉夫字母的文字，并且有些人提议把现行的阿
拉伯字母式的文字改为斯拉夫字母式的文字。

(5)朝鲜族　分布在东北区吉林、延边朝鲜族自治区和松江、辽
东、黑龙江、辽西等省。有用"谚文"做字母的拼音文字，不过拼成一
个音节时，字母和字母之间不是完全平着写的，而是凑成方块的字
形。在延边朝鲜族自治区内有大学一所，中小学很多，学龄儿童就学
率已达 90%以上，差不多每两个区就有一所中学，每 35 个人中就有
一个中学生。除汉文和外国语以外，各科都用朝鲜文课本进行教学。
已出版了近三百种有关哲学、政治及科学常识的读物。

(6)俄罗斯族　主要居住在新疆省的伊犁、塔城及阿山等专区。
因为语文和苏联先进的俄罗斯民族一样，语言丰富，文字完美，一般
读物并不缺乏，所缺乏的是学校用的有关我国史地、政策的读物和课
本。

(7)锡伯族　主要居住在新疆省的伊犁区。东北区吉林和松江
也有一部分。在东北区的以汉语文为主要交际工具，在新疆的用满

文拼写本族的语言。多数人兼通汉语或维吾尔语。伊犁有锡伯文报纸,还有些文艺作品。

(8)乌孜别克族 主要居住在新疆省的伊犁区和喀什区。有阿拉伯字母形式的拼音文字。知识分子多能认识苏联斯拉夫字母式的乌孜别克文,能阅读苏联出版的乌孜别克文著作。有些人主张改用斯拉夫字母的乌孜别克文。

(9)塔塔尔族 主要居住在新疆省的伊犁、塔城、阿山等地。有阿拉伯字母形式的文字。知识分子多会苏联斯拉夫字母形式的塔塔尔文,能阅读苏联出版的塔塔尔文著作。有些人主张改用斯拉夫字母的塔塔尔文。

以上九个民族的文字在新中国的民族文化教育工作上已有了相当的基础。但这些读物课本还是供不应求。今后除在数量上提高以外,还要在语文工作的质量上提高。除俄罗斯文字应直接采用苏联先进语言科学研究的成果以外,对其他八个民族语言,应研究其音位系统和语法构造,以解决规范化,特别是正字法的问题,研究词汇发展的内部规律,以解决新词汇增加和统一的问题。

(二)有通用文字而缺乏新读物的:有五个民族,都在云南省境内。

(1)傣族 主要分布在云南省的南部和西部。有三种民族形式的拼音文字,都是由左向右横写的:(子)傣仂文使用在南部的西双版纳傣族自治区,(丑)傣哪文使用在西部的德宏傣族景颇族自治区,(寅)傣绷文使用在滇缅边境和缅甸掸州邻近的个别地区。傣仂文原来比较完备,懂的人较多。傣哪文和傣绷文比较接近,因文字本身缺点大,懂得的人较少。最近本民族的知识分子已在中国科学院语言研究所云南工作组的协助下,分别拟订了傣仂文和傣哪文的改进方案。现在民族小学中,因缺乏课本还没展开本族语文的教学。原有用本族文字写的佛经和历史文献。解放以后,西南民族事务委员会出版了傣哪文画报,潞西县也油印发行了傣哪文的报纸。云南民族事务委员会和云南人民出版社已出版了有傣仂文说明的画册三种。

(2)景颇族　主要分布在云南西部德宏傣族景颇族自治区内。有拉丁字母式的拼音文字。信基督教的多半懂这种文字,不信基督教的也有懂这种文字的,但人数较少。现在景颇族学习文字,多利用缅甸景颇族所用的课本。原有景颇文的基督教新旧约。解放后,出版了有景颇文说明的画册三种。

(3)傈僳族　主要分布在云南西部碧江、福贡、贡山、泸水、维西、腾冲、莲山、耿马和楚雄专区。有三种文字:(子)用大写拉丁字母和这些字母的反倒形式做拼音字,使用最广,在云南西部傈僳聚居区通用。(丑)用苗文字母,限于楚雄专区禄劝县的傈僳族中,而且大都是信基督教的人使用。(寅)音节文字,没有字母,一个形体代表一个音节,因原先写在竹叶上,称为"竹书"。这种文字的字数很少,不够用,现在只在维西第四区和第三区、第六区的两个村落中使用。以代表语言的正确性和现在通行的程度说,第一种稍加修订最有发展前途。在民族学校中还没有民族语文的课本。原有(子)(丑)两种傈僳文的基督教新约,解放后出版了用第一种傈僳文说明的画册三种,连环画一种。

(4)佤佤族　主要分布在云南南部的澜沧和沧源两县。也有居住在双江、镇康、耿马、佛海、南峤等县的。有拉丁字母式的拼音文字。原有佤佤文的基督教新约,现在还没有佤佤文的学校课本。懂文字的虽然不限于信基督教的人,但以信基督教的人较多。信佛教的多借用邻近的傣文,但并不是用傣文写自己的语言,所写的还是傣语。

(5)拉祜族　主要分布在云南南部的澜沧、景东两县。双江、沧源、南峤、佛海、车里也有少数。有拉丁字母式的拼音文字,因为字母系统、拼音方式和表声调的符号有缺点,现在本民族的知识分子在云南民族事务委员会语文干部的协助下,已拟订了一套改进方案。

(三)原有文字而不通用或不大通用的:有四个民族。

(1)满族　主要分布在东北区各省,大部分是散居成分,只有很少的聚居村。清朝除北京以外,在广州、福州、杭州、汉口、荆州、江宁(南京)、青州、开封、成都、西安十处和西北的伊犁、兰州、绥远等地方都设有驻防军队,因此在这许多城市跟它们附近也有一些散居成分。有拼音字母的满文,字母是16世纪时根据蒙文改造而成的,除了一些增加的符号以外,书写体式上和蒙文大体相同。满族绝大部分已使用汉语汉文,只有东北的极少数的聚居村镇还说满语,例如黑龙江省龙江县有一个82户的聚居村,富裕县有一个62户的聚居村都还会说满语。

(2)彝族　分布在西康东南部、四川西南部、贵州西北部和云南各地。彝族原有一种音节文字,一个字代表一个音节而没有字母。字数不够用,各地字形和行款不统一。四川、西康和云南金沙江流域的彝文自右向左横书,如阿拉伯文的写法。云南他处和贵州则多用自左向右排列的直行书写。这种文字多用在宗教上的经典,也有些传说和谚语等,“笔母”都会,不当“笔母”的也有些人会。可是因为它不能正确地代表彝族语言,又不能普遍流行于广大的人民群众,解放后已试用拉丁字母式的新彝文。现已出版了新彝文的小学各科课本和一些成人读物二十多种,并有新彝文报纸一种。彝族懂新彝文的已有六千多人。

(3)拿喜族　主要分布在云南省丽江、中甸、维西、宁蒗、永胜和西康省德昌、盐源、会理、盐边等县。有两种文字:第一种以象形为基础,有些字也杂以表音的成分。第二种是音节文字,体势和彝族的音节文字相似。这两种文字主要在宗教上使用，有的地区两种文字并用，有的地区只用一种。因为文字不能正确地代表语言，有些知识分子希望创立新文字。

（4）苗族　主要分布在贵州的东部、西部、西北部，湖南的西部，云南的东部、东北部，四川南部和广西北部。方言差别很大，没有统一的文字。贵州西北角以石门坎为中心连同云南东北部的苗族使用一种传教士所造"格框式"大小字母的拼音的苗文，四川南部的字母形式虽然和贵州西北、云南东北的苗文基本上相同，但也有些差异，而且用它来拼写川南的方言，所以仍然形成了两种文字。贵州东南部曾有传教士用注音字母拼写翻译的基督教新约，但是没有人承认这是苗文。贵州东南部和湖南西部的苗族也都不承认贵州西北角、云南东北部和四川南部的苗文是苗族的通用文字。要求创立文字，甚为迫切。

（四）没有文字的：根据使用语言的情况，可分为以下七个类型。

（1）主要方言虽有不同而有占绝对优势的方言区的。如广西壮族有 600 万人，其语言可以右江、邕江为界分为北部和南部两大方言区，北部方言区约有 450 万人，占全部壮族人口的 70%。[1]

（2）主要方言有分歧而目前还没有占绝对优势的方言区的。如苗族虽有一部分地区有文字，但大部分地区没有文字。据已经调查的苗语说，可分为四个大方言：（子）贵州东南部苗族方言区，约有 73 万人；（丑）湖南西部和贵州东北角方言区，约有 50 万人；（寅）四川南部、贵州西部和云南东部方言区，约有 70 万人；（卯）贵州西北角

---

① 壮族聚居在广西省的中部和西部，约有 600 万人。水家族主要居在贵州省的三都、荔波和广西省的南丹等县，约有十五六万人。两族都曾拼凑改变过汉文字体（水家族并用过少数的象形字）以代表其语言，但因汉语和壮语、水家语相差很大，借用汉字成分不容易正确地代表其语言，所以没发展为完整的文字。现在壮族已提出创立文字的要求。

和云南东部方言区,约有 15 万人。此外,贵州西部还有几十万说各种不同方言的苗族,因尚未调查,方言情况不很清楚。在这四个大方言区中,虽然贵州东南部方言区人口最多,但与其他方言差别很大,人口也只占其他三个方言区人口的一半,其他方言还没计算在内,显然还不能在苗语各方言区中占绝对优势。

(3)方言差别很小的。如贵州、广西和湖南的侗族,约有 60 余万人,方言差别很小。

(4)名称相同而语言系属不同的。如瑶族所说的语言可分为四类:(子)广西盘古瑶语(盘古瑶亦称过山瑶、板瑶,正瑶语是盘古瑶语的方言)和广东北部过山瑶语,属瑶语支。(丑)广西南丹、河池一带的白裤瑶语、西山瑶语和云南文山专区富宁县的瑶语跟苗语接近。(寅)广西大瑶山的茶山瑶语跟侗傣语族的侗水语支接近。(卯)广西兴安、龙胜一带的红瑶语属汉语支。又如海南岛苗语(保亭吊罗山)属瑶语支,和盘古瑶语只是不同的方言。

(5)民族名称在汉语虽然不同而语言基本上相同的。如布依语和壮语北部方言,差别很小,实在可以合为一个大方言区。云南的侬语和沙语尚没作详细调查,也可能和这个大方言区的方言差别不大。广西偏人的语言则和壮语南部方言相差极少。

(6)与本民族语言相近的其他民族已有文字,而本民族也自愿使用的,如青海土族多数自愿使用蒙文。

(7)本族语言已不完备的。如东北赫哲族青年已不能说完备的赫哲语而通晓汉语。

以上七个类型是根据现在已有的材料归纳出来的。属于第(1)个类型的语言最多,应在其占绝对优势的方言区中选择最适合的方言点作为拼音文字的语言基础,但须适当照顾其他主要方言,以便说别种方言的人容易学习。就创立文字的工作来说,当然以属于第(3)

个类型的语言最容易进行,但是这种语言并不多。属于第(2)个类型的语言最少,创立文字时,只有普遍研究各主要方言的音位系统,找出各主要方言间语音的对应规律,然后参考这些对应规律,先在比较占优势的主要方言区创造文字,进行实验工作。如果其他方言区能用一种文字最好,实在困难太大时,可用相同的字母和拼音方式拼写不同的方言,但是这种办法对于同一个民族来说,只是暂时的,用得越少越好。属于第(4)个类型的语言就目前所知道的还不算多。在创立文字时应不受名称的束缚而按照其语言的实际情况分别处理。属于第(5)个类型的语言,也有一些。应依据民族的自愿,并经各族协商同意尽量考虑使用同一种文字,至少也应该使用一致的字母形式和拼音方式。属于第(6)个类型的语言,应据本民族广大群众的意愿,并跟借用文字的邻近民族协商同意,就可按照本族语言的特点修订适用后,实验推行。属于第(7)个类型的语言很少,创立拼音文字的根据——语言——已经失去,可径行使用现在熟习的语言,学习代表这语言的文字,不必另创文字。

　　(本文与傅懋勣合著,刊载于《中国语文》1954年3月号,所涉及的民族名和语言名,后来部分有所变动,详见本卷编印说明)

为帮助兄弟民族创立文字而努力

中央人民政府政务院第 217 次政务会议批准了《中央人民政府政务院文化教育委员会民族语言文字研究指导委员会及中央人民政府民族事务委员会关于帮助尚无文字的民族创立文字问题的报告》,这是我国民族工作和语文工作上一件具有重大历史意义的事情。它指示了咱们民族语文工作的具体方向和道路,并且为兄弟民族的文化建设事业提出了保证。

大家知道:"不识字的人立于政治之外,必须首先教他们识字"①,"识字程度乃是发展任何文化程度的基础"②。显然,帮助兄弟民族创立本族人民容易学习、容易使用,并且能够代表自己语言的文字,是促进他们普及教育、有效地学习新的科学技术的重要因素。这对于帮助兄弟民族提高文化水平,以便跟大家共同建设社会主义社会,是有非常重大的意义的。

为兄弟民族创立文字,是几千年从来没有过的创举。在这一方面咱们还毫无经验。首先咱们应该认识到尚无文字的各民族语言的复杂情况和某些民族中方言分歧的情况。在确定文字的基础方言的时候,必须进行精密的、普遍的调查研究。既要考虑这个民族政治经

---

① 列宁语,引见《苏联的扫除文盲运动和工人教育》,第 3 页。
② 斯大林语,引见《苏联社会主义经济建设》高级组第二册,第 97 页。

济集中的条件,又得考虑他们文化发展的前途;同时必须在科学的基础上找出各方言区间的内部对应规律,作为确定文字的基础方言的根据。

伟大的中国人民解放斗争的胜利,在我国一切民族的命运上,在他们的政治经济生活和文化生活上,引起了根本的变革,这不能不在他们语言的词汇方面产生巨大的影响。因此在拟订文字方案的同时,还须考虑到各民族语言日益丰富和全面发展的前途,对于创制新词,处理借词,以及编写教科书、词典和语法等一连串的问题都得根据深入的调查研究,逐渐解决。各兄弟民族对文字的要求是迫切的,但创立文字是百年大计,不可轻率急躁。所以咱们一方面必须积极地热心地集中力量去做;一方面又必须谨慎小心、有计划、有步骤地按着政务院的指示,稳步前进。

任务是艰巨的,特别是就目前的条件来说,咱们的人力跟所面临的任务是远不相称的。眼前国内语文工作的主要项目,除了帮助兄弟民族创立文字以外,还有汉字改革、文学语言规范化、近几十年来词汇和语法发展的研究、汉语方言调查、汉语史研究等等工作都需要大量的人力。干部缺乏的问题是十分严重的。因此全国语文工作者必须团结起来,作适当合理的分工,发扬集体主义的精神,反对分散,反对单干。还必须根据国家的需要,全面考虑,大力培养干部,扩大语文工作者的队伍,在民族语文工作方面特别要培养本民族的干部,共同参加这一具有历史意义的工作。

斯大林在《马克思主义与语言学问题》中所提"从氏族语言到部落语言,从部落语言到部族语言,从部族语言到民族语言"① 的发展过程,以及马克思的名言:"方言集中为统一的民族语言是由经济和

① 《马克思主义与语言学问题》,人民出版社,第9页。

政治的集中来决定的"①，都是咱们调查研究时的指南；苏联为各少数民族创立文字的经验是咱们学习的榜样。特别是苏联北方跟中亚许多民族的过去情况跟咱们国内许多民族的现在情况有好些相似的地方，苏联语言学家不但在种种具体实际的问题上积累了丰富的经验，并且有许多经验已经总结提高为科学的理论。学习苏联先进的经验和理论，可使咱们少走很多弯路。苏联科学所以能成为巨大的创造力量，成为社会进步最重要的因素之一，所以能成为一切国家进步学者工作的典范，就是因为它是忠实地为人民服务的：理论照亮了实践的道路，而实践又回过头来丰富、发展了科学的理论。

　　当然，对于我国各民族语言的具体情况作深入的了解和科学的分析还是十分必要的。只有大量掌握材料，在一定的理论指导下进行精深的研究，找出这个语言中的重要规律，才有可能很好地解决在创立文字过程中所提出的问题。咱们要想为汉藏语系各语言的历史比较研究开辟园地，向世界语言学做出贡献，今天的工作也有不可忽视的意义。

　　最后应该强调地指出：过去四年中，我们的语文工作者们初步做了一些工作，这些细微的成绩和收获跟党和政府的领导与支持是分不开的。今后在中央的明确指示下，工作逐渐展开，我们一方面必须总结过去工作的经验，作为指导未来工作的准绳，一方面更需要党和各级政府加强对这一工作的领导！

　　这次政务会议讨论批准了《关于帮助尚无文字的民族创立文字问题的报告》，并对于有关的各项工作作了明确的指示，确定了分工的原则。政务院指示，必须对报告中提出的办法加以审慎研究，然后拟订计划和订出在一两个民族中创立文字的具体方案，先行试办，并

---

　　①　《马克思主义与语言学问题》，人民出版社，第9页。

应继续了解情况,及时总结经验,以便在事实证明这些办法确实可行,而且其他条件也比较成熟时,逐渐地在别的民族中进行。这一指示完全正确。兄弟民族语文工作者应该坚决地按照政务院的指示,动员一切力量,积极热心地,但是稳步慎重地进行。

任务是光荣而艰巨的,它是国家在向社会主义过渡的时期的建设事业的一部分,也是伟大的毛泽东民族政策具体实施的一部分,两千多万兄弟民族人民正在期待着这一工作的早日展开,同志们,让咱们携起手来努力前进吧!

（本文原载《中国语文》1954 年第 6 期,后收入《国内少数民族语言文字的概况》,中华书局 1954 年 12 月出版）

《汉语拼音方案》与民族团结的关系

全国各族人民渴望已久的《汉语拼音方案(草案)》于 1957 年 11 月 1 日已经国务院全体会议第 60 次会议表决通过,并且提交第一届第五次全国人民代表大会最后讨论批准。这个草案的当前任务是专为便于汉族广大人民学习汉字汉语、扫除文盲、推广普通话,并且帮助兄弟民族学习汉字汉语而制定的。它在目前的主要作用是为给汉字注音。预计在它公布实行后,对于提高广大人民的文化水平将发生很大的作用,这是我国社会主义文化建设中一种重大成就的开始,我们各族人民对党和政府这一英明措施表示欢欣鼓舞。

《汉语拼音方案(草案)》不但对于汉族广大劳动人民有显著的作用,对于各族人民交流文化、加强团结也是非常重要的。周恩来总理最近在全国人民政治协商会议所作《当前文字改革的任务》的报告里曾经说:"《汉语拼音方案》可以作为各少数民族创造和改革文字的共同基础。我国共有近五十个民族,其中有许多民族还没有自己的文字,另外一些民族虽然有文字,但是需要改革。已有文字的民族中,除汉族用汉字以外,有用藏文字母的,有用蒙文字母的,有用阿拉伯字母的,有用朝鲜谚文的,还有用其他各种字母的。这些兄弟民族创造和改革文字的时候,应该采用什么字母作为基础呢? 能不能就用汉字作为各民族文字的共同基础呢? 过去曾经有人这样试过,没有成功,证明这条路是走不通的。如果几十个民族大家各搞一套字母,这不仅对于各族人民之间的互相学习和交流经验是个障碍,而且印刷、打字、电报的设备势必各搞一套,对于各民族今后在文化教育方面的发展极其不利。许多兄弟民族都表示这样的愿望,就是要同汉族在字母上取得一致,以便于交流文化、学习汉语和吸收汉语的名词术语。前几年,汉语采用什么字母还有些举棋不定,使一些兄弟民族创造和改革文字的工作也受了影响。现在西南区已经有十几个民族创造了拉丁字母的民族文字,但是他们还是不大放心,因为我们的方案还没有最后定案。因此,《汉语拼音方案》再不能拖延下去了,否则还要耽误人家的事情。汉语现在既然决定采用拉丁字母作为拼音字母,应该确定这样一条原则:今后各民族创造或者改革文字的时候,原则上应该以拉丁字母为基础,并且应该在字母的读音和用法上尽量跟《汉语拼音方案》取得一致。可以预料,《汉语拼音方案》的制定,对于各兄弟民族的创造和改革文字,以及今后各族人民之间的互相学习和沟通,将有极大的利益。"周总理这段话对于《汉语拼音方案》和民族团结的关系已经说得很透彻了。科学院少数民族语言研究所为给少数民族制订文字,本着这个精神提出几项设计字母的原则。他们首先建议,"少数民族创制文字应该以拉丁字母为基础;原有文字进行改革,采用新的字母系统的时候,也应该尽可能以拉丁字母为基础";其次是,"少数民族语言和汉语相同或者相近的音,尽可能用《汉语拼音方案》里相当的字母表示";还有"各民族的文字,特别是语言关系密切的文字,在字母形式和拼写规则上应尽量取得一致"。

中国科学院少数民族语言研究所以拉丁字母为基础已为 11 个民族设计了 16 种文字方案。《汉语拼音方案(草案)》通过后,更可以促进为兄弟民族创立或改革文字的顺利进行。预计在第二个五年计划内我们一定可以看见空前未有的六亿五千万中华民族大家庭实现字母形式相同或相近的盛况。

　　各兄弟民族在本民族语言流行的词汇以外,为丰富本民族的语言,还有大量吸收新词术语的必要。过去对于制订新词术语的原则问题曾经有过许多不同的意见,有的民族主张借用汉语,有的民族主张根据本族语言的构词习惯来生搬硬造。照前一种办法,因为汉语普通话的标准音还没决定,难免方言分歧;用后一种办法,也往往辗转传讹,闹出不少笑话。《汉语拼音方案》议决通过后,汉语普通话规定了以北京音为标准音、以北方话为基础方言的规范。对于兄弟民族语言中的新词术语问题,我个人以为,除了国际通行的学术名词以外,还是借用全民族共通语的语音、语词比较妥当。这样,既然有利于各民族的文化交流,也更可以加强全国民族大家庭的团结。当然也不排除其他方式。

　　《汉语拼音方案(草案)》正式通过后,对于各兄弟民族学习全民族共通语——汉语普通话就更加方便了。在我们这样一个有六亿五千万的民族大家庭中,假若没有一种可以使各兄弟民族彼此交流经验、交换感情的工具——全民族共通语,那是不可想像的。在苏联那样一个多民族的大家庭中,各民族虽然通用本民族固有的语言,也自己创立了文字,但是大多数还学习了俄文,作为全民族的共通语。这也是我国各民族应该向苏联学习的一件事。过去因为没有全民族共通语的标准,也没有《汉语拼音方案》的帮助,各兄弟民族学习汉语汉文,无疑会困难重重的。现在,有了《汉语拼音方案》再配合着党和人民政府大力推广普通话的措施,显而易见地,各兄弟民族学习民族共通语的条件一定比从前好得多了。

（本文原载《民族团结》1958 年第 2 期）

图书在版编目(CIP)数据

罗常培文集 第 9 卷/《罗常培文集》编委会编 . – 济南：
山东教育出版社, 2000
ISBN 978 – 7 – 5328 – 3101 – 2

Ⅰ. 罗⋯ Ⅱ. 罗⋯ Ⅲ.①罗常培 – 文集②汉语 – 语言学
– 文集 Ⅳ.C53

中国版本图书馆 CIP 数据核字(2000)第 45713 号

罗常培文集 第九卷
LUO CHANGPEI WENJI　Di-jiu Juan

主　　管：山东出版集团
出 版 者：山东教育出版社
　　　　　（济南市纬一路 321 号　邮编：250001）
电　　话：(0531)82092663　传真:(0531)82092661
网　　址：http://www.sjs.com.cn
发 行 者：山东教育出版社
印　　刷：山东新华印刷厂
版　　次：2008 年 11 月第 1 版
　　　　　2008 年 11 月第 1 次印刷
规　　格：880mm×1230mm　32 开本
印　　张：11.125 印张
插　　页：7 插页
字　　数：262 千字
书　　号：ISBN 978 – 7 – 5328 – 3101 – 2
定　　价：57.00 元

（如印装质量有问题，请与印刷厂联系调换）